Wilm Hüffer

# Hingabe

In Erinnerung an Gerold Hug

Wilm Hüffer, geb. 1972, studierte Philosophie und Geschichte und ist Radiomoderator beim Südwestrundfunk in Baden-Baden. 2021 erschien sein satirischer Roman *Der Philosoph*.

# Wilm Hüffer

# HINGABE

Warum wir uns
auf die Welt
einlassen

Reclam

2025 Philipp Reclam jun. Verlag GmbH,
Siemensstraße 32, 71254 Ditzingen
info@reclam.de
Umschlaggestaltung: Kosmos Design
Umschlagabbildung: Getty Images / Klaus Vedfelt
Druck und buchbinderische Verarbeitung:
Friedrich Pustet GmbH & Co. KG, Gutenbergstraße 8, 93051 Regensburg
Printed in Germany 2025
RECLAM ist eine eingetragene Marke
der Philipp Reclam jun. GmbH & Co. KG, Stuttgart
ISBN 978-3-15-011548-0
reclam.de

# Inhalt

»I don't think we should be afraid of
… devoting ourselves.
Is that old fashioned of me?«

George Smiley (John Le Carré)[1]

# Warum Hingabe?

»Wozu tue ich mir das alles eigentlich an?«

Diese Frage dürfte fast jeder kennen. Früher oder später stellt sie sich. Irgendwann kommt ihr Moment. Und nicht selten ist dieser Moment schmerzhaft.

»Wozu das alles?« Es ist eine Frage, die aus dem Gefühl entsteht, dass alles längst zu viel ist, dass aus dem eigenen Leben ein Dauerzustand der Überforderung oder Überlastung geworden ist.

»Wozu tue ich mir das an?« Diese Frage ist ein Befund: das Eingeständnis, nicht mehr so richtig zu wissen, was das alles soll und weshalb ich mich ursprünglich darauf eingelassen habe. Was, wenn ich mein wahres Leben gerade verpasse? Wenn das, was ich tun möchte, in Wirklichkeit etwas ganz anderes ist?

Es ist eine erstaunliche Tatsache des modernen Lebens: Wir denken sehr wenig darüber nach, weshalb wir uns in konkrete Lebensverhältnisse hineinbegeben. Weshalb lassen wir uns auf bestimmte Menschen, bestimmte soziale Konstellationen, Rollen und Tätigkeiten ein? Warum nicht auf andere? Welches sind die Gründe, sich zu entscheiden: Hier *mache ich mit*, dort *nicht*?

Eines steht außer Frage: Es geht dabei um *Hingabe*, um eine mehr oder minder bewusst getroffene Entscheidung, sich auf eine Sache, eine Aufgabe, eine Rolle, einen Menschen *einzulassen*, um das Wagnis, dabei zu sein, mitzumachen, mitzugestalten, gemeinsam etwas zu tun. Dafür ist es noch nicht einmal erforderlich, etwas mit *voller* Hingabe zu tun, also mit besonders großer Leidenschaft oder Freude. Es gibt viele verschiedene Formen, sich einer Sache hinzugeben, sich auf die Welt einzulassen. Oft ist man nur mit halbem Herzen dabei, fragt sich vielleicht, weshalb man irgendeiner Aufgabe so viel Aufmerksamkeit widmet. Hingabe kann sogar zu einem stumpfen Pflichtprogramm mutieren, das scheinbar von selbst abläuft. Oft ist uns gar nicht bewusst, dass weitreichende Lebensentscheidungen dahinter verborgen sind – und vor allem, weshalb wir diese Entscheidungen getroffen haben. Unser Verhältnis zur eigenen Hingabe ist nicht selten völlig unaufgeklärt.

Das hat mit dem modernen Glauben zu tun, wir würden bei solchen Entscheidungen lediglich den eigenen *subjektiven* Wünschen, Sehnsüchten oder Zielen folgen. Oft bleibt unterbelichtet, dass wir zugleich soziale Personen sind, nicht nur subjektiven Neigungen und Interessen folgen, sondern zugleich darüber entscheiden, in welchen Partnerschaften, Freundschaften, Bündnissen, Institutionen und Unternehmungen wir uns *mit anderen* zusammenschließen. Immer wieder geht es um die Entscheidung, irgendwo *mitzumachen*, zu partizipieren, zusammenzuleben, etwas gemeinsam zu entwickeln. Immer setzt eine solche Entscheidung auch Bereitschaft zur Hingabe voraus. Und oft genug ist uns keineswegs klar, *was* es eigentlich ist, worauf wir uns da einlassen.

Auf dieses Problem hat bereits die Philosophin Hannah Arendt hingewiesen. Kurz vor ihrem Tod, im Dezember 1975, stößt sie einen sentimentalen Seufzer aus, als sie einer alten Freundin, der Verlegerin Helen Wolff, begegnet. Die beiden Frauen treffen sich in einem New Yorker Restaurant. Beide blicken auf ein hochproduktives und erfülltes Leben zurück. Sie vertrauen sich, teilen einander auch intime Gedanken mit. »Wenn du und ich einmal tot sind«, fragt die Philosophin plötzlich, »weiß dann überhaupt noch jemand, was Liebe ist?«[1] Was Helen Wolff erwidert hat, ist nicht bekannt. Doch als Hannah Arendt bald darauf tatsächlich stirbt, erinnert sich die Verlegerin an dieses letzte Treffen. »Ich wusste damals […] ganz genau, was sie meinte«, notiert sie wenige Tage später in einem Brief an den Schriftsteller Uwe Johnson.[2] Noch Jahre danach spricht sie in einem Interview darüber. Stets habe Hannah Arendt über den Begriff der Liebe nachgedacht. Gemeint habe sie die *Fähigkeit zur Hingabe*, »the capacity for devotion«[3] – nicht zu einer bestimmten Person, sondern überhaupt zum Leben: »what you do with your life«.[4]

Die Sorge von Hannah Arendt galt einer modernen Lebenswelt der Innerlichkeit. Sie kritisierte den Glauben, Lebensentscheidungen ganz mit sich selbst abmachen zu können, in einer inneren Projektion von Wünschen, Sehnsüchten, Erwartungen und Zielen. Aus Sicht der Philosophin ist das eine naive Vorstellung. Denn was sollte das bedeuten? Dass sich der Rest von selbst erledigt, man wie durch ein Wunder auch die passenden Menschen und Institutionen findet, mit denen man die eigenen Pläne in die Tat umsetzt?

Hier schlummert das Problem: Wie findet man aus der inneren Kammer von Wünschen und Bedürfnissen zum *echten* Leben? Was heißt es, eigene Vorstellungen in einer gemeinsamen Welt verwirklichen zu können? Dieses Buch wird zeigen, dass dafür in der Tat eine »capacity for devotion« erforderlich ist: eine Vorstellung davon, worauf ich mich einlasse, auf wen und auf was, wofür ich mich hingebe – und wofür *nicht*. Denn es ist gar nicht so ungefährlich, Hingabe zu üben, ohne über deren Form nachzudenken, Hingabe also einfach *geschehen* zu lassen. Auf einmal steckt man in Partnerschaften, Bündnissen und Kooperationen – und bemerkt viel zu spät, was es eigentlich bedeutet, sich darauf eingelassen zu haben. Die Folgen für das eigene Leben können gefährlich sein. Mit einem Wort: Man sollte Hingabe *nicht geschehen lassen*. Es ist erforderlich, sie zu *steuern*.

Was bedeutet das – die eigene Hingabe steuern? Davon handelt dieses Buch – und kann damit durchaus Missverständnisse auslösen. Das Treffen von Hannah Arendt und Helen Wolff liegt fünfzig Jahre zurück. Schon damals scheint die Frage nach der Hingabe, der »capacity for devotion«, seltsam geklungen zu haben. Ist sie etwa gegen den modernen Individualismus gerichtet? Sprechen hier zwei bedeutende Frauen des 20. Jahrhunderts über eine verborgene Sehnsucht? Dass es schön wäre, die selbstbewusste Individualität aufzugeben und sich für eine große Lebensaufgabe aufzuopfern? Stellen sie sich darunter die wahre Liebe vor – sich hinzugeben, ohne nach sich selbst zu fragen?

Hingabe ist dabei eigentlich etwas Schönes. Letztlich sehnen wir uns alle danach, das, was wir tun, voller Hingabe tun zu können. Wer möchte nicht Freude haben an der Welt, auf die er sich einlässt? Wäre es nicht wunderbar, uneingeschränkt bejahen zu können, was man tut? Ebenso viel Grund gibt es jedoch zur Vorsicht. Im Deutschen hat Hingabe deshalb auch einen zweifelhaften Klang. Noch mehr gilt das für den Begriff der *Devotion*. Verbunden ist damit die Angst, Hingabe zu weit zu treiben, bis zur Selbstaufgabe. Es ist die Angst davor, sich einer fremden Autorität zu unterwerfen. Auch wenn Erinnerungen an Diktatur und Gewaltherrschaft langsam verblassen, reichen die Ausläufer dieser Angst bis in die Gegenwart. Sie grundieren den feministischen Kampf gegen die patriarchalische Unterdrückung. Sie manifestieren sich im Kampf gegen soziale Abhängigkeit und die wohl dunkelste Form der Erniedrigung, die sexuelle Selbstunterwerfung. Im Hintergrund steht der Verdacht, eine Tradition christlicher Demut habe zur Einübung devoter Verhaltensformen beigetragen. Die Forderung klingt an, gefälligst keine großen Worte um sich zu machen, sondern demütig zu tun, was die Gebote verlangen. »Devotio moderna« hat der Mystiker Thomas von Kempis diese Form der Selbstbeschränkung schon zu Beginn des 15. Jahrhunderts genannt.[5]

Es scheint nicht weiter schwer, diese Anleitung zu tiefster Demut im Denken der Moderne wiederzuentdecken. Als säkulare Spielart grüßt der Geist preußischer Pflichterfüllung: Befehle zu erhalten, Befehle auszuführen und sich von dieser stumpfen Hingebung erfüllt, ja sogar erhoben zu fühlen. Die Angst davor verwundert umso weniger, als im deutschen Sprachraum damit verstörende Erfahrungen verbunden sind. Ist Hingabe nicht auch die Grundausstattung des Untertanen, eine Bereitschaft zu bedingungslosem Gehorsam, blind am Ende sogar gegenüber Führerkult und Massenmord? Muss nicht das eigene Denken darauf ausgerichtet sein, das genaue Gegenteil solcher Anpassung zu bewirken, *Selbstbehauptung* an die Stelle der *Hingabe* zu setzen? Im Englischen mag es vertraut erscheinen,

»devoted to something« zu sein, sich mit Leidenschaft, mit Begeisterung einer Aufgabe zu widmen. Für deutsche Ohren wirkt das etwas zu sorglos. Denn wofür ist die Bereitschaft zur Hingabe offen, wenn nicht für ihren Missbrauch?

Keine Frage, Hingabe und Autonomie lassen sich nicht gegeneinander ausspielen. Es wäre fatal, die Bereitschaft zur Hingabe als Angebot zum Willensverzicht misszuverstehen. Doch ebenso wenig genügt es, ganz auf Selbstbehauptung zu setzen, auf die Artikulation des eigenen Willens. Denn wie wir sehen werden, ist Hingabe die grundlegende, ja unverzichtbare Fähigkeit, sich für etwas einzusetzen. In meinem Leben kann es nur *um etwas gehen*, wenn ich bereit bin, Rollen zu übernehmen, Aufgaben, eine Verantwortung. Wenn ich bereit bin, mich auf Formen einer zumindest minimalen Beteiligung einzulassen. Solange ich nicht involviert bin, mich zu nichts entschieden habe, mich keiner Sache widme, kann ich auch nicht beurteilen, wohin mich mein Lebensweg führen wird. In diesem Falle könnte ich gar nicht sagen, was es heißen soll, meinen eigenen Willen einzusetzen. Wie soll ich auf meinen Wünschen bestehen, wenn ich gar nicht weiß, was ich in meiner Welt tun kann, um mir diese Wünsche zu erfüllen? Wo will ich *dabei* sein – und wo nicht? Woran will ich mitwirken – woran nicht? Davon handelt jede Entscheidung, die von biographischer Bedeutung ist. Und wie soll ich selbstbestimmt leben, wenn ich auf diese Fragen keine Antwort weiß?

Autonomie und Hingabe schließen sich also nicht aus. Sie *bedingen* einander. Ohne die Fähigkeit, mich auf Dinge einzulassen, mich einer Aufgabe zu widmen, mich für eine Sache einzusetzen, kann ich nicht zu mir *selbst* finden. Ohne Bereitschaft zur Hingabe keine Selbstbehauptung. Das ist es wohl auch, was Hannah Arendt in ihrem Gespräch mit Helen Wolff zum Ausdruck bringen wollte – sofern die Verlegerin sie richtig verstanden hat: Es genügt nicht, sich auf die Brust zu klopfen und »Ich« zu sagen. Der westliche Individualismus blendet häufig aus, dass der eigene Wille einzig in Formen manifest wird, sich an der Gestaltung der gemeinsamen Welt zu *beteiligen*. Wofür ich mich einsetze, *wozu* ich mich *hingebe*, ist dabei völlig mir selbst überlassen. Es ist Ausdruck der Freiheit, die mir keiner nehmen kann. Ohne Hingabe allerdings, ohne die Bereitschaft zur Mitwirkung, könnte ich so etwas wie eigene Lebensziele gar nicht formulieren, könnte ich nicht sagen, wer ich sein will. Und es ist kein Zufall, dass diese Erkenntnis im Gespräch zweier Frauen skizziert wird, deren Gestaltungskraft kaum jemand in Frage stellen wird. Hannah Arendt und Helen Wolff sind nicht nur Ikonen weiblicher Autonomie. Beide verkörpern selbst jene »capacity for devotion«, von der in ihrem letzten Gespräch die Rede war. Was sie geleistet haben, beruht wesentlich auf ihrer Fähigkeit, sich für eigene Ziele mit *Hingabe* einzusetzen. Es bleibt beispielhaft auch für uns.

Das ist eine Menge von Behauptungen. Mehr als genug für dieses Buch. Und es fragt sich, weshalb die Fähigkeit zur Hingabe derart zentrale Bedeutung haben sollte. Ohne Hingabe keine Autonomie? Geht es nicht etwas kleiner? Eine berechtigte Frage. Wir werden zu Beginn testen, ob weniger mehr sein könnte. Weshalb sollte es beispielsweise nicht funktionieren, sich im Leben ganz auf die eigene *Selbstverwirklichung* zu konzentrieren, sich um die Frage nach Mitwirkung also gar nicht zu kümmern? Wie sich zeigen wird, führen solche Versuche ebenso in die Irre wie der umgekehrte Versuch, im eigenen Leben ganz *einseitig* auf Hingabe oder Devotion zu setzen (Kapitel 1–4). Alle diese Extrempositionen haben für die eigene Lebensführung problematische Folgen. Mit Hannah Arendt werden wir sehen, wie es besser geht. Der Kniff besteht darin, eine äußere und innere Seite der eigenen Persönlichkeit zu unterscheiden (Kapitel 5). Das nämlich zeigt mir einerseits, woran ich in einer äußeren, gemeinsamen Welt mitwirken will. Auf der anderen Seite kann ich mein subjektives Wollen und Wünschen dagegenhalten und überprüfen, wie sehr meine Art der Hingabe mit meinen Wünschen übereinstimmt. Das Verhältnis beider Seiten lässt sich abwägen, die Machbarkeiten auf der einen Seite, meine Bereitschaft zur Hingabe auf der anderen.

14

Die Aussichten dieses Unterfangens sind fast zu schön, um wahr zu sein. Denn wie sich zeigen wird, eröffnet sich mit jenen Formen der Selbstbefragung nicht weniger als die Chance auf ein erfülltes Leben, anvisiert von Helen Wolff mit jener grundlegenden Frage, »what you do with your life«. Möglich wird das, wenn ich *beide* Seiten meiner Persönlichkeit reflektiere, eigene Wünsche ebenso in Frage stelle wie die Formen der Mitwirkung, auf die ich mich eingelassen habe (Kapitel 6–8). Die Aufgabe lautet, beides in eine Balance zu bringen, den Wunsch nach Autonomie – und die Bereitschaft zur Hingabe.

Vorläufig ist das ein schönes Ziel in der Ferne. Davor jedoch liegt ein längerer Weg durch den Dschungel unserer modernen Selbstmissverständnisse. Denn auch darin sind wir ungemein erfinderisch: es entweder mit der Selbstverwirklichung oder der Hingabe zu weit zu treiben. Immer wieder findet sich irgendein Holzweg. Vorzugsweise führt er entweder in blinden Egoismus – oder in die Selbstaufgabe.

Noch eine letzte Bemerkung, bevor es losgeht: Philosophische Überlegungen dieser Art erwecken gern den Eindruck, bahnbrechend Neues über unser Menschsein zu enthüllen. Sie wollen glauben machen, bislang unentdeckte Denkwege zu beschreiten, etwas zu offenbaren, worauf vorher noch nie jemand gekommen ist. Auf nichts davon erhebt dieses Buch Anspruch – einfach deshalb, weil es Unsinn wäre. Philosophie ist keine Expedition in unbekannte Denkgefilde. Ebenso wenig liefert sie psychologische Erklärungen, weshalb der Einzelne möglicherweise zu mehr oder minder hingebungsvollem Verhalten neigt. Erst recht maßt sie sich nicht an, den Zustand der Gesellschaft soziologisch deuten zu wollen. Ob wir in einer Gesellschaft leben, der es an Hingabe fehlt – oder Ähnliches.

Philosophie kann nur eines tun: *Bewusstsein* schaffen. Reflektieren, was es bedeutet, sich für eine der verschiedenen Möglichkeiten zu entscheiden. Was es also heißt, Hingabe zu üben. Welche Vorgänge verbergen sich dahinter, die im eigenen Leben möglicherweise weitgehend unbewusst ablaufen, die wir vielleicht kennen, ohne darüber genauer nachgedacht zu haben? Philosophie hilft dabei, diese sehr vertrauten und gerade deshalb oft unbemerkten Vorgänge im eigenen Denken *wiederzuentdecken*. Einzig dafür ist sie da.

Deshalb bedient sich dieses Buch auch vieler Beispiele aus der Literatur. Nicht weil literarische Szenen aus dem echten Leben gegriffen wären oder gar eine höhere Evidenz verhießen. Sie dienen lediglich dazu, relativ einfache Situationen zu skizzieren, die wir auch aus dem eigenen Leben kennen und empathisch als Moment begreifen können, sich für oder gegen Hingabe zu entscheiden. Bewusst halten diese Beispiele einen gewissen Abstand zur Gegenwart, greifen meist weiter in die Vergangenheit zurück. Denn Hingabe ist eine emotionale Sache. Virulente Konfliktthemen sollten unseren Blick auf das grundsätzliche Für und Wider der Hingabe nicht trüben. Mit etwas innerem Abstand zu den Entscheidungsqualen der literarischen Figuren fällt es leichter, das Grundsätzliche ihrer Situation zu erkennen. So finden auch wir selbst in jene Situationen hinein, in denen wir uns fragen, wohin uns die eigene Hingabe führen wird, was es bedeutet, den eigenen Vorsätzen zu folgen – auf dem Weg in ein hoffentlich besseres, erfülltes Leben.

# 1. Ego-Shooting mit James Bond

## 1.1 Mein eigenes Leben

Anfangs ist es gleichgültig, welcher Gedanke mir näherliegt. Ob ich glaube, dass es in meinem Leben vor allem darauf ankommt, mich *selbst* zu *verwirklichen*, oder ob ich überzeugt davon bin, mich für eine bestimmte Lebensaufgabe *hingeben* zu müssen. Die vorläufige Antwort mag lauten, wie sie will. In jedem Falle steht ein sehr viel größerer Wunsch dahinter: dass ich *leben* möchte. Und das bedeutet üblicherweise, nicht vor mich hinleben zu wollen. Nicht zu vegetieren. Mein Leben nicht wegzuwerfen. Ich möchte ein Leben führen, von dem ich mit Recht sagen kann, es sei mein eigenes Leben. Mein eigener Weg – eine Summe selbstgetroffener und hoffentlich sinnvoller Entscheidungen.

Das ist ein anspruchsvolles Bekenntnis, ein hochgestecktes Ziel, und doch kommen diese Worte vielen Menschen erstaunlich leicht über die Lippen. Geradezu selbstverständlich erscheint der Wunsch nach dem eigentlichen, dem echten Leben. Danach, sich Geltung verschaffen, sich *spüren* zu können, um die eigene Präsenz im Leben zu wissen: Ich bin wirklich anwesend. Die Dinge stoßen mir nicht zu. Mein Leben zieht nicht als fremder Film an mir vorüber. Ich werde nicht gelenkt von anderen, bin nicht gefangen in Verhältnissen, die ich mir nicht ausgesucht habe, lebe nicht in Zwängen, von denen ich mich frage, wie ich überhaupt in sie hineingeraten bin. Es wäre mein Albtraum, würde ich mich in dieser Situation wiederfinden. Deshalb wünsche ich mir, vor solchen Ängsten sicher zu sein: Ich möchte wissen, dass ich *existiere*. Dass meine Existenz mehr ist als die simple Tatsache, dass ich da bin. Sie soll zeigen, dass ich mein Leben selbst gestalte, mein Leben weitgehend jenes ist, das ich auch wirklich führen möchte.

Dieser Wunsch ist nicht nur verständlich, er ist berechtigt. Er lässt sich niemandem verwehren. Der Philosoph Jean-Paul Sartre sieht das klar. Wenn ich in die Welt eintrete, muss ich auch die Chance bekommen, mich in ihr zu entwerfen. Wenn es andere sind, die über mich bestimmen, die mein Leben definieren, ohne mir die Chance zu geben, darüber selbständig zu entscheiden, dann *ist* es nicht mein Leben, dann existiere ich im sozialen Sinne nicht.[1] Ich mag zwar da sein, geduldet als Bestandteil der Gesellschaft. Es mag sein, dass ich eine definierte Funktion erfülle, auf akzeptable Weise dahinlebe, vorgeformten Erwartungen entspreche, Aufgaben erledige und meinen Lebensunterhalt bestreite. Aber was ich zu sein beabsichtige, tritt in meinem Leben nicht in Erscheinung. Eine Existenz, die mein eigentliches Wesen offenbart, bleibt mir versagt. Ich bleibe ein Schlafwandler unter Lebenden, friste ein *Dasein*, in dem ich *nicht da* bin. Keiner kann von mir verlangen, dass ich eine solche Absage an meine eigene Existenz freiwillig hinnehme.

Was also wird aus meinem Recht auf ein eigenes Leben? Kann ich mich mit weniger begnügen als einer Existenz, die ich selbst entworfen habe? Die ich will als das, was sie ist? Auf diese Forderung zu verzichten, scheint kaum möglich. Doch wie sie erfüllt werden soll, ist weit weniger klar, als es diese aufgewühlten Worte vermuten lassen. Das Wesen einer selbstbestimmten Existenz liegt zu Beginn in undurchdringlich scheinender Finsternis. Im Dunkel solcher Ratlosigkeit lässt der Schriftsteller Fernando Pessoa an einem frühen Morgen in Lissabon sein Alter Ego erwachen, den Hilfsbuchhalter Fernando Soares, einen unscheinbaren, nahezu durchsichtigen Mann, der sich selbst im Schlaf für schlaflos hält, in der Ruhe für ruhelos.

Sobald er vom nahen Hafen die ersten Geräusche vernimmt, die erste Helligkeit des Tages durch sein Fenster dringt, glaubt Soares im Dunkel erst eigentlich zu versinken. Denn wer ist er? Wie viel von seiner Existenz gelangt ans Tageslicht? Welche Bedeutung misst er seinem Leben bei, dieser vermeintliche Niemand, ein kleiner Angestellter in einem Hafenkontor, der in endlos langen Zahlenkolonnen gehandelte Waren notiert? Fast nichts von ihm scheint in seiner Arbeit zum Vorschein zu kommen – allenfalls eine gewisse Intelligenz und Genauigkeit, ansonsten kaum die Spur einer Persönlichkeit. Niemand nimmt von ihm Notiz. Kaum jemand kennt ihn.

Einsam drückt dieser Mann in seiner winzigen Wohnung abends seinen Kopf auf das kühle Kissen, mitten in dieser sagenumwobenen Stadt, die doch zum offenen Meer und den Abenteuern des Lebens so weit geöffnet scheint. Einsam wacht er morgens wieder auf. Kein Weg führt aus seiner Tristesse heraus. Für andere ist er unsichtbar. In dieser Verlorenheit formuliert er einen ebenso klugen wie enervierenden Verdacht, der dem Roman von Pessoa seinen Titel verleiht, *Das Buch der Unruhe*: Wenn er darüber nachdenke, worin seine Existenz bestehe, so sinniert Soares, hat er dann nicht im selben Moment zu existieren aufgehört? Ersetzt er sein Existieren dann nicht durch leere Gedanken? Diese Frage richtet sich an jeden von uns: Wenn ich mich, statt mich ins Leben hineinzustürzen, in Reflexionen über mein Dasein versenke – lebe ich dann noch oder erzähle ich lediglich eine Geschichte darüber, worin meine Existenz angeblich besteht? »Nicht einmal ich weiß«, so diktiert Pessoa dem Buchhalter in die Feder, »ob dieses Ich, das ich auf diesen mäandernden Seiten vor Ihnen ausbreite, wirklich existiert oder nur eine ästhetische und zudem falsche Vorstellung von mir selbst ist.«[2] Selbst wenn ich eine schöne Geschichte über mein Leben erzähle – was bringt mir das, wenn sie mit meiner eigentlichen Existenz gar nichts zu tun hat? Wenn ich am Ende vielleicht sogar den Versuch mache, mich zu täuschen und mich darüber zu belügen, wie armselig mein Leben in Wirklichkeit ist?

So taucht aus dem Dunkel der Wohnung von Fernando Soares die entscheidende Frage auf: Wie finde ich Zugang zu einem *wahrhaft gelebten* Leben? Woher kann ich wissen, dass ich im emotionsgeladenen Sinne des Wortes wirklich existiere – und mir nicht bloß etwas vormache? Wie entdecke ich den Unterschied zwischen einem erfüllten Leben und der Tristesse eines unbeteiligten, freudlosen Dabeiseins? Wo beginnt meine eigene Existenz, und wo verirre ich mich auf die Pfade des sozialen Herdentiers, das anderen immer nur hinterherläuft, auf unerfreulich fremdbestimmte Weise immer nur mitmacht? Die Antwort darauf ist nicht trivial. Sie führt in die Tiefe unseres Lebens, in die soziale Verstrickung unserer Existenz, in das verworrene Buch unserer sozialen Rollen, unserer Bindungen der Liebe und der Freundschaft, Bündnisse und Zweckgemeinschaften, Feindschaften und Ablehnung. Gewinne ich mein eigenes Leben, indem ich mich *selbst verwirkliche*? Indem ich etwas unternehme, was meinen eigenen Wünschen und Absichten zu entsprechen scheint? Oder besteht ein eigenes Leben darin, sich einer Aufgabe *hinzugeben*, sich einzuordnen und einen Platz zu wählen, der eine geeignete Lebensaufgabe offeriert?

Diese Alternative führt in das Spannungsverhältnis zwischen Autonomie und sozialer Verstrickung, zwischen *Selbstbehauptung* und *Hingabe*. Und so seltsam es vorläufig scheinen mag: Wir werden sehen, dass das eine ohne das andere nicht zu haben ist. Es gibt keine selbstbestimmte Existenz, ohne dass deren Aufgaben Teil eines gemeinsamen Lebens sind. Ich muss also wissen, wie ich mein Leben mit anderen gestalten, wofür ich mich einsetzen, worauf ich mich einlassen, welche Aufgaben ich übernehmen kann. Allerdings ist es wenig wünschenswert, eine Aufgabe zu übernehmen, ohne von den eigenen Zielen und Sehnsüchten eine Vorstellung zu haben. Sonst gibt es kaum Aussicht, dass mich meine selbstgewählte Aufgabe am Ende erfüllen wird, lauert die Gefahr, die Chance auf ein wahrhaft gelebtes Leben zu verspielen.

Um diesen Zusammenhang zu ergründen, sind deutlich bessere Sichtverhältnisse erforderlich als im Schlafzimmer von Fernando Soares, am Hafen von Lissabon. Wir werden das Zuhause des grüblerischen Buchhalters daher verlassen und einem Gedankenweg folgen, der das Spannungsverhältnis zwischen *Selbstbehauptung* und *Hingabe* erschließt. Dieser Weg führt zunächst zu den extremen Positionen, die in diesem Verhältnis denkbar erscheinen. Es sind die vermeintlich einfachen Lösungen. Sie sorgen im Leben zuverlässig für die größten Probleme. Sie laufen darauf hinaus, sich ganz auf eine der beiden Seiten zu schlagen: entweder durch die Ausblendung der sozialen Welt, den vollständigen Rückzug auf eigene Wünsche und Erwartungen, auf das, was ich mir von meiner Existenz erhoffe. Oder aber, umgekehrt, durch die Ausblendung dieser Existenz, durch den Entschluss, das eigene Leben *selbstlos* in den Dienst irgendeiner Aufgabe zu stellen, eigene Wünsche für unwesentlich, für ein Hindernis oder sogar für sündhafte Verfehlung zu halten. Auf solche Weise wird Hingabe zu einer Gefahr für mich selbst, zur *Devotion*, zur blinden Pflichterfüllung, womöglich zu einem Akt der Unterwerfung.

Es wird sich zeigen, dass keine dieser extremen Positionen dauerhaft zu ertragen ist, dass sie unsere Hoffnung auf ein selbstbestimmtes Leben zu gefährden oder sogar zu zerstören droht. Die Frage lautet, wie wir die Spannung zwischen Selbstbehauptung und Hingabe ausgleichen, die beiden Pole der Persönlichkeit in eine Balance bringen können. Wie findet man von den eigenen Wünschen zur Bereitschaft, sich auf konkrete Formen der Mitwirkung einzulassen? Und wie trägt umgekehrt solche Hingabe zu einer Befriedigung der eigenen Lebenswünsche bei? Es gibt, wie nicht anders zu erwarten, verschiedene Möglichkeiten, diese beiden Seiten zu gewichten. Unproblematisch sind sie alle nicht. Doch ihr Gleichgewicht bietet nicht weniger als die Aussicht auf ein erfülltes Leben.

## 1.2 Die Reise ins Innere

Starten wir also unsere Suche nach dem wahrhaft gelebten Leben. Und wo sollte sie beginnen, wenn nicht bei mir selbst? Bei meinen eigenen Bedürfnissen, bei meinen eigenen Träumen? Was sollte für mich von Bedeutung sein, wenn nicht das, was ich selbst mir wünsche? Schließlich kann ich nicht daran vorbei, dass es um mich selbst geht und dass ich bestimmte Vorstellungen davon habe, wie ein wahrhaft gelebtes Leben aussehen sollte. Lässt sich die Frage nach jenem Leben nicht ganz einfach beantworten? Worum geht es, wenn nicht darum, dass ich *erlebe*, was ich erleben *will*?

Im Ringen um Selbstbehauptung und Hingabe führt diese Frage zur ersten Extremposition. Es ist der Gedanke, einzig auf die Verwirklichung eigener Vorstellungen bedacht sein zu müssen, auf die *Selbstverwirklichung*. Darauf, dass ich nichts erlebe, was ich nicht erleben möchte, in meinem Leben nichts oder möglichst wenig geschieht, was nicht mit meinen Erwartungen übereinstimmt. Ist es, so gesehen, überhaupt von Bedeutung, welche konkreten Tätigkeiten ich ausübe, welche Rollen ich übernehme, dass ich mich irgendwelchen Aufgaben *hingebe*? Ist es nicht entscheidend, wie das bei mir selbst ankommt, wie sich, was ich tue, im eigenen Erleben niederschlägt? Eigentlich kann mir doch gleichgültig sein, ob das, was ich tue, zufällig mit Hingabe verbunden ist. Wenn ich nicht erlebe, was ich erleben möchte, hilft mir das auch nicht weiter. Dann werde ich mich vermutlich bald nach anderen Aufgaben umsehen, die meiner Erwartung eher entsprechen.

Damit scheinen sich weitere Erörterungen zu erübrigen. Die Frage nach der Hingabe wirkt auf einmal sogar irreführend. Könnte sie nicht eine Ablenkung sein, die darauf zielt, mich von meinen eigenen Wünschen *abzubringen*, mir meine Bedürfnisse auszureden, mich zu beschwichtigen oder ruhigzustellen? Wieso sollte ich mich auf etwas einlassen, ohne zu wissen, ob ich das wirklich will? Würde das nicht bedeuten, meiner Umwelt enormen Einfluss auf mein Leben einzuräumen? Würde das nicht heißen, dass sie mich vielleicht sogar manipulieren kann? Dieser Gedanke scheint für die Selbstverwirklichung wenig Gutes zu verheißen. Denn wie könnte ich in einem solchen Fall überhaupt etwas ersehnen, erwarten oder wünschen, ohne dass es durch meine Umgebung möglicherweise bereits mitbestimmt oder sogar vorgezeichnet würde? Wie könnte ich dann überhaupt wissen, was ich selbst will, ohne dass es vielleicht bereits das Ergebnis von Beeinflussung oder Indoktrination ist?

So gesehen hat die Frage nach dem echten Leben mit Hingabe nicht viel zu tun. Wirkt es nicht viel überzeugender, dass ich diese Frage in meinem *Inneren* beantworten muss? Sollte ich deshalb nicht vor allem fragen, wie meine Wünsche eigentlich entstehen, wie sie sich artikulieren können, ohne dass bereits die Welt ihren Einfluss auf mich auszuüben und mich in irgendeine Richtung zu lenken beginnt? Vor allem scheint es doch darum zu gehen, wie sich mein Inneres in der Welt überhaupt geltend machen, wie es sich *gegen* die Welt behaupten und zu eigenen Entscheidungen gelangen kann, ehe es von dieser Welt vereinnahmt, in Konventionen hineingepresst, mit Aufgaben und Pflichten überbürdet wird. Das wahre Leben, so scheint es, lässt sich nur entdecken, wenn ich die Aufmerksamkeit diesem Inneren zuwende, mich auf die Frage konzentriere, wie es sich in meinem Leben Platz verschaffen, zu einer Realität werden kann.

Interessant an dieser Art der Betrachtung ist, dass sich mit ihr beinahe augenblicklich auch die Wahrnehmung der Welt verändert. Auf einmal nämlich wirkt Letztere wie eine kalte, feindselige Landschaft. Die Frage lautet nicht, wie ich mich auf sie einlassen könnte, sondern eher, ob mein eigener Gestaltungswille von dieser Welt überhaupt registriert wird – oder ob er Gefahr läuft, an deren harter Oberfläche aufzuschlagen und zu zerschellen. Der Hilfsbuchhalter aus dem Roman von Fernando Pessoa jedenfalls verspürt »Entsetzen« bei dem Gedanken, der eigenen Existenz in dieser Welt keinerlei Geltung verschaffen zu können: »der Tag, das Leben, die trügerische Nützlichkeit, das heillose Tun«.[3] Er glaubt, im Getriebe seiner Zeit als Person gar nicht aufzutauchen. Allenfalls sind es andere Leute, die sich ein Bild von ihm machen. Das Wesen seiner eigenen Existenz bleibt darin jedoch unsichtbar: »Abermals meine physische, sichtbare, soziale Person, vermittelbar durch bedeutungslose Worte, brauchbar durch die Gesten und das Bewusstsein anderer. Abermals ich, so wie ich *nicht* bin.«

Diese Entdeckung wirkt beunruhigend. Denn je stärker ich meine Aufmerksamkeit auf meine eigenen Wünsche richte, mich frage, wie es um diesen angeblichen Kernbereich meiner Existenz steht, desto deutlicher wird, wie wenig meine Umwelt mit meinem Erleben korrespondiert. Wie gleichgültig viele meiner Empfindungen und Gedanken täglich verhallen, wie viele meiner Erwartungen und Wünsche täglich enttäuscht werden, wie wenig von dem, was ich zu sein beabsichtige, in meinem Leben sichtbar wird. In inneren Monologen wird mir vor allem bewusst, dass ich mit meinen Erwartungen auf mich selbst gestellt bin. Im Alltag erlebe ich eine Welt, die ihre Forderungen und Zwänge unnachgiebig gegen mich geltend macht. Die Fokussierung auf mein Erleben erzwingt einen misstrauischen Blick auf diese Welt, mit dem sich ein Verdacht zur Gewissheit zu entwickeln scheint: Wenn ich mein Leben nach eigenen Wünschen gestalten will, dann ist die Welt, die mich umgibt, nicht das offene Spielfeld meiner Pläne und Abenteuer, sondern ein bedrohliches Terrain, auf dem mir jederzeit das Scheitern meiner Ambitionen, das Ende meiner selbstbestimmten Existenz drohen kann.

Wir kennen solchen Argwohn aus den Werken von Franz Kafka, zum Beispiel aus dem Roman *Das Schloss*, aus den Schilderungen jener winterlichen Einöde, in der Landvermesser K. herumstolpert. Er sucht Verbündete, sucht andere Menschen, doch in der Schneelandschaft bleiben sie meist nichts weiter als konturlose Schemen. Er selbst glaubt, eine klare Vorstellung davon zu haben, wer er ist und wozu er da ist: Er würde gern als Landvermesser für die anonymen Schlossherren tätig werden. Doch seiner Umwelt scheint das gleichgültig zu sein. Niemand hat auf ihn gewartet. Niemand hat mit ihm gerechnet. Niemand erteilt ihm Aufträge. Er ist mit seinen Erwartungen und Wünschen allein. Unerreichbar ist das Schloss auf dem Berg, eine undurchschaubare bürokratische Schaltstelle, der symbolische Ort, an dem über K.s Existenzberechtigung entschieden wird. Die Gesellschaft, von der er sich fragt, ob er jemals dazugehören wird, hört seine Rufe nicht. Im ewigen Winter rings um das Schloss prallt er auf die Gleichgültigkeit der Welt.

So formt sich die erste extreme Position, der wir auf unserem Gedankenweg begegnen. Sie beruht auf der Vorstellung, sich auf sich *selbst* zurückbesinnen zu müssen, eine eigene Rolle nicht finden zu können, ohne sich zuvor Klarheit über dieses Selbst verschafft zu haben. Zugleich zeigt sich, wie schwierig diese Suche ist. Denn je weiter sie vordringt, desto größer wird die Verunsicherung. Wo findet sich überhaupt irgendetwas von mir selbst, was nicht schon durch die Umwelt in irgendeiner Weise vorgeformt, angepasst oder sogar manipuliert wurde? Ist nicht bereits die Aufgabe des Landvermessers eine gesellschaftlich definierte Funktion? Hat sie mit den persönlichen Wünschen von K. wirklich etwas zu tun? Gilt nicht, was Pessoa so pessimistisch feststellt? Die eigene Person ist zwar da und wird für diverse Tätigkeiten eingespannt, doch jemand wie der unscheinbare Buchhalter Soares fühlt sich in solchen Tätigkeiten selbst gar nicht anwesend. Auf der Suche nach sich selbst entdeckt er lediglich, *nicht* er selbst zu sein.

Was daraus folgt, ist ein Erschrecken über die eigene Person. Gibt es womöglich gar kein unabhängiges *Inneres*, das sich in der Welt Geltung verschaffen kann? Gibt es ohne die Einflüsse meiner Umwelt gar keine Möglichkeit, auf mich selbst und meine Wünsche aufmerksam zu machen? Es ist Albert Camus, der diese Befürchtung in seinem Roman *Der Fremde* zum radikalen Pessimismus ausbaut. Unter der gleißenden Sonne Algeriens wirkt sein schweigsamer Held Meursault genauso gleichgültig, wie es die Welt seinem Schicksal gegenüber zu sein scheint. Da sie mit seinem Erleben nicht korrespondiert, misst er ihren Bindungen keine Bedeutung zu. Der Tod seiner Mutter kümmert Meursault ebenso wenig wie die Frage nach Recht und Unrecht. Er tötet einen anderen Menschen, fragt nicht nach den Beweggründen für diese Tat und weist auch vor Gericht jeden Erklärungsversuch von sich. Nichts scheint ihn zu kümmern, als sich zu den Angelegenheiten seines Lebens nicht erklären zu müssen. Seine Familie, die Gesellschaft, die Institutionen des Rechts – für die Existenz dieses sprachlos Versteinerten haben sie jede Bedeutung verloren.[4]

Es ist eine Anklage gegen die Welt, die Camus in das Schweigen seines Helden hineinlegt. Meursault bleibt stumm, weil seine Existenz in der Welt nichts gilt. Sichtbar wird sie nur in den Fesseln, die man ihr angelegt hat. Ihre Stimme verhallt ungehört. Der soziale Raum, der den schweigsamen Helden umgibt, ist ein toter Raum. Auch Hingabe scheint dort sinnlos. Denn die Welt erstickt Meursault, nimmt ihn in den Würgegriff ihrer Institutionen, sperrt ihn in ihr gut organisiertes Gefängnis. Eine Situation, so schreibt Camus, »in der die Eroberungslust an Mauern stößt«.[5] Es gibt keine Chance, *sich selbst* ins Leben einzubringen. Möglich ist nur die *Anpassung*, ein vergifteter »Frieden«, der »durch die Ablehnung des Wissens und des Lebens« erkauft wird und den »Sorglosigkeit, Trägheit des Herzens oder tödliche Entsagung schenken«.

Für das erhoffte erfüllte Leben sind das ernüchternde Nachrichten. Denn entweder, so die offenbare Alternative, entscheiden wir uns, bei lebendigem Leibe begraben zu sein, treffen mit der eigenen Hingabe ein Arrangement der Unterordnung, schlucken das Sedativ, das die soziale Welt so aufdringlich offeriert, akzeptieren, dass es für eigenes Streben in dieser Welt keinen Platz gibt. Oder wir schlagen dieses Arrangement aus, verweigern die Anpassung, beißen wie Meursault die Zähne zusammen und versuchen die Diskrepanz auszuhalten, die auf solche Weise entsteht: auf der einen Seite die Welt, die uns umgibt und uns auf vielfältige Weise vereinnahmt, auf der anderen Seite unser Inneres, das sich von dieser Umgebung nicht ernst genommen fühlt. Beide Sphären existieren beziehungslos nebeneinander. Camus nennt das die »Absurdität« des Daseins, eine »Entzweiung« zwischen dem, was wir zu sein glauben – und den Schablonen der Welt, in die wir uns hineingepresst fühlen, ohne innere Beteiligung an dem, was wir tun sollen. Wir erleben, so der Eindruck, *ohne* wirklich zu leben.[6]

Damit entsteht ziemlich genau das Gegenteil der erhofften Erfüllung. Das innere Sehnen wird von der »Absurdität« eingeholt, dass es für das soziale Dasein bedeutungslos ist. Die Reise ins Innere gerät an ein unerfreuliches Ende. Sie führt in einen selbstkonstruierten Käfig, in dem ich zwar das vage Versprechen vernehme, dort *bei mir selbst* sein zu können, unberührt von den Vereinnahmungen der Welt, zugleich jedoch scheint mein Erleben jeder Bedeutung beraubt, scheint es um den Preis erkauft zu werden, dem doch gerade die Hoffnungen auf meine Befreiung gegolten hatten: die Intensität des Lebens steigern, es überhaupt erst zum *eigenen* Leben machen zu können.

So aber bleibt mir nichts, als in der Kammer meiner Gefühle hilflos die Hände zu ringen, während in der realen Welt mein sozialer Avatar, der machtlose Handlungsreisende meiner Existenz, seinen traurigen und folgenlosen Verrichtungen nachgeht. Camus zufolge kann ich nicht mehr tun, als die Unerklärlichkeit dieser Situation auszuhalten, muss wie Sisyphos den Stein meines Lebens weiterwälzen, verbunden allenfalls mit der Aussicht, an jener Unerklärlichkeit ein gewisses Vergnügen zu finden. Ein hoher Preis für einen zweifelhaften Gewinn.

## 1.3 Mein Leben – ein Drehbuch

Das Bild, im Käfig der Absurdität gefangen zu sein, ist düster. Es nährt nicht gerade die Aussicht auf ein erfülltes Leben. Gleichwohl hat es wenige Menschen davon abgehalten, radikal auf *Selbstverwirklichung* zu setzen. Das ist nicht weiter verwunderlich. Wer sagt schließlich, dass das eigene Innere nur ein Guckloch sei, aus dem eine gleichgültige oder feindselige Umgebung zu sehen ist? Das scheint doch ein reichlich fatalistischer Blick auf die Welt zu sein. Selbst wenn mich diese Welt ständig zu beeinflussen und zu manipulieren versucht: Welchen Grund sollte es geben, nicht trotzdem tun zu können, was ich will? Warum sollte ich mich nicht durchsetzen können? Woher rührt der

Glaube, dass ich diese Welt lediglich erleiden muss, gezwungen bin, sie ohnmächtig an mir vorüberziehen zu lassen?

Tatsächlich trennen die meisten Menschen im Alltag nicht so gründlich zwischen *Erleben* und *Dabeisein*. Man ist nicht nur Zuschauer, beschränkt sich nicht darauf, etwas wahrzunehmen oder zu empfinden. Immer machen alle auch mit, sind Beteiligte. Niemand kehrt der sozialen Welt vollständig den Rücken, auch nicht der scheinbar so gleichgültige Meursault. Bei aller Skepsis bin ich auf irgendeine Weise verstrickt, nicht als Avatar, sondern als Teil einer sozialen Umgebung. Das brauche ich nicht vor mir zu leugnen – und kann dennoch versuchen, meine eigenen Ziele zu verfolgen, der Welt meinen eigenen Willen aufzudrücken. Der Kniff, den die meisten Menschen dabei anwenden, bedarf keiner philosophischen Begründung. Er besteht einfach in Ignoranz. Man richtet den Blick ausschließlich auf die eigene Existenz und schert sich nicht weiter darum, dass man faktisch in bestimmten Institutionen, sozialen Rollen oder Aufgaben steckt. Man tut einfach so, als gehöre das alles einzig zur persönlichen Lebensgeschichte, zum Plan der eigenen Selbstverwirklichung. Alles drumherum, die soziale Welt und ihre Institutionen, ist entweder Teil dieses selbstbezogenen Plans – oder lässt sich getrost ignorieren.

Dieser sanfte Selbstbetrug ist die beliebteste Alternative zum harten Existenzialismus von Albert Camus: Mag schon sein, dass ich hier und da mitmachen muss, aber daran interessiert mich nur, was *ich selbst will* – was also mit mir selbst zu tun hat. Es ist die klassische Ego-Shooter-Position, nicht selten zugleich ein männlich geprägtes Rollenbild. Ein gutes Beispiel dafür sind James-Bond-Filme. Immer spielen sich die Missionen des Geheimagenten in komplexen sozialen Zusammenhängen ab. Sein Handeln ist mit den Angelegenheiten verschiedenster Institutionen verstrickt, mit der Regierung und ihren Staatsgeheimnissen, mit zwischenstaatlicher Diplomatie und den Verbrechen geheimer Organisationen. Doch zugleich entsteht der Eindruck, als ob sich alles lediglich um James Bond selbst drehen würde.

Sein Heldentum genügt scheinbar sich selbst. Dass der Agent immer wieder das Land und gelegentlich gleich die ganze Welt vor dem Untergang bewahrt, nimmt er allenfalls mit einem Augenzwinkern zur Kenntnis. Was kümmert mich das langweilige Drumherum, so scheint Bond zu fragen, wenn mein eigenes Leben ein so überaus fesselndes Abenteuer ist? Keine Frage, dass diese Art der Selbstinszenierung attraktiver erscheint als die Ohnmachtskulissen von Franz Kafka oder Albert Camus. Der Ego-Shooter kann sich ungestört in dem Glauben sonnen, die eigene Person sei die erschöpfende Erklärung für alles, was rings um sie geschieht. Alles scheint mit mir selbst zu tun zu haben, einfach weil ich selbst im Mittelpunkt von allem stehe.

Diese tendenziell narzisstische Selbstwahrnehmung verdichtet sich in einem Satz, den vermutlich jeder von uns irgendwann schon einmal vor sich hingemurmelt hat: »Es ist *mein* Leben«, lautet er. Mit anderen Worten, für mich existieren die Fragen der Welt einzig als Gegenstände meines Lebens. Woher sie kommen und wie sie sich entwickeln, ist im Grunde unwichtig. Ich achte nur darauf, was ich bin, und tue einzig, was ich selbst für richtig halte. Im ersten Moment klingen solche Sätze durchaus plausibel. Denn was sollte ich anderes tun, als im unmittelbar eigenen Interesse Entscheidungen zu treffen? Wer sonst sollte das an meiner Stelle tun? Dass es um »mein Leben« geht, werde ich immer für mich reklamieren können, ja sogar reklamieren müssen, wenn meine Entscheidungsfreiheit in Gefahr oder wenn fraglich scheint, ob nicht andere die Regie über meine Angelegenheiten zu übernehmen versuchen.

Dennoch verbirgt sich hinter dieser Auffassung ein Missverständnis. »Mein Leben« nämlich ist eben doch etwas mehr als *nur* mein Leben. Wenn James Bond wieder einmal scheinbar ausschließlich mit eigenen Angelegenheiten beschäftigt ist, einen alten Gegner aus dem Weg räumt, einer zufälligen Gefahr entkommt oder eine Frau verführt, handelt er gleichwohl im Rahmen eines Auftrags. Nicht er selbst hat sich seine Mission ausgedacht. Auch Verantwortung trägt er nicht für sich allein. Er dient den Zielen einer Operation. In seinem Auftrag und den daraus resultierenden Begleitumständen spiegeln sich Sicherheitsinteressen und Motive politischer Macht. Dass er einen Auftrag ausführt, ist nicht sein Privatvergnügen, sondern berührt das Leben vieler anderer Menschen.

Solche Feststellungen gelten letztlich für jeden von uns. Fast alles, was wir tun, hat Auswirkungen auch auf andere. Jede Aufgabe, jede Tätigkeit ist verwoben mit anderen Interessen, mit Normen und Gesetzen, mit Formen der Arbeitsteilung oder Vereinbarungen, die zwar Teil *meines Lebens* sind, ebenso aber der sozialen Welt angehören, in der ich lebe. Deshalb wäre es ein Irrtum, sich für eine James-Bond-Figur zu halten, deren Leben einzig dazu dient, selbst im Mittelpunkt zu stehen. Fatal ist daher auch die Einbildung von Ego-Shootern, ihr Leben einzig für sich selbst zu führen, als Helden in einem Drehbuch zu agieren, das ausschließlich für ihre eigenen Bedürfnisse konzipiert wurde. Denn ihr Vorsatz, ihr Leben als *exklusive* Geschichte zu erzählen, bedeutet zwangsläufig, die Geschichten anderer daraus zu entfernen. Sie sind für die Selbstwahrnehmung entweder zweitrangig oder gänzlich unbedeutend.

Gleichwohl ist die Faszinationskraft dieser Art der Selbstbeschreibung groß. Die Aussicht auf das exklusive Drehbuch ihres Lebens macht Ego-Shooter scheinbar zum Alleininhaber ihrer Geschichte. Da andere in dieser Geschichte nur als Staffage vorkommen, als Hilfspersonal, das ausschließlich dazu dient, den Ego-Shootern beim Erreichen ihrer Ziele behilflich zu sein, lassen sie sich aus dieser Geschichte, falls erforderlich, schnell wieder herausschreiben. Es ist weiter nichts zu tun, als die Hauptfigur, sich selbst, neu in Szene zu setzen, sich mit anderen Menschen zu umgeben, sich eine neue soziale Umgebung einzurichten. Wenn ein Freund, eine Freundin die eigenen Erwartungen enttäuscht, wird er oder sie aus dem eigenen Leben eben wieder entfernt. Wenn Partner oder Partnerin die eigenen Wünsche nicht erfüllen, werden sie durch andere Personen ersetzt. Da Ego-Shooter genau wissen, was sie eigentlich erleben *möchten*, scheint nur eine Änderung des Arrangements erforderlich, um die gewünschten Erlebnisse herzustellen. Sie betrachten sich selbst als Schöpfer ihrer Lebensgeschichte – und ihre Umwelt als deren Instrumentarium.

Es kann wenig überraschen, dass in der Welt von Ego-Shootern Kälte und Verachtung herrschen. Ihr narzisstisches Selbstinteresse reduziert die Umwelt auf die Funktion eines Selbstbedienungsladens. Zugleich führt dieser Zynismus in Probleme zurück, die wir bereits betrachtet haben. Ego-Shooter verwandeln das eigene Leben in den Plot einer innerlich ausgelebten Phantasie und drohen selbst irgendwann nicht mehr zu wissen, was wahr und was erlogen ist. Auch im inneren Käfig von Albert Camus sind sie schnell zurück, wenn ihre hochfliegenden Fiktionen auf reale Erlebnisse prallen, die das sorgsam aufgebaute Selbstbild wieder einreißen. Dann macht die souveräne Selbstverwaltung häufig Platz für weinerliches Selbstmitleid.

Die größte Gefahr für das Ego-Shooting jedoch besteht darin, beratungsresistent zu werden. Wenn blumige Autofiktion der alleinige Maßstab für eigene Entscheidungen ist, entsteht der Eindruck, auch das eigene Selbstbild ließe sich nicht mehr hinterfragen. Wenn niemand anderer als ich selbst das Drehbuch meines Lebens schreibt, werden die Phantasien über mein Leben unhintergehbar. Wie der Soziologe Hartmut Rosa gezeigt hat, gilt es häufig sogar als Tabu, persönliche Entscheidungen von außen zu kritisieren.[7] Lebt schließlich nicht jeder seinen persönlichen »Traum«? Sind andere also überhaupt berechtigt oder auch nur fähig, mein autofiktionales Selbstbild in Frage zu stellen?

Hier kollidieren die Illusionen des Ego-Shootings mit den Anforderungen einer sozialen Welt. Zwar ist es ein Toleranzgebot, dem Einzelnen das letzte Urteil darüber zuzugestehen, was im Sinne seines Lebens gut oder richtig erscheint, doch daraus folgt keineswegs, dass dessen Entscheidungsgründe ausschließlich privater Natur und damit für andere *unzugänglich* wären. Es ist sehr wohl möglich und gegebenenfalls auch erforderlich, den Ego-Shooter James Bond darauf anzusprechen, ob er wirklich davon überzeugt ist, im Rahmen seiner Mission zu handeln – oder ob er gerade dabei ist, das gemeinschaftliche Interesse, in dem er handelt, zu verraten, ob er gerade dabei ist, abzuheben oder sogar durchzudrehen. Dasselbe gilt für das Selbstbild jedes Einzelnen von uns. Autofiktionale Erfindungen »meines Lebens« ändern nichts daran, dass dieses Leben in Verbindung mit anderen Menschen stattfindet und sie mir diese Tatsache durchaus in Erinnerung bringen können oder manchmal im eigenen Interesse (oder sogar in *meinem* Interesse) in Erinnerung bringen *müssen*.

Eine Welt ohne diese Möglichkeit zur Intervention ist schwer vorstellbar. Es wäre eine Welt, in der jeder von uns seine eigene Ego-Shooting-Geschichte zur Aufführung bringen würde, andere daran weder Anteil nehmen noch etwas ändern könnten. Die Gesellschaft wäre zum ohnmächtigen Zuschauen verurteilt. Es wäre dieselbe existenzielle Einsamkeit, die Albert Camus als Grundzustand unseres Daseins betrachtet. Wenn der Plot meines Lebens für andere unzugänglich wäre, andere aus falsch verstandener Rücksicht sogar davon Abstand nehmen würden, mit mir über die Vorstellung »meines Lebens« überhaupt zu sprechen, würde ich in vollständige Isolation geraten. Ich wäre dann verbannt in die Zelle meiner Drehbuchwerkstatt und müsste befürchten, auf der anderen Seite der verschlossenen Tür allenfalls die vorsichtige Frage zu vernehmen, ob ich den Inhalt meiner Existenz nun endlich entdeckt hätte. »Mein Leben« wäre in dieser Frage tatsächlich zu einem Leben *ohne* die anderen geworden. Die fehlende Auseinandersetzung würde mich auf mich selbst zurückwerfen, mich zum Gefangenen meiner autofiktionalen Erzählung machen.

## 1.4 Der Kitsch der Weltflucht

Eines wird damit offensichtlich: Es gibt keinen schnellen Weg, kein fertiges Rezept, um »mein Leben« zu führen. Denn wie sich zeigt, findet dieses Leben in einer Gemengelage statt, die ich mir nicht nach Belieben einrichten kann. Jedenfalls gelingt das nicht in der Isolation einer Drehbuchwerkstatt, in der Kammer meiner Imagination. Diese Erkenntnis wirkt zunächst ernüchternd. Denn hatte ich nicht gerade noch geglaubt, mein Leben ganz an meinen eigenen Wünschen ausrichten, es nach einem von mir selbst formulierten Lebenstraum entwerfen zu können? Bedeutet das etwa, dass der Spielraum für meine Lebensentscheidungen geringer ist, als ich ihn mir vorgestellt habe?

In der Tat ist zumindest eines schemenhaft deutlich geworden: Die Frage nach der *Selbstverwirklichung* hat sehr wohl mit einer Welt zu tun, in der ohne *Hingabe* nicht viel zu gehen scheint. Nicht nur bin ich faktisch Teil dieser Welt, sie kann mich für mein Handeln auch zur Verantwortung ziehen und mich daran erinnern, dass ich mich durchaus auf bestimmte Aufgaben oder Verpflichtungen eingelassen habe. Aus meinem Ego-Trip werde ich spätestens erwachen, wenn sie mich sanft oder weniger sanft an diese Verantwortung erinnert. Und doch ist damit der Traum von einer ungetrübten Selbstverwirklichung noch nicht ausgeträumt. Es gibt eine letzte Möglichkeit, die Illusion eines Lebens aufrechtzuerhalten, das ganz nach eigenen Wünschen und Sehnsüchten geformt ist. Dabei handelt es sich um den Rückzug in beschauliche Verhältnisse, in eine Welt der kleinen Dinge, eine selbstgeschaffene Umgebung, auf die ich mich einlassen kann, ohne mich überfordert und unglücklich zu fühlen.

Hinter diesem Rückzug verbirgt sich das Bewusstsein der eigenen sozialen Verstrickung, in der Hoffnung, dieser Verstrickung dennoch entgehen zu können. Es ist ein Wunsch nach Weltflucht, ein letzter Versuch, die Position des Ego-Shooters zu retten, aus der Gegenwart eine kleine Parzelle abteilen zu können, die ich als »mein Leben« deklarieren darf. In der Vorstellung entsteht ein Reich des Privaten, in dem die Welt auf das Wenige reduziert ist, was meinen Wünschen zu entsprechen scheint. Diese Sehnsucht hat der Dichter Hugo von Hofmannsthal in seinem berühmten *Chandos-Brief* beschrieben und dafür zugleich eine bequeme Entschuldigung geliefert: dass die Welt ohnehin zu komplex geworden sei, als dass sie der Einzelne noch erfassen könne. Da draußen, so meint der Dichter, erwartet uns eine Welt, deren Unübersichtlichkeit die Erkenntnisfähigkeiten des Einzelnen längst übersteigt. Unser Wissen sei derart verzweigt, dass jeder nur noch einen kleinen Ausschnitt der Wirklichkeit begreifen könne. Bis heute gehört diese Behauptung zu den beliebtesten Überzeugungen des modernen Lebens, irritiert allerdings durch den Gestus der Allwissenheit, mit dem sie immer wieder vorgetragen wird. Würden wir, jeder für sich, im Hinterhof unserer eigenen Weltdeutung leben, wie wäre es dann möglich, sich von dieser Situation ein derart objektives Bild zu verschaffen?

Der fiktive Lord Chandos, den Hugo von Hofmannsthal in seinem Brief als mittelalterlichen Grundherrn und Dichter auftreten lässt, umschreibt diese Situation mit den berühmten Worten, ihm sei »völlig die Fähigkeit abhanden gekommen, über irgend etwas zusammenhängend zu denken oder zu sprechen«.[8] Er verbindet damit keine Verlustgefühle, sondern empfindet es im Gegenteil als Befreiung, dass es ihm unmöglich geworden ist, »ein höheres oder allgemeineres Thema zu besprechen und dabei jene Worte in den Mund zu nehmen, deren sich doch alle Menschen ohne Bedenken geläufig zu bedienen pflegen«.[9] Wenn Lord Chandos Unbehagen empfindet, »die Worte ›Geist‹, ›Seele‹ oder ›Körper‹ nur auszusprechen«, beliebige Chiffren also, um zwischen der eigenen Existenz und der Welt einen größeren Zusammenhang herzustellen, findet er sich bald durch ein Vergnügen entschädigt, das seither als Freude an den »kleinen Dingen« figuriert. Anstelle des unmöglich gewordenen Redens über die Welt, über Zusammenleben, Gott und Geist, sind es nun eine »Gießkanne, eine auf dem Feld verlassene Egge, ein Hund in der Sonne, ein ärmlicher Kirchhof, ein Krüppel, ein kleines Bauernhaus«, die dem einsam Erlebenden zum »Gefäß meiner Offenbarung« werden.[10]

Hier sind sie wieder, Plot-Elemente aus dem autofiktionalen Drehbuch, präsentische Episoden, die dem eigenen Leben zur

Echtheit zu verhelfen scheinen. Doch anders als bei Camus, der solche Episoden an der kalten Oberfläche der Welt zerschellen ließ, laden sie sich hier mit seltsamer Wärme auf. Jeder der genannten Gegenstände, so behauptet Hofmannsthals Adeliger, »kann für mich plötzlich in irgend einem Moment, den herbeizuführen auf keine Weise in meiner Gewalt steht, ein erhabenes und rührendes Gepräge annehmen, das auszudrücken mir alle Worte zu arm scheinen«.[11] Zuverlässig ergreift ihn Rührung, wenn er Menschen oder Dinge sieht, die ihn einsam anmuten, isoliert, sich selbst überlassen. Weil auch er selbst das Ganze seines Lebens nicht mehr überschauen kann, bewegt es ihn, diese Situation im Bild der verlassenen Egge auf dem Feld wiederzuerkennen. Er glaubt seine eigene Lage dadurch symbolhaft vergrößert, vielleicht sogar ins Tragische gesteigert – und sich selbst dadurch erhoben, ja in einen Zustand der Erhabenheit versetzt.

So treten an die Stelle des Zusammenlebens isolierte Eindrücke. In ihnen manifestiert sich die Freude an den »kleinen Dingen« des Lebens. Wenn der fiktive Lord Chandos seine Besitzungen besucht, weidet er sich am Bild des Vasallen, »der mit abgezogener Mütze vor seiner Haustür steht, wenn ich abends vorüberreite«, und nicht ahnen könne, »daß mein Blick, den er respektvoll aufzufangen gewohnt ist, mit stiller Sehnsucht über die morschen Bretter hinstreicht, unter denen er nach Regenwürmern zum Angeln zu suchen pflegt«.[12] Es folgt eine ganze Kaskade solcher Imaginationen. Während der grüßende Untertan auf der Türschwelle gleichsam unsichtbar wird und die flüchtige Begegnung jede Bedeutung verliert, erwachen die Dinge ringsherum zu skurriler Lebendigkeit. Ob es »hässliche junge Hunde« sind, an denen das Auge des Betrachters hängenbleibt, oder die Katze, »die geschmeidig zwischen Blumenscherben durchkriecht«[13]: Immer gilt sein Interesse dem isolierten Objekt, in dessen Gegenwart die sozialen Zusammenhänge des Lebens scheinbar zu existieren aufhören. »[U]nter all den ärmlichen und plumpen Gegenständen einer bäurischen Lebensweise« sucht

Lord Chandos stets dasjenige, »dessen unscheinbare Form, dessen *von niemand beachtetes* Daliegen oder -lehnen, dessen *stum-
me* Wesenheit zur Quelle jenes rätselhaften, *wortlosen*, schran-
kenlosen Entzückens werden kann«.[14]

In dieser sentimentalen Stimmung bastelt sich der Lord seine
selektive Wahrnehmung. Er begibt sich in seine kleine Welt, die
von den Abgründen der sozialen Wirklichkeit durch ein Plüsch-
kissen bunter Bilder getrennt ist. Statt sich auf seine Gegenwart
einzulassen, versetzt sich der fiktive Adelige in eine parallele
Wirklichkeit, widmet sich seiner Verzückung über die streunen-
de Katze, das alte Haus und die verlassene Egge. Warum auch
nicht? Was ist Schlimmes an der Sehnsucht des Großgrundbe-
sitzers, seinem Alltag zu entfliehen? »Romanticize your life!« ist
auch heute ein beliebtes Rezept, den Alltag mit kleinen, selbstgeschaffenen Erlebnissen anzureichern.

In Wirklichkeit fordert dieses »kleine Glück« einen hohen
Tribut. Denn wie schon Hannah Arendt erkannt hat, wird das
»petit bonheur« mit der Marginalisierung der eigenen Person erkauft. Mit dem »Entzücken« und dem »Zauber« schwindet, wie
sie in ihrem Hauptwerk *Vita activa* schreibt, das Bewusstsein für
»das Öffentliche« der eigenen Existenz, das Bewusstsein für deren »Größe oder Bedeutung«.[15] Es ist dabei unerheblich, dass es
sich bei dem fiktiven Lord um eine hochgestellte Persönlichkeit
handelt. Problematisch ist, dass er sich mit der Verlagerung seiner Aufmerksamkeit auf die »kleinen Dinge« aus der sozialen
Ebene seines Lebens überhaupt verabschiedet. Es ist von symbo-
lischer Bedeutung, dass er nicht dem Untergebenen Beachtung
schenkt, der ihn grüßen möchte, sondern den morschen Bret-
tern an dessen Türschwelle, nicht dem Mitmenschen, sondern
den Regenwürmern unter dessen Veranda. Wie ein Filter entfernt seine Imagination alles, was geeignet ist, seiner eigenen
Existenz Bedeutung zu verleihen, ihn in seiner Welt zu veran-
kern. Seine gesellschaftliche Stellung verschwimmt, ebenso die
Wertvorstellungen, die ihn mit seinen Mitmenschen verbinden
könnten – Regeln, Pflichten, gegenseitige Wertschätzung. Im

Spiel um das »kleine Glück« wird all das unsichtbar. Das Bewusstsein verliert sich *Im Nebel* der Selbstisolation. In seinem berühmten gleichnamigen Gedicht stellt Hermann Hesse fest, wie seltsam es sei, in diesem Nebel herumzuwandern: »Kein Mensch kennt den anderen / jeder ist allein.«[16]

Diese Form des Alleinseins ist ein selbstgeschaffenes Schicksal. Wenn ich mich derart allein glaube, dann einzig deshalb, weil ich beschlossen habe, in Hesses Nebel hineinzuwandern und eine selektive Aufmerksamkeit walten zu lassen, aus der die sozialen Verstrickungen meiner Existenz entfernt sind. Und doch verfängt das Pathos, mit dem Hermann Hesse die Einsamkeit als Wesenskern jener Existenz bestimmt. Es begegnet uns in der Rührung über die eigene Verlorenheit ebenso wie im Gefühl der Erhabenheit, dem Bewusstsein notwendiger, einsamer Größe. Man ist unterwegs im Nebel, bewegt sich auf dem kleinen Lebensschiff über endlose Meere des Alleinseins oder in der Peripherie als verlassener Wanderer, der notorisch die Wege der anderen vermeidet. So führt der Wunsch nach selbstgeschöpften Erlebnissen in einen Kitsch der Weltflucht, eine selbstgewählte heroische Perspektive, das eigene Leben mit sich selbst ausmachen, es mit sich allein aushalten zu müssen.

Dabei ist es von bemerkenswerter Ironie, wie schnell sich diese aufgeklebte Sentimentalität entlarven lässt. Lord Chandos selbst ist es, der dafür die entscheidenden Hinweise liefert. Denn die Egge auf dem Feld, das einsame Bauernhaus oder die Blumenscherben stehen gerade *nicht* für sich selbst, für die »kleinen Dinge« in meinem Leben, denen niemand außer mir Beachtung schenkt. Ausgerechnet diese vermeintlich isolierten Gegenstände verweisen, genau umgekehrt, auf eine soziale Welt, auf jenen Zusammenhang von Tätigkeiten, Absichten und Zwecken, in dem das Einzelne seine besondere Bedeutung erhält. Die angeblich so unerklärliche Verzückung, die den einsamen Betrachter ergreift, ist weit weniger rätselhaft, wenn wir sie als Hinweis auf die stille Präsenz jener Welt verstehen. Was Lord Chandos in seiner Verzückung bewusst wird, ist folglich seine simple Fähigkeit, mit dem Ding selbst auch die praktischen Zusammenhänge zu erkennen, in die es hineingehört. Wie der Nachhall einer Glocke meldet sich in ihm die soziale Welt, auf die er sich *eingelassen* hat und in die er eingebunden ist.

Er sieht die Egge auf dem Feld – und sieht im selben Moment einen Kreis von Tätigkeiten vor sich, die mit diesem Gerät zusammenhängen. Dasselbe gilt für die anderen Gegenstände aus der Verzückungskammer des Adeligen. Die Blumenscherben rufen ein Idyll der Gartenarbeit vor Augen. Das einsame Bauernhaus deutet auf den Alltag seiner Bewohner, auf Zusammenleben, Familie, persönliche Erinnerungen, auf Freundschaft und Verwandtschaft. Sogar Hugo von Hofmannsthal selbst gibt, entgegen seiner Rhetorik, einen Hinweis auf diesen Hintergrund, wenn er den fiktiven Lord »durchs enge, vergitterte Fenster in die dumpfe Stube« blicken lässt, »wo in der Ecke das niedrige Bett mit bunten Laken immer auf einen zu warten scheint, der sterben will, oder auf einen, der geboren werden soll«.[17] Auch der verstohlene Blick in die Bauernstube gilt nicht den einzelnen Dingen, sondern dem Leben, das sich darin abgespielt hat, imaginiert die Menschen, die das Haus bewohnt haben.

Wenn Lord Chandos seinen Tagträumen ein »ungeheures Anteilnehmen« attestieren zu können glaubt, »ein Fluidum des Lebens und Todes, des Traumes und Wachens«, das »für einen Augenblick« in die betrachteten Dinge »hinübergeflossen« sei, ist das deshalb weit weniger großartig, als es den Anschein hat.[18] Die Kraft zur Belebung der Dinge kommt nicht aus einer schöpferischen Imagination. Sie verdankt sich nicht dem beseelenden Hauch des Dichters, sondern dem Erfahrungsraum, in dem Lord Chandos lebt. Es ist seine soziale Welt, aus der sich seine subjektiven Vorstellungen speisen. Dinge erwachen in seiner Vorstellung zum Leben, weil sie Bestandteil jener Welt sind, die der Dichter kennt. Was er aus seiner subjektiven, vermeintlich exklusiven Perspektive zu erleben glaubt, ist in Wirklichkeit eine Vergegenwärtigung dessen, was auch im Erfahrungsraum seiner Zeitgenossen auf ähnliche Weise existiert: ein Verständnis für die Bedeutung und den Gebrauch der Dinge, die ihnen aus ihrem Alltag vertraut sind.

Die Selbsteinrichtung in einer Welt der »kleinen Dinge« erweist sich als trügerisch. Es ist nicht möglich, die eigene Existenz nach Belieben zu parzellieren, jene Bereiche des Lebens darin einzuhegen, die schön und angenehm erscheinen – und alles andere nach außen zu verlegen. Auch in meiner kleinen Welt kann ich mich nicht als dichterischen Geist inthronisieren, der den Dingen Leben einhaucht oder Bedeutung zumisst, gelange ich nicht in eine Erlebnishülle, in der ich mein exklusives Bild der Welt erzeugen kann. Ich mag auf der Parzelle meiner bevorzugten Lebensbezüge treiben, was ich möchte, und Erlebnissen nachjagen, die ich als erlebenswert erachte – »mein Leben« bleibt am Ende mit dem Leben der *anderen* verbunden, samt den Institutionen, Aufgaben, Anforderungen, Regeln und Gebräuchen, aus denen es geformt ist. Ein privates Leben, in dem ich davon verschont bleibe und in dem ich mich von der Frage meiner Mitwirkung, meiner *Hingabe*, dispensieren kann, gibt es nicht. Der Nebel, in dem ich mit den Sequenzen meiner Existenz allein zu sein glaube, ist lediglich das Ergebnis selbstgeschaffener, schlechter Sichtverhältnisse. Die Bedingungen für das wahrhaft gelebte Leben werde ich nur im Leben *mit* den anderen entdecken können. Lassen wir daher das fruchtlose Ego-Shooting hinter uns, all jene Versuche, die eigene Existenz in den Mittelpunkt des Lebens zu rücken. Was ich bin, sein oder werden möchte, werde ich nur im Ringen mit meiner Welt ergründen können.

# 2. Sartre und die Sucht nach Anerkennung

## 2.1 Das Erschrecken vor der Welt

Ego-Shooting macht einsam. Doch nicht nur das. Es ist die eigentliche Existenzform der Einsamkeit. Als Ego-Shooter lege ich einen Nebel um die eigene Person. Ich selbst bestärke mich in dem Glauben, allein zu sein, werde blind für die soziale Welt, die mich umgibt, und glaube ihr als Solitär gegenüberzutreten. Es gilt die einfache Formel: »Ich gegen den Rest der Welt«. Ich trete der Welt gegenüber, als ob sie fremdes Terrain sei, eine potentiell bedrohliche Landschaft. Die einzig relevante Frage scheint zu lauten, ob ich mir, so wie ich bin, in dieser Welt Geltung verschaffen, ob ich mich durchsetzen kann. Oder ob sie, die Welt, mich besiegt, domestiziert, manipuliert, aus mir etwas anderes macht, als ich sein möchte. Ego-Shooting ist eine bedauernswerte Existenzweise, denn sie bedeutet, die soziale Welt nicht zu verstehen, in der ich lebe – damit am Ende aber auch mich selbst nicht verstehen zu können.

Es ist nicht leicht, dieser selbstgestellten Falle zu entkommen. Denn einmal davon überzeugt, dass ich als Solitär existiere, wird es stets Gelegenheit geben, mich in dieser exklusiven Sichtweise zu bestätigen. Der Nebel des Alleinseins ist eine wirkungsvolle Illusion. Je mehr ich mich für den alleinigen Urheber der Inhalte meines Lebens halte, umso ferner rückt mir die Welt, in der meine Lebensgeschichte spielt. Um aus dieser borniertenen Existenzform herauszufinden, hilft nur eines: zu begreifen, dass die Perspektive »Ich gegen den Rest der Welt« auf einer Täuschung beruht. Meine Person existiert nicht unabhängig von der Welt, in der ich lebe. Sie wird sogar viel stärker von dieser Welt geprägt, als mir oft bewusst ist. Meinen eigenen Willen zu artikulieren, bedeutet nicht, diese Welt *von außen* zu betrachten. Meine Existenz ist längst eingebettet in die Lebensformen, denen ich als Ego-Shooter unabhängig gegenüberzutreten glaube. Von Anfang an entwickelt sich meine Persönlichkeit als *Bestandteil* der sozialen Welt, nicht außerhalb von ihr.

Es ist aufschlussreich, sich den Buchhalter Soares aus Fernando Pessoas *Buch der Unruhe* noch einmal in Erinnerung zu rufen. Seine Person ist ein extremes Beispiel dafür, wie wenig das Leben von der eigenen Persönlichkeit geprägt zu sein braucht. Auf bedrückende Weise scheint dieser Mann für seine Umwelt unsichtbar zu sein. Er tritt fast ausschließlich als funktionaler Bestandteil seiner Welt in Erscheinung, als stiller Kontorist, der zu rechnen, zu bilanzieren, buchhalterisch tätig zu sein gelernt hat. Er ist höflich, bescheiden, äußerst zurückhaltend. Sichtbar sind einzig seine Qualifikationen, erlernte Kompetenzen und sozial erworbene Fähigkeiten, die über ihn selbst, seine Person, so gut wie nichts verraten. Dieser Mann, so scheint es, ist kaum mehr als ein Rädchen im Getriebe. Seine Gesichtslosigkeit wirkt beängstigend. Die scheinbar stumpfe Funktionalität seiner Existenz bietet nahezu das perfekte Beispiel eines unerfüllten, entfremdeten Lebens. Dass der Ego-Shooter seine Persönlichkeit *gegen* die Welt richtet, gegen seine soziale Umgebung in Stellung bringen zu müssen glaubt, ist insofern eine nachvollziehbare Gegenreaktion. Es wirkt wie ein Abwehrreflex, um dem Schicksal des armen Buchhalters zu entgehen.

Doch solche Maßnahmen zur Selbstverteidigung sind nicht erforderlich. Sie verfehlen das Wesen der eigenen Person. Denn es sind zunächst *unpersönliche* Formen des Verstehens, der Kommunikation und der Qualifizierung zu bestimmten Tätigkeiten, die uns zu einer sozialen Existenz verhelfen. Bevor wir uns als selbständige Person überhaupt begreifen können, haben wir bereits einen langen Weg der Sozialisierung zurückgelegt, haben mindestens eine Sprache, Lesen, Schreiben und soziale Umgangsformen erlernt, eine erste Schulbildung durchlaufen und verfügen zumindest über ein rudimentäres Bild von der Welt, die uns umgibt. Obwohl viele dieser Kompetenzen die eigene Person nicht zwingend näher beschreiben, sind sie eine unverzichtbare Voraussetzung dafür, von *sich selbst* überhaupt ein Bild gewinnen zu können. Denn wie soll ich mich selbst charakterisieren, wenn nicht mit den erworbenen sprachlichen Mitteln? Wie soll ich mich verhalten, wenn ich mich dafür nicht der sozialen Maßstäbe bediene, die ich kennengelernt habe, die Fähigkeiten nutze, die ich erworben habe? Auch meine Autobiographie, mein von mir selbst entworfenes Leben, besteht zunächst überwiegend aus Versatzstücken, die ich mir nicht ausgesucht habe, gar nicht aussuchen konnte, sondern die ein Ergebnis meiner Sozialisierung sind. Eltern, Familie, Wohnort, Umfeld: Ein Großteil dieser Autobiographie ist zunächst unpersönlich, Ausdruck bloßen Dabeiseins, vorläufiges Ergebnis meiner sozialen, keineswegs selbstgewählten Situation.

Kaum jemand hat diese Ausgangssituation so klar beschrieben wie Annie Ernaux in ihrer berühmten Autobiographie *Les années*. Schonungslos führt sie uns darin vor Augen, dass wir die Frage nach dem wahrhaft gelebten Leben ganz neu stellen müssen, dass es unsinnig ist, die eigene Existenz vor den Vereinnahmungen oder Manipulationen der Welt bewahren zu wollen. Die Frage lautet vielmehr, wie viel von dem angeblich eigenen Leben überhaupt mein eigenes Leben *ist* oder *werden* kann. Nicht wie ich – angeblich – bereits bin, ist also prägend für meine Existenz, sondern was ich daraus mache und auf welche Weise ich mich am Leben der anderen *beteilige*. Es gibt keine Möglichkeit, von außen zuzuschauen und erst später über die Art meiner Beteiligung zu entscheiden. Ich bin längst *dabei*. Mir bleibt nur, zwischen verschiedenen Möglichkeiten meine persönliche Wahl zu treffen.

Wenn wir den Existenzialisten und auch Annie Ernaux folgen, liegt hier die einzige Chance, das radikale Programm der Selbstverwirklichung zu retten: Es geht darum, aus dem zunächst unpersönlich mitgelebten Leben ein bewusst gewähltes und insofern persönliches Leben erst zu *machen*. Deshalb ist der selbstkritische Befund so wichtig, dass nur wenige Inhalte des eigenen Lebens überhaupt das Ergebnis eigener Wahl sind und darin zunächst kaum etwas vorkommt, wovon wir behaupten könnten, es sei das Resultat eigener Entscheidungen. Aus der eigenen Person spricht anfangs kaum etwas anderes als ein unpersönliches »man«.[1]

Unprätentiös schildert Ernaux, wie sie als junges Mädchen den Alltag im Frankreich der Nachkriegsjahre erlebt, ohne diesen Alltag, seine Besonderheiten, soziale Standards und gängige Bewertungen überhaupt zu reflektieren oder gar in Frage zu stellen. Sie kann ihre eigene Erinnerung von einer schemenhaften kollektiven Erinnerung gar nicht trennen. Was sie sich als Erinnerung zuschreibt, ist ebenso gut die Erinnerung anderer, beispielsweise an die Armut und das karge Essen der Nachkriegsjahre, an die üblichen Formen, sich zu kleiden, den eingeschränkten Bewegungsspielraum, einfache Lieder und Kinderspiele, die Eintönigkeit des Schulunterrichts, welche Bücher dort gelesen wurden, die Omnipräsenz der Religion. »Man wusste genau, was sich gehörte und was nicht«, schreibt Ernaux, »was gut war und was böse, man las es in den Blicken der anderen. Anhand der Kleidung unterschied man kleine Mädchen von jungen Mädchen, junge Mädchen von jungen Frauen, junge Frauen von älteren Frauen, Mütter von Großmüttern, Arbeiterinnen von Ladenbesitzerinnen und Büroangestellten. Die Reichen sagten über Verkäuferinnen und Sekretärinnen, die zu schick gekleidet waren: ›Sie trägt ihre gesamten Ersparnisse am Körper.‹«[2]

Selbst sexuelle Empfindungen brauchen nicht Ausdruck einer individuellen Erfahrung zu sein. Auch im Bereich des Intimen sind eigene Reflexionen, wie Ernaux notiert, oft nur Formen einer kollektiv verbreiteten Selbstbeschreibung: »Man lebte mit der Sehnsucht nach Erfüllung eines Verlangens, von dem man glaubte, es sei den Erwachsenen vorbehalten, eines Begehrens, das trotz aller Ablenkungsversuche durch Gebete um jeden Preis befriedigt werden wollte, man trug ein dunkles Geheimnis mit sich herum, das einen auf eine Stufe mit Perversen, Hysterikerinnen und Huren stellte.«[3] Selbst eine solche Beklommenheit ist keineswegs Ausdruck einer notwendig *persönlichen*, selbsterworbenen Lebenserfahrung. Sie lässt sich im Zweifelsfall auf weithin geteilte Überzeugungen oder moralische Stereotype zurückführen. Für Ernaux sind solche Beobachtungen Grund zu einer generellen Skepsis gegenüber Behauptungen, etwas persönlich erlebt oder erfahren zu haben. So misstraut sie den Erzählungen im Familienkreis von eigener Herkunft oder besonderen Kriegserlebnissen. Ironisch beschreibt sie, wie der »vielstimmige Chor der Erwachsenen [...] zur kollektiven Erzählung von Ereignissen« anhebt, »die man nach einer Weile tatsächlich miterlebt zu haben glaubte«.[4] Es wirkt allzu leichtfertig, Erfahrungen als Teil der eigenen Erinnerung auszugeben, wenn gar nicht klar ist, ob wir sie wirklich erlebt haben. Das vermeintlich eigene Erlebnis kann sich ebenso gut als Erinnerung an das bloße Gerede anderer erweisen. Entsprechend fragwürdig ist es, solche Erinnerungen einer selbsterworbenen Lebenserfahrung zuschreiben zu wollen.

In immer neuen Facetten zeigen solche Beispiele, wie sich ein vermeintliches *Inneres* der eigenen Existenz tatsächlich als etwas *Äußerliches* erweist. Ein scheinbar unmittelbares Erlebnis braucht gar kein *eigenes* Erlebnis zu sein. Auch in unserem persönlichen Erleben sprechen wir oftmals lediglich von Eindrücken oder Bewertungen, die wir als typisch zu empfinden *gelernt* haben. Das führt uns vor Augen, wie schwer es ist, einen authentischen Kern, eine individuelle Prägung der eigenen Existenz überhaupt zu entdecken. Denn letztlich verweist jede solche Zuschreibung zunächst auf den sozialen Zusammenhang, in dem sie stattfindet, auf etwas Verbreitetes, Typisches, eine bereits etablierte Verhaltens- oder Bewertungsweise. Die eigene Existenz ist von Anfang an so dicht mit der sozialen Welt verwoben, dass die angstvolle Frage eher lautet, was in meinem Leben wirklich charakteristisch für mich selbst ist, Bestandteil meines eigenen Lebens ist – ob sich solche Bestandteile am Ende überhaupt entdecken lassen oder alles vermeintlich Eigene in meinem Leben letztlich nur angelernt, nachgemacht, kopiert, imitiert, bestenfalls ein wenig variiert ist.

Kompromisslos stellt Annie Ernaux diesen Verdacht in den Raum. Gibt es überhaupt so etwas wie persönliche Züge in meiner Existenz? Oder ist meine Person so durchsichtig wie die des gesichtslosen Buchhalters aus Lissabon? Bin ich am Ende nur eine Glasscheibe, hinter der nichts weiter als das vertraute Getriebe der sozialen Welt zu sehen ist? Keine noch so ausgeklügelte Strategie bewahrt uns vor dieser Frage – vor einer Welt, von der wir fürchten müssen, darin im eigentlichen Sinne gar nicht zu existieren. Selbst als Rebellen, in der Auflehnung gegen das, was wir zu sein glauben beziehungsweise nicht länger sein wollen, wiederholen wir vielleicht nur abgegriffene, längst etablierte Formen der Abgrenzung. Entsprechend kritisch betrachtet Annie Ernaux selbst die Bestrebungen ihrer eigenen Generation. Wenn die »Mittelschichtsjugend« damit auftrumpft, Partys zu organisieren, den Akzent der Pariser Oberschicht zu karikieren und die eigenen Eltern »die Alten« zu nennen, sind das bestenfalls Versuche, sich gegen das Milieu abzugrenzen, dem man selbst entstammt.[5] Zwar müsse man ein solches Milieu erst als solches erkennen, es »als geschlossene Welt« wahrnehmen, »zu der man nicht mehr gehört«[6], doch auch eine solche Abnabelung ist noch kein Ausdruck eigener Persönlichkeit oder eines selbstgestalteten Lebens. Letztlich beginnt die Entdeckung der Persönlichkeit erst mit radikaler Selbstkritik, der Frage, wo überhaupt persönliche Züge im eigenen Leben zu erkennen sind. Sie selbst jedenfalls habe keine, bekennt Ernaux noch als junge Frau[7] – eine Schonungslosigkeit gegen sich selbst, die wenigen Menschen leichtfällt.

Umso bedeutender ist das Erschrecken vor der Leere im eigenen Inneren, ist die Erkenntnis, wie tief das eigene Denken und Handeln in der sozialen Welt verankert, wie wenig persönlich, wie schematisch, wie schattenhaft es ist. Erst in diesem Erschrecken beginnt das Ringen um ein wahrhaft gelebtes Leben. An die Stelle der allzu lauten Selbstgewissheit des Ego-Shooters tritt ein neuer, ernsthafter Gedanke: in eine *selbstgestaltete* Beziehung zur sozialen Welt treten zu wollen. Ich stelle mir nicht länger die überhebliche Frage, wie ich meine Mission durchziehen, mein eigenes Leben in der Welt durchsetzen oder meinen Wirkungsbereich vor der Welt in Sicherheit bringen kann. Realistischer und weitaus vorsichtiger frage ich mich, wie ich zu einem eigenen Leben überhaupt komme, meine Selbstverwirklichung überhaupt *denkbar* wird. Es ist die Frage nach meiner Rolle in der sozialen Welt, danach, wie es mir gelingen kann, die Rolle zu spielen, die ich mir erträumt habe.

## 2.2 Totale Verantwortung

Das Erschrecken vor der Welt ist ein Erschrecken vor der eigenen Bedeutungslosigkeit. Zwar weiß ich, dass ich *existiere*, aber was heißt das schon? In erster Linie spricht aus meiner Existenz die Präsenz meiner Welt und ihr prägender Einfluss auf mein Leben – weit mehr als umgekehrt. Meine eigenen Lebensspuren hingegen erscheinen nahezu unsichtbar. Um etwas zu *sein*, muss ich mich also erst zu etwas *machen*. Auf diese einfache Formel hat Jean-Paul Sartre die Herausforderung gebracht, das eigene Leben zu gestalten.[8] Damit erhält der Existenzialismus eine praktische Seite. Er will mir sagen, was ich tun kann, statt mich lediglich der Absurdität meines Daseins zu überlassen. Alles, was ich über mich selbst denke, ist dabei zunächst rein subjektiv: mein Lebenstraum, meine Rollenvorstellungen, mein ganzes Selbstbild. Nichts davon ist in der Welt sichtbar. Es ist reiner *Entwurf*. Nicht mehr – allerdings auch nicht weniger. Denn immerhin verfüge ich ja über die *Fähigkeit*, mich zu entwerfen. Wie Sartre anmerkt, ist das etwas ganz anderes, als lediglich »Schaum, Fäulnis oder ein Blumenkohl zu sein«.[9] Ich bin fähig, mein Leben auf eigene Ziele auszurichten und mir meine Zukunft auszumalen. Jeder von uns kann versuchen, das zu sein, »was er zu sein entworfen haben wird«. Ein solcher Selbstentwurf ist es, mit

46

dem die eigene Existenz tatsächlich beginnt. Zugleich sind wir *frei* in diesem Entwurf. Es gibt keine Fixsterne, an denen wir uns orientieren müssten. Der »intelligible Himmel« über uns ist »schwarz«, wie Sartre sagt. Niemand kann mir Vorschriften darüber machen, wie ich zu sein habe. Nur ich selbst kann entscheiden, was ich aus mir machen will. Schon gar nicht gibt es Vorgaben zu meinem Leben, bevor ich selbst überhaupt existiere.[10] Ich kann mich folglich frei zu jener Person entwickeln, die ich sein möchte.

Die Frage lautet also, welche *Rolle* für mich die richtige ist. Wie will ich mich selbst am Leben der anderen *beteiligen*? Welches sind geeignete Aufgaben für mich in der gemeinsamen Welt? Schließlich bin ich, wenn ich Annie Ernaux beim Wort nehme, vorläufig ein durchsichtiger Mensch, ein gesichtsloser Zeitgenosse. Wie gelingt mir mein eigener Lebensentwurf? Mit Erfindung allein komme ich nicht weit. Das haben die Versuche gezeigt, mir mein privates Drehbuch zu schreiben und als Ego-Shooter durch die Welt meiner Fiktionen zu ziehen. Ist es also umgekehrt? Liegt die Lösung in der sozialen Welt, die mich umgibt? Ist sie das Warenregal, in dem ich mich lediglich zu bedienen brauche, um den für mich passenden Entwurf zu finden? Auch das klingt verführerisch einfach. Es wäre demnach ausreichend, mir aus dem Angebot der verfügbaren Rollen das Passende auszusuchen. Eine gewisse Sympathie für die Rolle des Buchhalters könnte demnach Selbstentwurf genug sein, um mich als künftigen Buchhalter zu sehen.

Es dürfte kaum überraschen, dass der Existenzialismus für solche Formen der Rollenwahl wenig Sympathie aufbringt. Dieses Unbehagen wird dadurch noch verstärkt, dass in der Tat viele Lebensentscheidungen auf diese simple Weise fallen. Schließlich gibt es allein für Karrierewünsche etliche vorgeformte Muster, definierte Ausbildungswege, genau konzipierte Studiengänge, eine regulierte berufliche Laufbahn. Und es ist keineswegs so, dass man sich mit der Wahl einer solchen Option einen Lebensentwurf fertig von der Stange greifen würde. Eigene Entscheidungen finden dennoch in einer einmaligen Lebenssituation statt, richten sich auf besondere Aufgaben, führen zur individuellen Zusammenarbeit mit anderen. Es stimmt also nicht, dass man lediglich machen würde, was auch alle anderen machen. Dennoch ist dieses Bild der Rollenwahl für den Existenzialismus ein Schreckgespenst, das er bekämpfen zu müssen glaubt. Mit Blick auf die sozialen Räderwerke unserer Welt beschwört er die Gefahr, dass wir unser Leben nach fertigen Mustern abspulen, nur ein kopiertes Leben führen, anstatt zu wirklich eigenen Plänen und Projekten durchzudringen. Deshalb kommt Jean-Paul Sartre zu der folgenschweren Einschätzung, dass es generell falsch wäre, Rollenangebote der sozialen Welt unbesehen zu akzeptieren. Aus Sicht von Sartre ist der Lebensentwurf eine intime, persönliche Angelegenheit. Er ist der eigentliche Ausdruck für den Willen, den Inhalt der eigenen Person.

Diese Festlegung belebt alte Illusionen. Zwar erkennt Sartre die soziale Dimension unseres Lebens und sieht, dass die eigentliche Lebensentscheidung darin besteht, sich in irgendeiner Weise auf die Welt einzulassen. Wir brauchen uns nicht darauf zu beschränken, die Absurdität des Lebens auszuhalten, sondern dürfen uns ins Leben hineinstürzen, mit dem Anspruch, es nach eigenen Vorstellungen zu gestalten. Doch Sartre betrachtet die Rollenwahl des Einzelnen nicht als Orientierung *in der Welt*, sondern als Orientierung *an der eigenen Person*. Er will uns davon überzeugen, dass sich jeder seine eigene Rolle auf den Leib schneidern kann. Zugleich muss man sich in der Welt den Raum verschaffen, um sie dann auch zu spielen.

Dieses Bild hat weitreichende Folgen. Denn es führt die Idee des Sozialen, der eigenen Beteiligung, relativ schnell wieder ad absurdum. Statt mich in der Welt zu orientieren, mir meine eigene Rolle im Zusammenspiel mit anderen zu suchen, ist es bei Sartre umgekehrt: Indem ich *mich selbst wähle*, mache ich mir zugleich mein *eigenes* Bild von der Welt, in der ich leben möchte. Ich entwerfe also nicht mein Leben als Akteur *in* meiner Welt, sondern mit mir selbst die Welt als imaginierte Kulisse meines

Handelns. Sie ist meine Konstruktion, ebenso wie es mein Lebensentwurf ist, in dieser Welt etwas Bestimmtes zu tun. Ich selbst definiere folglich, wie ich mir mein Zusammenleben mit anderen vorstelle.

Dies ist die zweite Extremposition, der wir auf unserer Gedankenreise begegnen. Es ist die Vorstellung, sich auf die Welt zwar notgedrungen einlassen zu müssen – aber nur auf der Basis eines selbstverfertigten Angebots. Ja, ich bin dabei. Aber ich selbst bestimme die Konditionen, zu denen ich mitmache. Ich wähle, wie Sartre unmissverständlich formuliert, immer zuerst mich selbst. Das Selbstbild des Menschen geht seinem Weltbild voraus: »sich wählend wählt er *alle* Menschen. In der Tat gibt es für uns keine Handlung, die, den Menschen schaffend, der wir sein wollen, nicht auch zugleich ein Bild des Menschen hervorbringt, wie er unserer Ansicht nach *sein soll*.«[11] Kaum ist mein Selbstbild fertig, weiß ich zugleich, wie ich mir den Menschen an sich und überhaupt das Zusammenleben aller vorstelle. Meine Beteiligung an der Welt wird zur Ableitung meiner Selbstkonstruktion. Hingabe bedeutet lediglich, das Modell meiner Selbstverwirklichung auf die Welt zu übertragen. Auf Letztere lasse ich mich ein, soweit sie dazu geeignet scheint, nach meinen Vorstellungen gestaltet zu werden.

Darin sieht Sartre die »totale Verantwortung«, die der Existenzialismus jedem Menschen aufbürden will.[12] Wenn dieser sich als freien Menschen entwirft, wird auch seine Welt frei sein. Wenn er sich als Duckmäuser betrachtet, wird er in einer Duckmäuser-Welt leben. Als Beispiel nennt Sartre einen Arbeiter, der, statt Kommunist zu werden, einer christlichen Gewerkschaft beitritt: »[…] wenn ich mit diesem Beitritt zeigen will, dass im Grunde *Resignation* die Lösung ist, die dem Menschen entspricht, […] betrifft das nicht nur *meinen* Fall: ich will für *alle* resigniert sein, folglich zieht mein Vorgehen die gesamte Menschheit nach sich.«[13] Gleichgültig, ob ich kapituliere oder aufbegehre: Ich trage immer auch die Verantwortung für eine Welt, die ich in meinem Kopf erschaffen habe.

Es ist heute eher ernüchternd, sich diese Art der Autofiktion als Folie für soziales Leben vorzustellen. Denn ich beteilige mich auf diese Weise nicht wirklich an der Gemeinschaft. Eher handelt es sich um Schattenboxen, mache ich andere zu Statisten in dem, was ich mir als Modell des Zusammenlebens vorstelle. Letztlich ist es nochmals der Ego-Shooter, der hier aus den Verkleidungen des Sozialen hervorschaut. Er gibt vor, sich beteiligen zu wollen, versucht dabei jedoch, die Szenerie ganz nach seinen Plänen zu formen. Wobei er allerdings ein Zugeständnis machen muss: Da sich der Plan für sein Leben nur in einer Welt verwirklichen lässt, die er mit anderen teilt, sind es folglich diese anderen, die ihn in seiner beanspruchten Rolle *anerkennen* müssen. Er ist also nicht länger auf einsamer Mission, auf dem selbstgewählten Weg durch den Nebel des Lebens, sondern muss mit anderen in eine direkte Auseinandersetzung treten.

Hier vollzieht Sartre also eine Wendung im radikalen Programm der *Selbstverwirklichung*. Er öffnet ein schmales Fenster, mit dem der eigene Selbstentwurf in eine soziale Welt finden soll – und damit in ein Verhältnis der *Hingabe* zu dieser Welt. Das Problem ist nur: Dieses Verhältnis wird vom unbedingten Gestaltungswillen des Einzelnen dominiert. Wenn ich mich am sozialen Leben beteilige, handelt es sich um eine existenzielle Angelegenheit zwischen mir und der Welt. Entweder ich, mein Lebensentwurf, mein Bild der Gesellschaft – oder eine Welt, die meinen Gestaltungsanspruch zurückweist. Entweder beachtet mich diese Welt – oder sie ignoriert mich. Alle ihre Verhältnisse versuche ich daran zu messen, ob ich mich darin wiederfinde, ob die Welt, wie sie mir erscheint, meinem Lebensentwurf entspricht oder ob sie diesen Lebensentwurf zertrümmert und mich damit brüskiert. Wie sich zeigen wird, rückt damit eine neue Frage in den Mittelpunkt. Von ihr hängt es ab, ob meine Selbstverwirklichung gelingen kann. Es ist die Frage nach meiner *Identität*. Mit ihr entscheidet sich, ob es möglich ist, der Welt die Bedingungen für meine Mitwirkung zu diktieren.

## 2.3 Identität als Forderung gegen die Welt

Um die Identität der eigenen Person ranken sich viele Irrtümer. Oft sprechen wir von Identität, als ob damit Merkmale der eigenen Person gemeint seien: Eigenschaften, persönliche Fähigkeiten, die besondere Herkunft oder ein geheimer Antrieb. Schnell entsteht der Eindruck, Identität sei, was meine Persönlichkeit im Innersten ausmacht, eine Art Bestimmung, ein unveränderlicher Wesenskern. Diese Vorstellung ist irreführend. Sartre hat das richtig gesehen: Was ich sein möchte, kann ich frei entscheiden. Und nicht nur das: Ich kann mich auch immer wieder *neu* entscheiden. Mein Lebensentwurf ist eben nicht vorherbestimmt durch Eigenschaften, Charakter, Talente oder andere Merkmale meiner Existenz. Es gibt keinen inneren Behälter, in dem die Bestandteile meiner Persönlichkeit fertig aufbewahrt sind, keine Identität im Sinne einer Determination. Immer liegt die letzte Entscheidung bei mir selbst.

Beispiele dafür gibt es genug. Zwar mag es in meinem Leben mächtige Antriebe geben, doch das bedeutet nicht, dass ich mich nach ihnen richten muss. Ich kann sie vernachlässigen oder ignorieren; ich brauche beispielsweise keine Fremdsprachen, kein Instrument, kein Handwerk zu lernen, selbst wenn ich Begabung dazu haben sollte. Ich kann mich von anderen Menschen isolieren, obwohl ich gerne in Gesellschaft leben würde. Ich kann mich entschließen, sexuelle Begierden nicht auszuleben, obschon ich sie intensiv verspüre. Und ebenso verfüge ich über die Möglichkeit, mir Dinge beizubringen, zu denen ich vorher keinerlei Beziehung hatte, vermag mir Wissen anzueignen, für das ich mich unempfänglich geglaubt hatte. Ich kann jederzeit neue Interessen entwickeln, kann lernen, gefährliche Neigungen zu unterdrücken, einen Hang zu Gewalttätigkeit oder Sucht unter Kontrolle zu bringen. Selbst wenn ich mich von starken Neigungen getrieben fühle – meine Fähigkeiten außerdem immer auch begrenzt sind –, werde ich meinem Leben jederzeit eine neue, unerwartete Richtung geben können. Es gibt kein

Bild meiner Person, das von mir nicht prinzipiell umgestaltet oder weiterentwickelt werden könnte.

Identität ist nichts, was fertig in mir vorhanden ist. Sie entsteht auf andere Weise – und hat auch eine andere Bedeutung. Es ist hilfreich, sich dazu an einen Hinweis aus der Logik zu erinnern: Identität bezeichnet keine Eigenschaft, sondern eine Relation. Sie ist eine Beziehung von *etwas* zu etwas *anderem*, die Übereinstimmung des einen mit dem anderen. In dem von Sartre nahegelegten Falle handelt es sich um den Einklang mit mir selbst: dass ich so leben kann, wie es mir angemessen erscheint, in Übereinstimmung mit meinem Lebensentwurf. Der nämlich sollte auch in meinem realen Leben Niederschlag finden. Zugleich liegt hier die Wurzel möglicher Krisen. Meine Identität gerät zwangsläufig in Gefahr, wenn ich mich daran gehindert sehe, so zu leben, wie ich es mir vorstelle. Dann entsteht das Gefühl, nicht ich selbst sein zu dürfen.

Identität verweist also zurück auf die existenzialistische Ausgangsfrage: wie es möglich ist, das Leben überhaupt zum eigenen Leben zu machen. Wenn ich mir den Einklang mit mir selbst wünsche, hoffe ich also eigentlich, meinen Lebensentwurf in meiner Welt verwirklichen zu können. Albert Camus hatte das für unmöglich erklärt und an die Stelle solchen Einklangs das Aushalten in der Absurdität gesetzt. Für Sartre dagegen geht es um die Spannung zwischen Wunsch und gestaltbarer Wirklichkeit. *Identität* sagt aus, wie es um deren Verhältnis tatsächlich steht. Sie ist das Thermometer des Lebens. Wo ich sie vermisse, wo sie zu fehlen scheint, reagiert offensichtlich die Welt nicht auf das, was ich zu sein beanspruche. Sie korrespondiert nicht mit meinem Lebensentwurf. Ich kann mich in dieser Welt nicht wiederfinden, fühle mich ungehört, unberücksichtigt, im Bedürfnis nach meiner Identität missachtet.

So zeigt sich, dass es bei Identität um Teilhabe geht, um den Status meiner Mitwirkung. Wenn ich die von mir entworfene Rolle nicht ausüben, nicht tun kann, was ich gerne tun *würde*, habe ich nicht den erwünschten Zugang zur Welt, keine Möglichkeit zu einer Beteiligung, die ich als adäquat erachte. Es ist das Verdienst des Existenzialismus, dieses Spannungsverhältnis erkannt zu haben. Annie Ernaux hat dafür deutliche Worte gefunden: Es *zerreiße* den Menschen, sich nicht zu dem machen zu können, wozu er sich machen *wolle*. Für Ernaux ist es die Erfahrung, Lehrerin sein zu müssen, ohne es länger sein zu wollen.[14] Es zerreißt sie, eine Rolle auszuüben, die dem eigenen Selbstentwurf nicht länger entspricht.

Eine Identitätskrise ist fast immer eine tiefgreifende Lebenserfahrung. Niemand möchte dauerhaft ein Leben führen, das von ihm verlangt, die eigenen Wünsche aufzuopfern. Zu Recht sieht Ernaux darin die eigentliche Selbsterfahrung der 68er-Generation: nicht länger zu akzeptieren, dass die eigene Existenz lediglich abgeleistet, als leere Pflicht absolviert wird, sich nicht länger damit abzufinden, dass man keine Chance bekommt, diese Existenz selbst zu entwerfen. Das ist es, was die 68er nicht mehr mitmachen wollen: »Nichts von dem, was man für normal gehalten hatte, war mehr selbstverständlich. Familie, Erziehung, Gefängnis, Arbeit, Urlaub, Wahnsinn, Werbung, die gesamte Wirklichkeit kam auf den Prüfstand, sogar die Worte derer, die Kritik übten […]. Die Gesellschaft hatte ihre Unschuld verloren.«[15]

Zu Recht hat der Existenzialismus hier eine Zäsur gesetzt. Weshalb sollte ich unbesehen eine Rolle akzeptieren, die sich aus meinen zufälligen Lebensumständen ergeben hat? Wozu ein solches Opfer erbringen, wenn mein Lebensentwurf ein ganz anderer ist? Es ist mein Recht, zwischen diesem Entwurf und meinem Leben Einklang herstellen und mir damit meine eigene Identität verschaffen zu wollen. Die entscheidende Frage lautet also, wie diese Übereinstimmung hergestellt werden kann, der erhoffte Einklang entsteht. Hier befindet sich die Bruchstelle, an der das existenzialistische Programm der Selbstverwirklichung scheitert. Denn Sartre will die eigene Beteiligung an konkrete, eigene Bedingungen knüpfen. Wenn ich mitmache, so die Botschaft, dann zu den von mir gesetzten Konditionen. Mein Lebensentwurf ist nicht verhandelbar. Er ist die Visitenkarte meiner Existenz, die ich der Welt entgegenschleudere. Die damit verbundene Ansage lautet: Ich werde mir meine Identität erstreiten, indem ich die Welt zu meiner Welt mache.

Der existenzialistisch verkleidete Ego-Shooter, der diese Ansage macht, ist zwar klüger als zuvor. Er weiß, dass er auf irgendeine Weise mitmachen, die Welt gleichsam auf seine Seite ziehen muss. Doch weiterhin tut er so, als könnte er dafür die Bedingungen diktieren. Er will sich seine Identität nicht *in der* Welt erarbeiten. Er will sie ihr *abverlangen*. Entweder kann er sein, was er zu sein beansprucht, oder die Welt bleibt ihm das Recht auf seine Identität schuldig. Die Vorstellung, sich auf irgendeine Weise zu arrangieren, einen Selbstentwurf aus eigenen Erfahrungen, eigener Beteiligung zu entwickeln und vielleicht sogar entsprechend zu korrigieren, trifft bei Sartre auf entschiedenen Widerspruch. Sich zu beteiligen, heißt für ihn, den eigenen, fertigen Entwurf zu verwirklichen. Sonst sei echte Beteiligung nicht möglich.

Unmissverständlich formuliert Sartre diesen Einspruch in seinem großen Werk über *Das Sein und das Nichts*.[16] Statt zu sein, was man wirklich sein wolle, drohe der Weg in die Anpassung. Man gerate dann eben doch unter den Zwang, eine Rolle zu akzeptieren, die man gar nicht wolle. Die eigene Identität werde verfälscht. Als Beispiel wählt er einen Kellner, den er längere Zeit in einem Café beobachtet. Er attestiert ihm, mit allzu großer »Beflissenheit«, einem übertrieben zur Schau gestellten Interesse für die Bedürfnisse der Gäste und einer »Seiltänzerkühnheit« beim Servieren »die unbeugsame Strenge irgendeines Automaten zu imitieren«.[17] Statt er selbst zu sein, so folgert Sartre, hat dieser Kellner begonnen, seine Lebensrolle zu *spielen*. Sie ist etwas äußerlich Angeeignetes, wie eine Verkleidung, die zu ihm, zu seiner Person, nicht wirklich dazugehört. Zwar kenne dieser Mann seine Rechte und Pflichten, wisse also, was ihm zustehe und was er zu tun habe. Doch das sei bloß ein erlernter Part der Rolle, die er gewählt habe. Es handele sich lediglich »um

Rechte und Pflichten, die einem ›Rechtssubjekt‹ verliehen sind. Und es ist gerade dieses Subjekt, das ich zu sein habe und das ich überhaupt nicht bin.«[18]

Eine Rolle akzeptiert zu haben, die man nicht wollte, ein »Subjekt« sein zu müssen, das man nicht ist: In dieser Angstvorstellung gründet Sartres Rigorismus. Daher seine Forderung, den eigenen Lebensentwurf als eine Art Diktat an die Welt zu begreifen. Sonst nämlich droht das Schicksal des angeblich um seine Identität betrogenen Kellners: Statt sein eigenes Leben zu führen, müht er sich damit ab, anderen etwas mutmaßlich *Falsches* darzubieten. Indem er ein Rollenangebot notgedrungen akzeptiert hat und diese Rolle wie ein schlechter Schauspieler zur Aufführung bringt, hat er sein wahres Leben aus der Hand gegeben.

Die Beschreibung dieser Szene irritiert nicht nur durch die rätselhafte Hellsicht, mit der Sartre zu wissen glaubt, was in dem vermeintlichen Automaten-Kellner vor sich geht. Auch die Suche nach den Gründen einer solchen Einschätzung gestaltet sich schwierig. Denn gleichgültig, ob ich über den Kellner spreche oder über mich selbst: In jedem Falle lautet die Frage, woher ich eigentlich wissen kann, dass ich meinen *eigenen* Lebensentwurf verfolge – oder aber aus meinem Leben eine traurige Schauspielnummer mache. Woher nehme ich die Gewissheit, dass das eine nicht vielleicht doch das andere und mein Lebensentwurf in Wahrheit nur eine neue Variante ist, auf die Welt hereinzufallen? Woher nimmt Sartre selbst die Gewissheit, das eine vom anderen unterscheiden zu können?

Wir haben schon gesehen, dass sich ein Lebensentwurf nicht einfach imaginieren lässt. Es wäre naiv, ihn für das Produkt einer voraussetzungslosen Erfindungskraft zu halten. Annie Ernaux hat darauf hingewiesen, wie tiefgreifend Denken und Handeln von der Welt geprägt sind, in der wir sozialisiert werden, dass wir uns selbstkritisch fragen müssen, welche Bestandteile der eigenen Existenz auf eigene Entschlüsse zurückgehen und nicht einfach Anwendungen des Erlernten sind. Ist es also nicht naheliegend, dass auch der eigene Lebensentwurf nicht jene genialische Selbsterfindung ist, die Sartre als Beteiligungsangebot an die Welt verstehen will? Dass sich auch dieser Entwurf zu weiten Teilen an Rollenangeboten orientiert, die in unserer Welt bereits existieren, wir etwas entwerfen, wofür es Vorlagen, Vorbilder oder zumindest Versatzstücke gibt? Woher sollen die Maßstäbe sonst kommen, um diesen Entwurf zu beurteilen, ihn gut oder schlecht zu finden?

Das klingt nach kleinem Karo, im Vergleich zum grandiosen Selbstentwurf des Existenzialisten. Es klingt nach der angepassten, allzu bescheiden klingenden Lösung. Doch steht sie im Widerspruch dazu, das eigene Leben frei entwerfen zu wollen? Keineswegs. Auch die vermeintlich kleine Lösung erlaubt es, sich selbständig für bestimmte Möglichkeiten der Lebensgestaltung zu entscheiden. Warum sollte es nicht möglich sein, sich dabei beispielsweise an anderen Menschen als Vorbildern zu orientieren? Schließlich kann man sich von ihnen ebenso abgrenzen und bewusst einen anderen Weg wählen. Immer ist beides möglich, Rollenbilder zu übernehmen, sogar zu imitieren – oder aber zu verwerfen. Es ist nicht ehrenrührig, aus den Erfahrungen anderer zu lernen, ihre Rollen nachzuahmen, Ausbildungswege zu wählen, die sie entworfen haben, sich praktisches Können anzueignen, das auf dem Vorwissen anderer beruht, zu selektieren, zu ändern, Überkommenes hinter sich zu lassen.

Der Existenzialist mag vor diesem kleinen Karo warnen. Doch woher nimmt er selbst in diesem Falle den Stoff für seinen Selbstentwurf? Woher weiß er so verlässlich von den eigenen Wünschen und Erwartungen? Stammen sie nicht doch wieder aus der Phantasie des Ego-Shooters, um von dort über die Welt gestülpt zu werden? Handelt es sich um irgendein intuitives Wissen? Wie kann sich der Selbsterfinder sicher sein, dass er sich nicht irrt? Woher weiß er, dass er, anders als der unglückliche Kellner, richtigliegt, auf die *wahren* eigenen Vorstellungen zugreift – und nicht auf irgendetwas, was ihm seine Welt fälschlich als Lebenswunsch vorspiegelt? Woher kommt die Gewissheit, den eigenen Selbstentwurf fraglos zu kennen – sich darüber nicht täuschen zu können?

Der Existenzialismus kann dieses Erkenntnisproblem nicht lösen. Denn er versteift sich darauf, diese Frage zu einer distanzierten Angelegenheit zwischen *mir* und der *Welt* zu erklären: Was ich selbst will, weiß ich demnach längst. Das einzige Problem besteht darin, dass die Welt es noch nicht mitbekommen hat. Mehr ist daher nicht zu tun, als diese Welt zu *meiner* Welt zu machen – und mich meiner Identität auf diese Weise zu versichern. Dass es so einfach nicht geht, haben wir gesehen. Identität lässt sich der Welt nicht einfach abverlangen. Wohl aber lauert in diesem Versuch eine gefährliche Bequemlichkeit: Wenn ich nicht sein kann, was ich sein möchte, lässt sich der Welt umso leichter die Verantwortung dafür zuschieben. Dann trägt sie die Schuld daran, dass ich meine Identität nicht leben kann. So entsteht der Glaube, der Wunsch nach Identität brauche lediglich angemeldet zu werden, als Bringschuld der Gesellschaft. Dass es ausreichend sei, im Wartesaal des Lebens entsprechende Möglichkeiten zur Selbstverwirklichung für sich zu reklamieren und sich notfalls zu empören, falls diese Möglichkeiten nicht gewährleistet werden.

## 2.4 Empörung und Verzweiflung

Der Existenzialismus wird von der Angst geprägt, ein kopiertes, bedeutungsloses Leben zu führen. Nichts scheint schlimmer, als sich eine Rolle aufdrängen zu lassen, einen Lebensentwurf von der Stange zu greifen – ein Fehlgriff, der offenbar direkt in ein ungelebtes Leben führt. Doch der Existenzialismus verfügt zugleich über ein seltsames Mittel, diese Angst zu überspielen: den Hochmut gegenüber allen, von denen er vermutet, sie seien in diese Falle hineingetappt. Denn sind nicht am Ende alle verdächtig, ihren kleinen Frieden mit der Welt gemacht, sich auf Rollen eingelassen zu haben, die sie gar nicht haben wollten? Sind nicht alle auf irgendeine Weise der Welt verfallen, desillusioniert, um ihre Träume betrogen? Haben sie nicht alle damit begonnen, wie Sartres Kellner aus ihrem Leben ein schlechtes Schauspiel zu machen?

Was bedeutet das für den Einzelnen, der in einer solchen Welt emanzipiert leben will? Schnell führt der skizzierte Hochmut zu einem bösen Verdacht: Könnte es sein, dass ich mit meinem Willen, die Dinge zu ändern, *allein* bin, mein Kampf um die eigene Identität scheitert, weil meine Mitmenschen verhärtet sind? Offenbar sind sie es doch, die aus ihren Lebenslügen nicht herausfinden, ihre fehlerhaften Arrangements nicht aufgeben und alles so belassen wollen, wie es ist. Liegt bei ihnen dann nicht auch die Verantwortung dafür, dass ich das erhoffte Leben nicht führen, meinen eigenen Entwurf nicht in die Tat umsetzen kann? Drohen meine Pläne demzufolge am Beharrungsvermögen, am geballten Unverstand der Welt zu scheitern?

Kaum beginnt man sich solche Fragen zu stellen, scheint Sartres Gestaltungswille zu verpuffen. Denn was soll man von einer Welt halten, deren Unveränderlichkeit auch das eigene Leben zerstört? Wenn ich nur von Figuren wie dem automatenhaften Kellner umgeben bin, von Schauspielern, die sich in faulen Kompromissen eingerichtet haben, wie soll ich gegen deren Verweigerung ankommen? Mein anfänglicher Optimismus verdüstert sich, verwandelt sich in Pessimismus, sogar Lebensverneinung. Ein berühmtes Modell dieser abschüssigen Bewegung ist die Biographie von Jean-Jacques Rousseau. Nicht nur hat Rousseau in seiner Abhandlung über die *Ungleichheit unter den Menschen* einen frühen Keim gelegt für das Misstrauen gegen eine Gesellschaft, in der vermeintlich alle Menschen angepasste Rollenspieler sind, sämtliche Herzen vergiftet scheinen.[19] In seinen *Bekenntnissen* erhebt er auch den Anspruch, »schonungslos all die kleinen Lügen der Menschheit«[20] aufdecken zu können, die diesen Zustand hervorbringen.

So betrachtet es Rousseau als sein persönliches Wagnis, jene menschliche »Natur bis zur Nacktheit zu entblößen«. Was er zu enthüllen glaubt, ist eine Gesellschaft, deren Angehörige sich vom ursprünglichen Zustand ihrer Freiheit, ihrer existenziellen Selbstbestimmtheit, immer weiter entfernen. Deren »fortschreitende Entstellung« möchte er zeigen – und damit »den Menschen, so wie er *durch den Menschen* geworden« ist.[21] Deutlich hat dabei auch Rousseau eine Gesellschaft von Kellner-Figuren vor Augen. Quelle des Elends ist, was der Mensch durch den Menschen wird: sich in gesellschaftliche Fesseln legen, sich dressieren, auf eine Rolle abrichten zu lassen, die ihm nicht mehr zu sein erlaubt, was er eigentlich ist.

Der Philosoph zieht daraus Schlussfolgerungen, die enttäuschten Existenzialisten bis heute als Folie dienen: Er glaubt, einer solchen Welt und ihren verderblichen Zwängen nur durch konsequente Selbstverweigerung entkommen zu können. Wenn die Gesellschaft das Scheitern des Menschseins offenbart, kann der Einzelne seine Identität nur wahren, indem er sich zu entziehen versucht. Als Rousseau während einer Krankheit glaubt, sterben zu müssen, fällt er deshalb einen radikalen Entschluss: »Ich entsagte für immer allen Gedanken auf Glück und Emporkommen.«[22] Er überlebt, beschließt, in Armut zu leben und seine Abhängigkeit von anderen auf ein Minimum zu begrenzen. Was er damit erreichen zu können glaubt, ist nicht weniger, als »alle uns durch die Meinungen der Menschen auferlegten Fesseln zu zersprengen«.[23]

Er begibt sich an den äußersten Rand der Gesellschaft. Nur dort, so glaubt er, entgeht er den unausgesetzten Versuchen der Gesellschaft, ihn zu kompromittieren. Es ist die Tragik im Leben des Philosophen, dass er dieses radikale Programm bis in den Verfolgungswahn betreibt. Nahezu komische Züge trägt jene Episode um die Pension, die ihm der französische König persönlich anträgt. Zwar schwänzt Rousseau die geplante Audienz vor allem deshalb, weil er sich wegen seines unausgesetzten Harndrangs zu blamieren fürchtet.[24] Doch in seinen *Bekenntnissen* erkennt er bald auch eine tiefere Notwendigkeit, das Angebot auszuschlagen: Er möchte nicht zum Bittsteller des Königs werden.

Droht er schließlich nicht erpressbar, am Ende gefügig gemacht zu werden?[25] In wahnhafter Weise beginnt er sich auf seine Integrität zu fixieren. Böse Absichten vermutet er selbst hinter dem Rat von Freunden wie Denis Diderot, an die Versorgung von Frau und Kindern zu denken. Er missdeutet sie als Versuch, ihm Vorschriften machen und ihn von den eigenen Prinzipien abbringen zu wollen.[26]

So liefert Rousseau allen, die mit ihrem Wunsch nach Identität nicht durchzudringen glauben, einen bequemen Grund, sich zu dispensieren. Gibt mir die Gesellschaft nicht allen Anlass, ihr meine Mitwirkung zu entziehen? Wenn ich ohne Erfolg vorbringe, was ich zu sein wünsche, verdient sie es dann, mich obendrein von ihr korrumpieren zu lassen und zum Erhalt ihrer fehlerhaften Institutionen auch noch beizutragen? Rousseau ist überzeugt davon, von einer Selbstverweigerung sogar persönlich zu profitieren. Um dem »Übel der Abhängigkeit« zu entgehen, beschließt er, »mich endlich ganz auf meine Talente zu stützen, über die ich bis dahin allzu bescheiden gedacht hatte, deren Maß ich jedoch nun endlich zu fühlen begann«.[27]

Diese Radikalität ist zwiespältig. Zweifellos hat sie eine positive Seite. Rousseau wird damit zum Begründer des zivilen Ungehorsams. Zu Recht verweist er darauf, dass es legitim, ja sogar geboten sein kann, im begründeten Fall die eigene Mitwirkung zu verweigern. Als einer der Ersten erkennt er, dass es eine Alternative zur *blinden* Mitwirkung gibt, zum Opportunismus des Mitläufers, der nach den Folgen des gemeinsamen Tuns nicht zu fragen wagt. Damit entsteht eine Tradition des bürgerlichen Widerstands, die bis zum berühmten Aufruf von Stéphane Hessel reicht, sich der Macht entgegenzustellen, wann immer sie die eigene Freiheit zu bedrohen beginnt.[28]

Und doch schleicht sich mit der Radikalität ein vertrauter Fehler in die Theorie hinein. Ähnlich wie Sartre sieht Rousseau den Einzelnen in einer abstrakten Distanz zur Welt. Wie sehen konkrete Voraussetzungen aus, unter denen er sich am gemeinsamen Leben beteiligen könnte? Danach vergisst auch Rousseau zu fragen. Von vornherein richtet sich sein Misstrauen gegen die Gesellschaft als solche. Der bloße Umstand, darin leben zu müssen, macht sie verdächtig, ja der Mitwirkung unwürdig. Schon indem sie den Menschen in Institutionen, Vereinbarungen, Konventionen, Normen hineinzwängt, ihn in ihre wie auch immer gearteten Fesseln legt, beraubt sie ihn seiner ursprünglichen Freiheit und bringt ihn um die Chance, seine unverfälschte Identität zu finden. Wenn sie sich nicht als ganze verändern lässt, ist sie eben auch in Gänze zu verwerfen.

Wie Hannah Arendt erkennt, wird Rousseau damit lange vor den Existenzialisten zum Verteidiger eines *privaten Inneren*, das der Gesellschaft unabhängig gegenüberzustehen scheint. Rousseau rebelliere »gegen die ihm unerträgliche Perversion des menschlichen Herzens in der Gesellschaft, gegen das Eindringen der Gesellschaft und ihrer Maßstäbe in eine innerste Region, die bis dahin offenbar keines besonderen Schutzes bedurft hatte«.[29] Es handle sich um eine »Rebellion des Herzens gegen die eigene *gesellschaftliche* Existenz«.[30] Bevor dieses Herz von der Gesellschaft vergiftet werden kann, muss man es in Sicherheit bringen. Eine Zwangsgemeinschaft, die den Einzelnen nicht anerkennt als das, was er sein möchte, ist nicht nur entbehrlich, sie trägt auch die Schuld daran, dass er nicht zu seiner Identität finden kann.

Für den Wunsch nach dem echten Leben hat dieser Argwohn fatale Folgen. Er führt, wie Hannah Arendt schreibt, in eine doppelte Unfähigkeit: sich einerseits mit der Gesellschaft nicht arrangieren, andererseits aber auch nicht unabhängig von ihr leben zu können.[31] Immer scheint sie dem Einzelnen auf irgendeine Weise schuldig zu bleiben, was er vergeblich von ihr fordert: jene Rolle zu akzeptieren, die er selbst sich ersonnen hat. So führt der Kampf um Anerkennung in eine unausgesetzte Qual des Selbstzweifels: sich nach Anerkennung für das zu sehen, was man zu sein glaubt – und zugleich ertragen zu müssen, dass man für etwas anderes angesehen wird. Die eigene Existenz wird zu einer verkörperten Anklage der Gesellschaft. Das Beharren auf Identität erschöpft sich im Lamento, nicht sein zu dürfen, was man sein möchte.

Hannah Arendt hat mit Blick auf den argwöhnischen Aufklärer die schöne Formulierung gefunden, »Jean-Jacques« rebelliere »gegen einen Mann, den die Gesellschaft Rousseau nennt«.[32] Solange ihn die Gesellschaft nicht als das ansieht, was Jean-Jacques zu sein beansprucht, bleibt ihm nichts anderes übrig, als die Missachtung seiner Identität unausgesetzt weiter zu beklagen. Sein Leben verwandelt sich in einen leerdrehenden Aktivismus. Er kann nichts daran ändern, dass sich nichts ändert, weil es die Gesellschaft ist, die etwas ändern müsste. Kein Weg führt aus dem Ritual heraus, ihr dieses Versäumnis wieder und wieder vorzuhalten. Solche Phänomene zeigen sich auch im Alltag einer digitalisierten Mediengesellschaft, die es ermöglicht, das eigene Selbstbild in sozialen Netzwerken zu entwerfen, verbunden mit der Anklage, missachtet, diskriminiert oder an der Verwirklichung gesellschaftlicher Reformziele gehindert zu werden. Ein Aktivismus, der auf solche Weise darauf beschränkt bleibt, die Gesellschaft aufzurütteln und sie auf bestehendes Unrecht aufmerksam zu machen, mündet in dem Eingeständnis, die notwendigen Veränderungen nicht selbst herbeiführen zu können.[33] Die Absicht, mit dem Lebensplan für die eigene Existenz zugleich einen Gestaltungsanspruch anzumelden, verkehrt sich auf diese Weise in Bittstellerei, so lautstark diese ihre Anliegen auch artikulieren mag.

Für die Frage nach dem wahrhaft gelebten Leben ist das keine befriedigende Antwort. Mehr als einen perspektivlosen Kampf um Anerkennung kann der Existenzialismus offensichtlich nicht offerieren. Der Einzelne ist bestenfalls Sprachrohr für die Durchsetzung seiner Absichten. Es wird nicht klar, wie er sich die Verantwortung für deren Verwirklichung mit anderen wirklich *teilen* kann. Das ist das Frustrierende am existenzialistischen Programm der *Selbstverwirklichung*. Es kommt zwar als selbstbewusster Forderungskatalog daher, bleibt aber die Voraussetzungen schuldig, unter denen sich jene Forderungen verwirkli-

chen lassen. Unter dem Schirm der existenzialistischen Weltanschauung entsteht allenfalls eine vage Hoffnung, das erhoffte,
eigene Leben wirklich führen zu können. Bloße Appelle, das
Einklagen der eigenen Identität, der Wunsch nach Anerkennung
reichen dafür nicht aus.

Wir werden sehen, dass an die Seite eines Selbstentwurfs
deshalb ein weiteres Element treten muss: Ich benötige auch
eine konkrete Vorstellung von dem, *worauf* ich mich einlassen
sollte, um meine Ziele zu erreichen. Damit verliert der Wille zur
Selbstbehauptung keineswegs seine Berechtigung. Er muss sich
jedoch in eine Fähigkeit zur *Hingabe* übersetzen lassen, in die
Bereitschaft, um die Verwirklichung der eigenen Wünsche auch
zu kämpfen. Das kann nicht gelingen, ohne an der Welt mitzuwirken, sich auf bestimmte Aufgaben und Rollen, auf gemeinsame Projekte und vor allem andere Menschen einzulassen. Es ist
nunmehr an der Zeit, jene Positionen zu erkunden, die im Spannungsverhältnis zur Selbstbehauptung die Bedeutung der *Hingabe* betonen. Ist es der Weg zum wahrhaft gelebten Leben,
wenn wir die eigene Existenz ganz in den Dienst einer Aufgabe
stellen, darin vielleicht sogar eine Berufung erkennen? Sollten
wir unser ganzes Leben als Erfüllung einer Lebensaufgabe, als
Dienst an dieser Aufgabe betrachten?

# 3. Blinder Aktionismus mit Maupassant

## 3.1 Die Schrecken der Hingabe

Der Existenzialismus mag sich als unzulänglich erwiesen haben. Das ersehnte wahre Leben scheint unverändert weit entfernt – entgegen den Beschwörungen, es einzig auf der Seite eigener Wünsche und Ziele finden zu können. Und doch fällt es schwer, auf die andere Seite der Extrempositionen zu wechseln. Denn wie wirkt demgegenüber die Empfehlung, sich *ganz* auf das Leben *einzulassen*, das uns im Alltag begegnet? Sich einzulassen auf das *andere*, auf das, was wir *nicht* sind? Erscheint diese Empfehlung nicht noch fremder? Begegnen wir hier nicht einer Haltung, die unserer modernen Lebensidee noch deutlicher widerspricht und deshalb mindestens ebenso deutlich abzulehnen ist?

Sich einzulassen, sich hinzugeben, womöglich sogar aufzuopfern: Es gibt genügend negative Vorstellungen und Befürchtungen, mit denen der Begriff der Hingabe verknüpft ist. Und sie sind nicht unbegründet. Dass mit Hingabe immer die Gefahr verbunden ist, eigene Ziele aus den Augen zu verlieren und schon deshalb die Chance auf das eigene Leben zu verspielen, versteht sich fast von selbst. Gerade im deutschen Sprachgebrauch wird die Bereitschaft zur Hingabe häufig damit gleichgesetzt, *devot*, also unterwürfig zu sein. Die Angst vor dieser Selbstverformung gründet tief. Sie gilt vor allem dem totalitären Unrechtsstaat und seinem Ruf nach gleichgeschalteten Menschen, die in blindem Vertrauen alles tun, was man von ihnen verlangt. Das vermutlich bekannteste Sinnbild dafür ist die Figur des Soldaten, der gehorsam seinem Unglück entgegenmarschiert und in den Schützengräben des Ersten Weltkriegs massakriert wird. Erich Maria Remarque erzählt davon in seinem berühmten Roman *Im Westen nichts Neues*. Auch an der Belanglosigkeit seines ferngesteuerten Lebens geht der Soldat zugrunde, wie der junge Leutnant von

Trotta im *Radetzkymarsch* von Joseph Roth. Kaum minder stehen bürgerliche Lebensentwürfe unter dem Verdacht, das Produkt erzwungener Hingabe zu sein. Man denke an die freudlose Ehe von Fontanes *Effi Briest*, überhaupt das Schicksal der bürgerlichen Frau, sich passend verheiraten, für die Familie aufopfern und sämtliche eigene Wünsche für immer zurückstellen zu müssen. Auch der Lübecker Kaufmann Thomas Buddenbrook verkörpert als Unternehmenserbe diesen Geist einer nicht wirklich bejahten Pflichterfüllung. Im berühmten Roman von Thomas Mann erscheint er sich selbst als maskierter Darsteller, der ein vorgezeichnetes, für die kollektiven Bedürfnisse der Familie arrangiertes Leben absolvieren muss.

Seit den Opern von Mozart und den großen Dramen des Sturm und Drang kennen wir die Auflehnung, die sich gegen ererbte oder fraglos akzeptierte Rollen richtet, gegen Kriecher und Opportunisten, gegen Käuflichkeit und arrangierte Ehen. Und ebenso gegen die Rechtfertigungen, die herangezogen werden, um einen Lebenspart zu übernehmen, der dem eigenen Wollen und Wünschen fremd erscheint. Gleichgültig, ob das aus Opportunismus geschieht, ob die Akteure schön klingende Begründungen für ihr Verhalten finden, eine ewig während Tradition fortzuführen, eine heilige Pflicht zu erfüllen oder einen höheren Dienst zu erbringen glauben – man möchte ihnen nicht so recht glauben. Mehr als das: Die Sinnhaftigkeit solcher Motive erscheint zweifelhaft. Wirkt Hingabe nicht vor allem wie eine Gebärde, mit der man die Chance auf ein eigenes Leben wegwirft, unter Verweis auf das vermeintlich Höhere?

Die »devotio moderna« muss daher als Willensakt der Unterwerfung erscheinen. Gegenüber anderen Formen der Selbstverleugnung, einer vorsichtigen Anpassung an Konventionen, einer Unterwürfigkeit gegenüber Autoritäten oder einer tiefgründigen Lebensangst wirkt Hingabe sogar wie eine nochmalige Steigerung. Schließlich entscheidet sich der hingebungsvolle oder sogar devote Mensch offenbar bewusst gegen die Chance, über sein Schicksal selbst zu entscheiden. Er gibt sein freies Leben auf, scheint bereit, in irgendeine Uniform oder Zwangsjacke zu schlüpfen, um sich von der Verantwortung für sich selbst freizusprechen, sich in den Dienst einer Sache zu stellen, die er nicht überblicken, geschweige denn kontrollieren kann. Mitmachen, ohne selbst entscheiden zu müssen, unter Berufung auf eine höhere Aufgabe: Besteht darin das eigentliche Programm der Hingabe?

Tatsächlich waren die kirchlichen Reformbewegungen der Frühen Neuzeit ein Versuch, auch außerhalb klerikaler Gemeinschaften konsequent moralisch zu handeln und sich explizit in die Nachfolge Christi zu begeben. Von Anbeginn war die »devotio moderna« ein Leitmotiv für laizistische Ordensgemeinschaften, für eine Selbstverpflichtung, die es nicht erforderte, sich ein kirchliches Mäntelchen überzuwerfen. Was vereinbart wurde, hatte Gültigkeit ohne Ansehen der eigenen Person. Vielleicht wirkt Hingabe auch wegen dieser Vorgeschichte heute wie ein Akt, mit dem das Leben einer fremden Autorität unterstellt wird, zugleich wie eine bequeme Lösung, dafür nicht zur Rechenschaft gezogen werden zu können. Wer sich in den Dienst der angeblich guten Sache stellt, kann schließlich nicht für unbeabsichtigte Begleiterscheinungen belangt werden – die Aufrechterhaltung von autoritären Verhältnissen, von gesellschaftlichem Unrecht oder die Beteiligung an einem Krieg.

Es gibt viele solcher schal klingenden Entschuldigungen für devotes Verhalten. Später werden wir sehen, wie berechtigt sie sind, wie sehr sich die Bereitschaft zur Hingabe missbrauchen lässt.[1] Als devot in diesem negativen Sinne wird gelten müssen, wenn der eigene Wille zur Befriedigung existenzieller Bedürfnisse und Wünsche gebrochen ist. Wenn ich mich nicht mehr zu sagen traue, worauf es mir im Leben ankommt, ich meine Wünsche zugunsten meiner Aufgabe hintanstellen zu müssen glaube, diese Wünsche keinerlei Berechtigung zu besitzen scheinen, öffnet sich die Tür zum Missbrauch meiner Persönlichkeit. Zur Devotion genötigt zu werden, bedeutet, sich in die Verfügung anderer zu begeben, sich zum Werkzeug machen zu lassen, zum

Befehlsempfänger, sogar zum Sklaven. Nichts könnte deprimierender, nichts gefährlicher sein.

Allerdings droht sich mit dem Blick auf solche Gefahren auch das Verständnis von Hingabe zu verdunkeln. Zwar ist es unstrittig, dass sich die Fähigkeit missbrauchen lässt, sich auf die soziale Welt einzulassen, doch etwas anderes verdient nicht weniger Aufmerksamkeit: *Ohne* diese elementare Fähigkeit könnten wir nicht *existieren*. Sie ist für unser Leben unverzichtbar. Wir sollten die Gefahr ihres möglichen Missbrauchs sogar als Hinweis auf ihre grundlegende Bedeutung verstehen. Hingabe nämlich lässt sich gerade deshalb so gut missbrauchen, weil wir keine andere Wahl haben, als uns auf die Verhältnisse einzulassen, mit denen wir konfrontiert sind. Es wird sich zeigen, dass wir die eigene *Existenz* nicht formen können, ohne uns an der Gestaltung der gemeinsamen Welt zu beteiligen und auf irgendeine Weise mitzumachen.

Im englischen Sprachgebrauch trifft der Begriff »devotion« diesen elementaren Sachverhalt deutlich besser als das Wort Devotion im Deutschen. Es ist jedenfalls keine Unterwürfigkeit, »devoted to something« zu sein. Diese Umschreibung bedeutet lediglich, einer Sache die eigene Aufmerksamkeit zu widmen, sich um sie zu sorgen, ihr die eigene Liebe zu schenken. Nichts anderes tun wir unaufhörlich, widmen uns Aufgaben und Tätigkeiten, verwenden darauf die Kraft vieler Lebensjahre, setzen dafür unser erworbenes Können ein, die Fähigkeit, unser Leben zu planen, unser ganzes tieferes Sehnen. Es sind berufliche Tätigkeiten, langfristige Projekte, der Aufbau neuer Institutionen, der Erwerb von Eigentum, die Erziehung eigener Kinder, schöpferische Vorhaben, gelegentlich verdichtet zu der Vorstellung, das ganze Leben sei eine größere, irgendwie zu erfüllende Aufgabe.

Es ist eine weite Spanne vom ersten Extrem der Lebensgestaltung zu diesem zweiten. Auf der existenzialistischen Seite galt alles dem Versuch, das eigene Tun einem Lebensplan zu unterwerfen. Dieser Wunsch spielt auf der Seite rückhaltloser Hingabe keine Rolle, ebenso wenig die Frage, ob ich meine Lebensaufgabe selbst ausgewählt oder auf andere Weise zu ihr gefunden habe. Hingabe bedeutet einzig, sich auf die soziale Welt überhaupt einlassen zu wollen, an dem eigenen Tun Freude zu empfinden und Sinnhaftigkeit in eigenen Tätigkeiten zu entdecken, was auch immer es sei. Existenzialisten werden die Nase darüber rümpfen und das kleine Karo des Lebens darin sehen, die brave Anpassung an die Welt. Die Gegenfrage lautet, ob es so verwerflich ist, an die Stelle des großen Plans eine simple, vielleicht sogar unreflektierte Freude an der Mitwirkung zu setzen. Ist es immer gleich problematisch, ja *existenziell* unbefriedigend, wenn mein Leben eine Dutzendexistenz ist, meine Tätigkeit auf Dinge beschränkt bleibt, die sich von der Tätigkeit anderer Menschen nicht oder kaum unterscheiden? Was ist dabei, wenn mein Leben die Welt eben nicht grundlegend verändert, also keine *besondere* Existenz ist? Mag sein, dass wir mit Annie Ernaux darüber erschrecken, wie wenig unser eigenes Handeln die Gesellschaft prägt oder sogar verändert, wie wenig Spuren unser eigenes Leben hinterlässt. Ist das aber gleich ein Beleg für eine gescheiterte Existenz oder ist es Grund, mit etwas mehr Bescheidenheit auf das eigene Leben zu blicken?

Die Frage nach dem wahrhaft gelebten Leben nimmt damit eine scharfe Wendung. Im Bedürfnis nach Hingabe, nach Mitwirkung um ihrer selbst willen erscheint sie in neuem Licht. Könnte es sein, dass es gar nicht zwingend erforderlich ist, sich eine Lebensaufgabe selbst zu wählen, um ein erfülltes Leben zu führen? Genügt die Bereitschaft, sich auf die Gelegenheiten zur Mitwirkung einzulassen, die das eigene Leben bietet? Es mag sein, dass Sartres eilfertiger Kellner nur ein schlechtes Schauspiel bietet, eine Rolle absolviert, die nicht sein echtes Leben darstellt. Doch was ist, wenn ihm dieses Kellnerleben, diese gewöhnliche, kleine Rolle gefällt? Was sollte daran verwerflich sein, wenn ihn diese Tätigkeit erfüllt? Warum sollte er sich nicht mit seiner ganzen Leidenschaft dieser Aufgabe widmen?

Wie wir sehen werden, lässt sich die Berechtigung von Hingabe kaum in Zweifel ziehen, auch der Wunsch nicht verurteilen, das Leben mit der Bereitschaft zu solcher Hingabe zu bestreiten. Zweifellos jedoch ist *rückhaltlose* Hingabe ihrerseits nicht unproblematisch. Entsprechende Schwierigkeiten werden sich zeigen. Vor allem lässt die bedingungslose Bereitschaft, sich ins Leben zu stürzen, sich auf andere Menschen und vorhandene Aufgaben einzulassen, wichtige Fragen offen. Allen voran jene, hinter welcher der vielen Optionen sich eine sinnvolle Lebensaufgabe verbirgt. Woran erkenne ich sie? Und vor allem: Wie finde ich heraus, *worauf* ich mich einlassen sollte – und worauf *nicht*?

## 3.2 Endlich dabei sein

Fraglos löst der Gedanke an Hingabe widersprüchliche Gefühle aus. Am meisten irritiert die Behauptung, dass die Bereitschaft zum Mitmachen ein Grundbedürfnis darstellt. Dass wir uns gerne beteiligen – gleichgültig, *worum* es geht. Hingabe bedeutet tatsächlich genau dies: mitmachen zu *wollen*, sich engagieren, alles für eine Sache geben zu wollen. Kann ein solches Bedürfnis unabhängig von der Frage existieren, *womit* wir es im konkreten Fall zu tun haben? Das klingt theoretisch kaum danach, dass jemand tatsächlich so handeln würde. Wird sich nicht sofort die Frage stellen, weshalb ich mich für eine Sache einsetzen, ausgerechnet für dieses Projekt engagieren, diese oder jene Tätigkeit ernsthaft ausüben sollte? Rückhaltlose Hingabe, eine Selbstverpflichtung jenseits solcher gefestigten Vorstellungen und Ziele, scheint schwer vorstellbar.

Dieser Eindruck ist verständlich, relativiert sich aber, wenn wir den Alltag betrachten. Vor allem geht es um Situationen, in denen wir uns auf Neues einlassen oder irgendetwas geschieht, was wir nicht absehen können. Es ist jedenfalls alles andere als ungewöhnlich, Menschen zu treffen, die man noch nicht kennt, aber gerne kennenlernen möchte. Ebenso vertraut ist es, sich zu verabreden, ohne zu wissen, was sich daraus ergibt, oder etwas zusammen zu unternehmen, ohne dass klar ist, was dabei herauskommen wird. Immer ist der unbestimmte Wunsch im Spiel, dabei zu sein, andere zu finden, mitzumachen, dazuzugehören. Nicht selten resultieren spätere, wichtige Entschlüsse des eigenen Lebens aus solchen zunächst völlig offenen Situationen.

In einer seiner farbigen Erzählungen berichtet der Schriftsteller Guy de Maupassant über die plötzliche Wendung, die das Leben eines Lateinlehrers nimmt, als ihn einer seiner Schüler im Scherz mit einer jungen Frau aus einer Wäscherei verkuppeln möchte.[2] Beiden spiegelt der intrigante Schüler vor, vom jeweils anderen geliebt zu werden, ohne dass zwischen dem Lehrer und der Wäscherin überhaupt eine Verbindung besteht. Nichts als eine böse Enttäuschung scheint auf diese sehr unterschiedlichen Menschen zu warten. Doch aus der Aufgeschlossenheit und Zielstrebigkeit der jungen Frau sowie der Enttäuschung des älteren Mannes, für seine intellektuellen Leistungen nie die gebührende Anerkennung erhalten zu haben, entsteht eine völlig unerwartete Konstellation: Beide sehen die Chance, ein neues Leben zu beginnen. Sie verlieben sich tatsächlich ineinander, machen einen radikalen Neuanfang und bauen gemeinsam ein Kolonialwarengeschäft auf. Das Erstaunliche: Insbesondere im Alltag des alten Lehrers hat nichts auf eine solche Entwicklung hingedeutet. Er lässt sein früheres Leben hinter sich, ohne zuvor einen solchen Vorsatz gefasst oder auch nur in Erwägung gezogen zu haben. Seine neuen Absichten waren für ihn selbst in keiner Weise greifbar, außer in dem unbestimmten Wunsch, eine Frau kennenzulernen, von der er fälschlich gehört hatte, sie sei in ihn verliebt.

Natürlich kann man einwenden, dass Maupassants seltsamer Lehrer zumindest heimlich den Traum eines Neuanfangs gehegt und zumindest eine verschwommene Absicht gehabt haben muss, ein neues Leben zu beginnen. Das ändert aber nichts daran, dass der Plan der Geschäftsgründung außerhalb seiner Vorstellungskraft gelegen hat. Ohne die Frau, die er durch einen Zufall kennenlernt und die ihn dafür begeistert, wäre er nicht auf diese Idee gekommen. Ohne die unbestimmte Bereitschaft, sich auf etwas Neues einzulassen, sich für anderes als das bereits Vertraute zu öffnen – was auch immer es sei –, wäre die neue Wendung seines Lebens nicht möglich gewesen, wäre der Mann für den Rest seines Lebens vermutlich Lateinlehrer geblieben. Sein Entschluss, dieses Wagnis einzugehen, ist insofern voraussetzungslos. Er beruht einzig auf der Bereitschaft *als solcher*: Maupassants Lehrer sucht eine neue Form der Mitwirkung, möchte bisherige Tätigkeiten aufgeben, seinen alten Wirkungskreis verlassen, künftig an anderer Stelle *dabei sein*. Was er auch tut, will er zusammen mit der geliebten Frau tun. Seine Bereitschaft ist insofern eine Bereitschaft zur *Hingabe*. Erst indem er sich bereitfindet, eröffnet sich ihm die Aussicht zu einem neuen Lebensplan, kann er Ziele und Absichten formulieren, die seine Existenz auf ganz neue Weise prägen und erfüllen.

Im ersten Moment wirkt dieses Beispiel fast zu schön, um wahr zu sein. Maupassants Geschichte scheint eher den Ausnahmefall als die Regel zu beschreiben. Wann kommt es schließlich vor, dass Menschen mit hoher und gesicherter sozialer Stellung alles stehen und liegen lassen und ihre erworbenen Kompetenzen in den Wind schreiben, um die eigene Hingabe auf unbekanntes Terrain zu verlegen? Das klingt halsbrecherisch. Doch eine solche Entscheidung ist weit weniger ungewöhnlich, als es den Anschein hat. Eher stellt sich die Frage, wer solche Erfahrungen noch nicht gemacht hat. Jenseits der sensationellen Aufmachung von Maupassants Erzählung ist jede Existenz auf radikale Weise offen. Immer wieder öffnet sich das eigene Leben für neue Möglichkeiten des *Dabeiseins*. Immer wieder können wir über Kontakte, Institutionen und Netzwerke entscheiden, in denen unser Leben stattfindet, über Liebe, Freundschaft, Bündnisse und Kooperationen. In nahezu jeder Biographie finden sich Situationen wie jene des alten Lehrers mit der Wäscherin. Sie sind offen und können auf unterschiedliche Lebenswege führen. Man macht mit, ohne die möglichen Folgen bereits zu überschauen. Man versucht es, einzig aus der prinzipiellen Bereitschaft, sich auf etwas Neues einzulassen – was auch immer daraus werden mag.

Jede Selbstbefragung führt zu solchen Punkten des eigenen Lebens zurück: Was wäre eigentlich gewesen, wenn ich jener Empfehlung damals nicht gefolgt wäre? Wenn ich jenen Kontakt nicht geknüpft hätte? Wenn ich dieses Praktikum nicht gemacht, diesen Freund nicht kennengelernt hätte, diese Partnerschaft nicht eingegangen wäre? Zwangsläufig stoßen wir auf Weggabelungen, an denen wir uns für eine Richtung entschieden haben und etwas Bestimmtes *versuchen* wollten. Das bedeutet nicht, in solchen Situationen immer richtiggelegen zu haben. Es bedeutet auch nicht, in solchen Momenten dem Schicksal begegnet zu sein. Entscheidungen lassen sich immer auch korrigieren oder widerrufen. Doch in solchen Situationen zeigt sich, dass wir über den Kurs unseres Lebens nicht anders bestimmen können, als indem wir Entscheidungen *treffen*. Es bewegt sich nichts, ohne sich auf Neues einzulassen und zu akzeptieren, dass alles, was daraus folgt, offen sein kann. So zeigt sich, dass das grundlegende Bedürfnis, überhaupt *dabei* zu sein, mit der Fähigkeit zur *Hingabe* zusammenfällt. Wir machen mit, weil wir mitmachen wollen – ohne feste Voraussetzungen. Dazu bedarf es keines Plans, weshalb wir das tun. Wir machen es, um dabei zu sein.

Auf grandiose Weise hat Hermann Broch diese elementare Erfahrung in seinem Epochenroman *Die Schlafwandler* beschrieben. Eine seiner Hauptfiguren, der sogenannte Handlungsgehilfe und spätere Zeitungsredakteur August Esch, wächst auf im Elend der industrialisierten Massengesellschaft, am unteren Rand der Gesellschaft, arm und perspektivlos. Er wird hin- und hergerissen zwischen mächtigen Impulsen, zwischen Ehrgeiz, Gier und dem dunklen Gefühl, allein und verloren zu sein. Wir lernen ihn kennen, als er gerade wieder einmal seine Arbeit verloren hat und ratlos in einer Kölner Kneipe sitzt. In seiner Orientierungslosigkeit erinnert er an die existenzialistischen Schreckbilder, denen wir bereits begegnet sind. Doch der Gedanke an den ingeniösen Lebensplan ist ihm viel zu hoch. Die revolutionäre Sache der Sozialdemokraten und Gewerkschafter, denen er in der Stadt begegnet und deren Gestaltungswille bei Sartre zum Plot für das selbstbestimmte Leben wird, erscheint dem kleinen Handlungsgehilfen wolkig und abstrakt.[3] Stattdessen meldet sich bei August Esch ein anderer, nicht minder elementarer Wunsch. Um einen Halt zu finden, glaubt er, einer Art höherer Gerechtigkeit zu bedürfen. Es ist das unklare Bedürfnis nach Ordnung, nach sozialem Aufstieg, nach einem Ort, an dem die eigene Existenz überhaupt einen Platz finden kann.[4] Sein Denken ist ungeordnet, sein Leben chaotisch. Er weiß nicht, worum es ihm geht, ist impulsiv, ungebildet, triebgesteuert. Er will etwas erreichen, irgendetwas, wünscht sich ein neues Leben, will den Neubeginn notfalls erzwingen.[5] Dieser eine Wunsch jedoch hat scharfe Konturen in seinem Leben: sich nicht länger »vereinsamt« und »verwaist« zu fühlen – überhaupt *dabei* zu sein, nahezu egal wobei.[6]

Hermann Broch schildert, wie dieser elementare Wunsch das Leben des Handlungsgehilfen antreibt. August Esch macht keinerlei Vorbedingungen. Nach einer verfügbaren Aufgabe greift er, als ob es keine andere geben könnte. Zugleich scheint sich seine kleine Welt, sobald er über eine Aufgabe verfügt, wie von selbst mit Bedeutung aufzuladen. Viele Dinge, die ihm vorher gleichgültig waren, haben auf einmal einen Sinn. Seine Hingabe an die neue Sache beginnt seine Wahrnehmung zu verändern, so auch, als er im Kontor einer Mannheimer Reederei eine neue Stelle antritt. Staunend schlendert er durch die Magazine im Gewerbehafen. »[W]äre man je gezwungen gewesen, darüber nachzudenken«, sinniert er, »so hätte man die Baulichkeiten, die Krane, die Rampen fast als etwas Sinnloses betrachtet, das irgendwelchen unerklärlichen Bedürfnissen der Menschen dienen mochte. Jetzt allerdings, wo er selber *dazugehörte*, da war dies alles zu natürlichen und sinnvollen Anlagen geworden, und das tat wohl.«[7] Auf besondere Weise fasziniert ihn der Freihandel. Waren dürfen im Hafen unverzollt gelagert werden. Hier existiert eine kleine Welt mit ihren eigenen Gesetzen, die der staatlichen Autorität nicht direkt unterworfen scheint. Das verschafft dem Handelsgehilfen ein unvertrautes Bewusstsein von Eigenständigkeit, einer gewissen Größe und Bedeutung. »Und wenn er auch noch keine Uniform trug und sozusagen nur ein Privatangestellter war, so war man in diesem Zusammenleben mit den Zollorganen und Bahnangestellten dennoch selber fast zur Amtsperson geworden, da man überdies die Legitimation in der Tasche hatte, mit der man im geschlossenen Gebiet unbehindert zirkulieren durfte, von den Wächtern am Haupttor bereits freundschaftlich salutierend begrüßt.«[8]

Deutlich verraten diese kleinlichen Gedanken, dass es nicht die Aufgabe als solche ist, die August Esch mit neuem Selbstbewusstsein erfüllt. Es ist die elementare Erfahrung, überhaupt eine Aufgabe zu *haben*, als Person auf einmal für andere *sichtbar* zu sein. Was für ein Erlebnis: Man bringt ihm Respekt entgegen. In seiner neuen Funktion gilt er plötzlich etwas, wird ernst genommen. Mit seinem Tätigkeitsfeld entsteht ein neuer sozialer Zusammenhang. Er fühlt sich vom quälenden Gefühl der Verlorenheit erlöst, macht die Erfahrung, dass alles, was er tut, auch für andere Bedeutung hat. Schon bald läuft er selbstbewusst durch die Mannheimer Hafenhallen, gewöhnt sich daran, Arbeiter wegen kleinerer Verstöße gegen Vorschriften zu rüffeln, kontrolliert Kisten und Ballen, fühlt sich mächtig, weil er merkt, dass die Zollbeamten im Hafen seine Entscheidungen nur oberflächlich prüfen. Ähnlich wie Maupassants Lateinlehrer gewöhnt er sich an ein neues Leben. Ohne dass er vorher auch nur gewusst hätte, was ihn an diesem Ort erwarten würde, erscheinen ihm seine Aufgaben bald selbstverständlich. Weder hatte er ein Bild von seiner Tätigkeit im Hafen noch hatte er klare Absichten oder gar einen Plan. Allein seine Bereitschaft, sich auf diese neue Tätigkeit einzulassen, hat ihm den Weg zu diesem neuen Leben eröffnet.

Das alles macht August Esch keineswegs sympathisch. Als Romanfigur wirkt er wenig liebenswert. Seine antiquierte Sehnsucht, eine Uniform zu tragen, lässt ihn genau als jenen Duck-mäuser, jenen gesichtslosen Mitläufer erscheinen, der das Ge-genbild eines gelungenen Lebens abgibt. Und doch zeigt sein Beispiel, dass der Existenzialismus in einer Hinsicht fundamen-tal falschliegt: Wir können keine Entscheidungen über unser Le-ben treffen, ohne uns bereits auf etwas eingelassen zu *haben*. Erst die *Mitwirkung* verschafft uns ein Bild davon, wohin dieser oder jener Weg führen könnte. Kein Lebensplan lässt sich for-mulieren, ohne schon auf irgendeine Weise involviert zu sein. Bevor ich nicht im Hafenlager stehe und weiß, was ich dort zu tun habe, kann ich nicht wissen, ob mir ein Leben als Kontrolleur dort gefällt oder nicht. So unangenehm es mir erscheinen mag, unter den kritischen Blicken von Jean-Paul Sartre einen Probe-lauf als Kellner zu absolvieren: An solchen Versuchen führt kein Weg vorbei. Das kleine Karo des Kleinbürgers Esch, sich auf Din-ge erst einmal einzulassen, ist die Voraussetzung für den freien Lebensentwurf des Existenzialisten. Jeder solche Plan erfordert die Fähigkeit zur Hingabe.

Diese Schlussfolgerung bekräftigt, was wir aus den Beobach-tungen von Annie Ernaux wissen: dass wir, bevor wir selbstän-dig zu handeln beginnen, bereits auf vielfältige Weise in die so-ziale Welt eingebunden sind, längst mitmachen, bestimmte Rol-len spielen, viele Bewertungsweisen übernommen haben, ohne dies überhaupt reflektieren zu können. Nichtsdestotrotz spürt man Beklemmung bei der Vorstellung, sich *rückhaltlos* in solche Zusammenhänge hineinbegeben zu haben. Bedeutet Hingabe also, blind zu sein, oft gar nicht zu wissen, vielleicht nicht einmal wissen zu können, worauf man sich einlässt?

Diese Befürchtung meldet sich unweigerlich bei der Betrach-tung eines Charakters wie August Esch. Schließlich kann es ihm gar nicht schnell genug gehen, in irgendeine Uniform hineinzu-schlüpfen, sich in irgendeine soziale Hülle zu verpuppen, die seinem bedeutungslosen Leben einen Sinn verleiht. Und dieser Argwohn ist verständlich. Denn alle Bereitschaft, sich auf etwas einzulassen, ändert nichts an der Berechtigung der Frage, *worauf* wir uns einlassen sollten. Im Gegenteil, wenn diese Frage unbeantwortet bleibt, droht die eilfertige Hingabe von August Esch und seinen uniformierten Geistesverwandten tatsächlich in Blindheit und damit in *Aktionismus* umzuschlagen.

## 3.3 Immer dabei – aber wozu?

Das existenzialistische Credo, sich selbst entwerfen zu müssen, hat großen Einfluss auf unser Leben. Es scheint nahezu unmöglich, sich dieser indirekten Aufforderung zu entziehen. Im Grunde ist es ein Appell, zu entdecken, wozu ich mich *berufen* fühle. Offenbar lässt sich das wahre Leben nicht leben, ohne eine zentrale Motivation, eine Triebfeder des eigenen Handelns, einen leitenden Wunsch zu identifizieren. Zwar ist das keineswegs eine Forderung des Existenzialismus im eigentlichen Sinne, der von mir lediglich verlangt, mich überhaupt zu etwas zu entschließen. Dennoch stellt mich dieser Zwang zur Entscheidung nahezu notwendigerweise vor die Frage, was mir im Leben das *Wichtigste* ist. Was bedeutet mir mehr als alles andere? Was ist es, das ich in jedem Falle tun möchte, so dass ich kaum anders kann, als auch meinen Lebensentwurf danach auszurichten?

Entsprechende Selbstbefragungen können in unausgesetzte Selbstquälerei ausarten. Das hat wesentlich mit der Natur solcher Fragen zu tun. Denn nur selten gibt es Klarheit über die Prioritäten des eigenen Lebens. Außer hochgradig und einseitig begabten Menschen verfügen die meisten über keine Antwort, die unmittelbar auf der Hand liegt. Die meisten stellen fest, dass es ganz verschiedene Möglichkeiten für sie gibt. Zwangsläufig stoßen sie auf vieles und verschiedenes, was sie gerne tun, woran sie sich beteiligen möchten, worauf sie sich gerne einlassen würden. Nicht selten widersprechen sich solche Möglichkeiten. Hier lauert das zentrale Problem für alle, die mit ihrer Fähigkeit zur Hingabe allzu freigebig sind. Denn wie soll ich selektieren, was für mich wichtig beziehungsweise weniger wichtig ist, wenn es doch so vieles gibt, was ich prinzipiell gerne tun und woran ich mich gerne beteiligen würde?

Um zu sehen, wie tief dieses Problem reicht, brauchen wir nur August Esch durch die weiteren Irrungen und Wirrungen seines Lebens zu folgen. Seine Suche nach Teilhabe ist im Mannheimer Handelskontor längst nicht zu Ende. Auch dort versucht er, »jene große Angst zu betäuben, die weit über ihn hinausreicht«[9], spürt er die »Sehnsucht der gefangenen Seele nach Erlösung aus ihrer Einsamkeit, nach einer Rettung«, die er sich von der Suche nach Gemeinschaft erhofft.[10] Dabei folgt er Impulsen, die oft widersprüchlich sind, stürzt sich immer wieder in neue, mitunter grotesk anmutende Projekte. Aus dem undeutlichen Wunsch des Bordellbesuchers, mit der eigenen Promiskuität abschließen zu können, entwickelt sich seine Beziehung zu einer Kölner Wirtin, die er gar nicht begehrenswert findet. Sie selbst versucht, ihn, den unsicheren Kantonisten, zunächst auf größtmöglichen Abstand zu halten. In seiner Sehnsucht nach rettender Gemeinschaft inszeniert er sich als wohlmeinender Patron und fährt mit ihr an den Mittelrhein, um für das Wirtshaus Wein zu kaufen. In diesem Moment, so ist er überzeugt, »mündet das Weltumspannende im Häuslichen«.[11] Nichts scheint für ihn von Interesse zu sein, als sich an ihrer Seite eine bürgerliche Existenz aufzubauen. Mit größtem Ernst verfolgt er dieses Ziel – um schon wenig später wieder ganz andere Pläne zu verfolgen.

Beim Besuch eines Varietés erwacht in ihm der unklare Wunsch, die Assistentin eines Messerwerfers vor den heranfliegenden Geschossen zu schützen.[12] Aus einer Mischung widerstreitender Motive, dem eigenen Voyeurismus ebenso wie der Wunschvorstellung, andere vor der feindlichen Welt in Sicherheit zu bringen, kristallisiert sich die Idee eines eigenen Varietés heraus. Aus den Bordellen, die er kennt, rekrutiert Esch Frauen, die sich vor dem Kölner Publikum Ringkämpfe liefern. In seiner Funktion als Manager gelingt es ihm, die Rolle eines gehobenen Zuhälters mit dem Selbstbild zu vereinen, den Frauen aus ihrem Elend geholfen zu haben.[13] In Momenten noch größerer Entrücktheit ist er davon überzeugt, eine wahrhaft gerechte Ordnung nur errichten zu können, wenn die Compagnie in die USA auswandert.[14] Er beginnt sogar mit Planungen für dieses waghalsige Unternehmen.[15] Das Chaos seiner Gefühle erzeugt immer neue Ideen – samt der Bereitschaft, sich mit ungebremster Energie ins Unbekannte hineinzuwerfen. Auf andere wirkt dieser aktionistische Furor verstörend. Bevor August Esch schließlich Herausgeber und Redakteur einer kleinen Kreiszeitung wird, bescheinigt ihm ein Redakteur »kindliche Vorstellungen«.[16] Als er einen Gewerkschaftsfunktionär im Gefängnis besucht, einen Mann, auf den er immer wieder seine Träume von einer gerechten Gesellschaft projiziert, attestiert der ihm mit freundlicher Direktheit: »Du bist der alte Wirrkopf geblieben, lieber August.«[17]

So stürzt sich Esch von einem Projekt ins nächste, sucht in seiner Bereitschaft zur Hingabe nach immer neuen Aufgaben. Seine Begeisterungsfähigkeit wirkt verschroben, ja tragisch. Vor allem aber erzeugt sein Aktionismus eine gefährlich wirkende innere Leere. Denn das Bedürfnis von August Esch nach Hingabe bleibt immer nur auf das abstrakte Ziel gerichtet, überhaupt so etwas wie Beteiligung herzustellen. Was er sich vom Leben erhofft, erschöpft sich in einer dürren, nahezu kindlichen Vorstellung: Ihm selbst und allen anderen soll es gutgehen. Irgendeine Ordnung, irgendeine Gerechtigkeit muss dafür sorgen, dass die Interessen aller befriedigt werden, alle Lebensbilanzen ausgeglichen sind. Auch sich selbst wünscht August Esch nichts anderes, als sich in eine solche Ordnung einfügen zu können. Er sehnt sich nach der passenden Uniform, die ihn zum Teil des Ganzen macht. Sein Bemühen um Anpassung ist – ebenso wie das ständige Scheitern dieses Bemühens – der Motor für seinen Aktionismus.

Gefährlich ist diese Rastlosigkeit, weil sie dem hingebungsvollen Menschen keine Möglichkeit zur Selbstregulierung bietet. Statt sich zu fragen, unter welchen *Bedingungen* er zur Mitwirkung bereit ist, koppelt August Esch die Befriedigung seines

Wünschens und Wollens an die Mitwirkung der anderen. Wenn sein Vorhaben schiefgeht, fragt er nicht, ob er sich falsche Ziele gesetzt hat. Immer sind es tendenziell die *anderen*, die für das Scheitern die Verantwortung tragen und deshalb zur Rechenschaft gezogen werden müssen. Gibt es die Ordnung gar nicht, die er so sehr ersehnt? Sind die Menschen, mit denen er zu tun hat, einfach unfähig, diese Ordnung herzustellen? Durch entsprechende Erfahrungen fühlt sich Esch im Tiefsten gekränkt, als Person zurückgewiesen und verlacht. Denn sind es nicht immer andere, die seinen Einsatz nicht zu würdigen wissen? Zerstören sie nicht immer wieder, was er mit seiner Bereitschaft zur Hingabe aufzubauen versucht?

Auf diese Weise verlagert der frühere Handelsgehilfe die eigenen Sehnsüchte auf die farblose Seite des Kollektivs. Enttäuschungen setzen bei ihm immer stärkere Hassgefühle frei. Das gilt schon für die erste, so hoffnungsvoll begonnene Berufsstation im Mannheimer Hafen. Natürlich bemerkt Esch nach kurzer Zeit, dass auch die Welt des zollfreien Handels nicht perfekt eingerichtet ist. Er stört sich an der Korruption und am Präsidenten der Handelsgesellschaft, von dem er vermutet, dass er die Rechte der Arbeiter missachtet und einen Streikführer hinter Gitter gebracht hat. Sofort ist Esch enttäuscht und glaubt zu wissen, dass er dort unmöglich bleiben kann.[18] Mit dem Wunschbild der idealen Handelsgesellschaft kollabiert seine Bereitschaft zur Hingabe. Wieder einmal hat er seine Kräfte einer Sache gewidmet, die es nicht wert gewesen ist. »Zorn gegen das Geschäftswesen« meldet sich in ihm, »Zorn gegen eine Organisation, die unter dem Schein schöner Ordnung, glatter Gänge, schöner glatter Buchungen alle Infamien verbirgt.«[19]

Auf die Enttäuschung folgt Hass, vor allem auf die Menschen, die August Esch für das Scheitern verantwortlich macht. Ihnen gegenüber kann er sich in Vernichtungsphantasien hineinsteigern. Einen Angehörigen der Heilsarmee schreit er an, solche »alberne[n] Vereine« würde man gar nicht brauchen, wenn es nur gerecht zuginge.[20] Wer sich in die Ordnung nicht einfügt oder ihr im Weg steht, hat es nicht verdient zu existieren. »Ein Mensch ohne richtigen Erwerb gehört umgebracht«, ist einer der Gedanken des Handelsgehilfen, dessen Kälte einem den Atem verschlägt.[21] Weil er sich selbst ohne Aufgabe wertlos fühlt, verzeichnet er umso genauer, ob andere sich nützlich machen. Als er kurze Zeit als Buchhalter für einen Theaterbetrieb tätig ist, blickt er hochmütig auf die Schauspieler hinab. Dieser »Bande« müsse erst einmal »straffe Ordnung und Zucht beigebracht werden«.[22] Die Vorbehaltlosigkeit, mit der er sich unterordnet, erwartet er ebenso von seinen vermeintlich faulen und nutzlosen Zeitgenossen.

Deutlich wird das Faschistoide solcher Gedanken. Esch verachtet alle, die sich kollektiven Zwecken nicht fügen. Eine Hingabe, die sich ihrer Aufgabe rückhaltlos verschreibt, fördert den Drang, auch andere einer solchen Selbstverpflichtung unterwerfen zu wollen. Woraus sollte der uniformierte Mitläufer sonst seine Befriedigung ziehen? Nur wenn auch die anderen selbstlos mitwirken, ist sein blasses Lebensglück erreichbar. Der Gedanke an persönliche Befriedigung scheint bei ihm erloschen. Er tut nichts mehr für den eigenen Genuss, für die Steigerung seiner Bildung und Lebensfreude. Er tut seine Pflicht, weil sie eben getan werden muss. Das schließt die Bereitschaft ein, sich für eine große Mission notfalls aufzuopfern. »Wer sich opfert, ist anständig«, sinniert dieser kleine Mann ausgerechnet, als er in seinem Werben um die Kölner Wirtin ein paar junge Mädchen stehenlässt, die ihm eigentlich viel besser gefallen.[23] Gründlicher kann er sein eigenes Ideal nicht entstellen. Dennoch glaubt er, unaufhörlich heroische Werke der Selbstüberwindung zu vollbringen.

Die Extremposition einer rückhaltlosen Hingabe lässt sich so nicht verteidigen. Zwar geht kein Weg daran vorbei, sich auf bestimmte Möglichkeiten des Zusammenlebens einzulassen, auf konkrete Tätigkeiten, Projekte, Lebensaufgaben, doch diese Bereitschaft verlangt nach einem Korrektiv, nach Schutz vor der Gefahr, von den Verpflichtungen aufgesogen zu werden, zum bloßen Erfüllungsgehilfen der Sache herabzusinken. Was wird

sonst aus den eigenen Wünschen und Bedürfnissen? Das Beispiel des Handelsgehilfen im Roman von Hermann Broch zeigt,
dass sich die Bereitschaft zur Hingabe nicht einfach an die Umwelt koppeln lässt. Die Mitwirkung der anderen ist viel zu un-
gewiss, als dass sie ein ausreichendes Korrektiv der eigenen Entscheidungen darstellen würde. Vermutlich würde August Esch
bis ans Ende seines Lebens darauf warten, dass eine Gemeinschaft edler Gleichgesinnter seinen Wunsch nach einem geord-
neten Zusammenleben, nach Gerechtigkeit befriedigt. Seine
Hingabe kennt lediglich diese äußere Schranke. Deshalb kommt
sein Einsatz einem Ultimatum gleich. Entweder machen die anderen mit – oder sie tragen die Schuld an seinem Unglück. Letztlich tut August Esch nichts anderes, als den Missmut über das
Misslingen seiner Anstrengungen unentwegt auf seine Umwelt
zu projizieren.

Alles könnte entspannter sein, wenn der Handelsgehilfe auch
ein inneres Korrektiv kennen würde, eine Grenze, an der seine
persönliche Mitwirkung endet. Dazu bräuchte er niemanden in
Mithaftung zu nehmen. Es würde genügen, dass er sich mit seiner Aufgabe nicht mehr wohlfühlt, sie mit den eigenen Wünschen oder Zielen auf Dauer nicht vereinbaren zu können glaubt.
Seine Forderung, dass sich neben ihm selbst auch alle anderen
uniformieren, ist deshalb tragisch. Denn faktisch bedeutet sie
den Verzicht auf jede persönliche Befriedigung, auf jede Form
der Freude oder Erfüllung, die allein auf die eigene Person gerichtet ist. August Esch kann nach seiner eigenen Façon nur selig
werden, wenn er dabei alle anderen an seiner Seite weiß. Für diese unerfüllbare Bedingung hat er die Aussicht auf ein erfülltes
Leben längst aufgegeben.

Leider ist das Potential dieses extremen Entwurfs damit noch
nicht ausgeschöpft. Denn statt sich auf eigene Wünsche und Bedürfnisse zurückzubesinnen und den Wahn einer kollektiven
Zwangsbeglückung hinter sich zu lassen, ist auch eine andere Lösung denkbar. Sie ist noch radikaler als der faschistoide Zwang
von August Esch, alle anderen zum Mitmachen verpflichten zu

wollen. Denkbar ist Hingabe nämlich auch, *ohne* sie überhaupt an Bedingungen zu knüpfen – eine rückhaltlose Form der Selbstverpflichtung, die sich in das Extrem hineinsteigert, für sich selbst keinerlei Erfüllung mehr zu verlangen. Der Daseinszweck der Person verengt sich darauf, die selbstgewählte Aufgabe bedingungslos abzuleisten. Abseits dieser Aufgabe gibt es das eigene Leben nicht mehr. Person und Aufgabe werden identisch. So mutiert Hingabe zur *Devotion*, zur Selbstaufgabe.

# 4. Lady Chatterley in der Selbstzerstörung

## 4.1 Stumpfe Routine

Hingabe erscheint heute oft als ungewöhnlicher Vorsatz. Dabei ist es durchaus eine positive Vorstellung, sich hingebungsvoll den eigenen Aufgaben widmen zu wollen. Zumindest ist es nicht von vornherein fragwürdig. Bei *Devotion* verhält sich das deutlich anders. Kaum jemand möchte als *devot* gelten. Man gerät beispielsweise in die Nähe von Männern, die sich – aus mutmaßlich zweifelhaften Motiven – eine »devote Frau« als Partnerin wünschen. Wer würde sich ernstlich darauf einlassen, sein Leben in devoter Haltung zu bestreiten? Ein mitleidiger Blick wäre wohl die Folge – oder ein distanziertes Lächeln der Überlegenheit. Bei allem Verständnis für seltsame Bedürfnisse: Wer wird so dumm sein, sich in der Bereitschaft zur Hingabe gänzlich unterzuordnen, sich anderen vielleicht sogar auszuliefern? Wozu eine solche Extremposition? Wer dem echten Leben näherkommen will, scheint mit Devotion die denkbar schlechteste Wahl zu treffen.

Lebensentwürfe devoter Menschen betrachten wir heute oft mit einer Mischung von Neugier und Fassungslosigkeit. Immer scheint mit Devotion der Wunsch verbunden, die eigene Persönlichkeit zu unterdrücken. Da wäre das religiöse Gelübde, das Priester- oder Ordensgelübde zum Beispiel, das die unbedingte Geltung der aufgestellten Regeln über die eigenen Wünsche verlangt – ein offenbarer Akt der Selbstunterwerfung. Ist er einer übersteigerten Sorge um das Ganze geschuldet? Verbirgt sich die Überzeugung dahinter, eine Ordnung nur aufrechterhalten zu können, wenn die Individualität hinter dem Ordnungsversprechen völlig zurücktritt? Sollte man sich für dieses Versprechen notfalls aufopfern? Offenbar geht der devote Mensch davon aus, sich selbst nicht richtig trauen zu dürfen. Seine individuellen

Neigungen und Bedürfnisse erscheinen ihm verdächtig. Sie könnten den übergeordneten Zweck der Lebensaufgabe gefährden, vielleicht sogar zerstören. Wer devot sein möchte, so scheint es, wird um der Sache willen seine Träume, seine Wünsche aufopfern, den Tod als Individuum sterben, »Erlösung« von den weltlichen Banden erstreben, um sich seiner Lebensaufgabe widmen zu können.

Die Gefahr ist offensichtlich: Der devote Mensch droht zum Werkzeug anderer zu werden. Schließlich kann der eigene Opfermut die Begier anderer wecken, ihn sich zunutze zu machen. Wer bereit ist, sich der Autorität unterzuordnen, bereit zu bedingungslosem Gehorsam, macht sich potentiell zum Untertanen. Wieso sollte man beispielsweise auf das Recht zur politischen Mitwirkung verzichten, um sich der unumschränkten Kommandogewalt eines Autokraten zu unterwerfen? Wer sich darauf einlässt, könnte sich schon bald vor deutlich weiterreichende Fragen gestellt sehen. Dann wird die Forderung womöglich lauten, sich für Volk und Vaterland aufzuopfern, sich für irgendeine vermeintliche Notwendigkeit in den sicheren Tod schicken zu lassen.

Das alles scheint zu absurd, um Verführungskraft zu entwickeln. Sind devote Menschen also vor allem bedauernswert? Ist die Gefahr nicht allenfalls theoretischer Natur, in diesen Abgrund zu geraten? Allenfalls als sexuelle Submission erscheint Devotion noch denkbar, als vorübergehende Selbstaufgabe in einem Rollenspiel mit klar gesetzten Grenzen. Die Übereignung an die sexuellen Wünsche des Partners endet unverzüglich in einem Alltag, in dem beide als unabhängige Personen existieren und sich dort nicht gestatten werden, das Spiel fortzusetzen. Es ist ein harmloser Nervenkitzel, eine begrenzte Aufgabe der Selbstkontrolle, vergleichbar mit einem Drogenrausch, den man ebenfalls nicht mit der Bereitschaft verwechseln wird, auf das Recht zur Selbstbestimmung zu verzichten. Höchstens als spielerisches Element im eigenen Leben scheint Devotion denkbar. Nur wenige Personen werden sich freiwillig auf eine Bahn begeben, die echte Unterwerfung unter eine Regel oder den Willen eines anderen zur Folge hat.

Solche Einschätzungen verraten eine Menge Selbstgewissheit. Leider etwas zu viel. Denn tatsächlich ist die Distanz gar nicht so groß, die zwischen einem autonomen Leben und der Selbstaufgabe liegt. Niemand beschließt über Nacht, sich einer Autorität oder Person bedingungslos zu überlassen. Es geht dabei nicht um einen rätselhaften, auch im Nachhinein unerklärlichen Akt der Unterwerfung – übrigens auch nicht im Falle eines Ordens- oder Priestergelübdes, das oft über Jahre reifen muss und sich, anders als andere Wege zur Devotion, in einem reflektierten Prozess vollzieht. Nein, das Unverständnis über die vermeintliche Leichtfertigkeit, mit der Menschen den Weg der Devotion einschlagen, blendet aus, dass es Fälle einer schleichenden Übereignung des eigenen Lebens gibt. Selbstaufgabe ist möglich, ohne es eigentlich zu wollen, in einem Prozess, der *unreflektiert* abläuft und infolgedessen unbeabsichtigt in eine Haltung der Devotion mündet. Dieser Fall ist weitaus verbreiteter, als es die eigene Selbstgewissheit vermuten lässt.

Theodor W. Adorno gehört zu den Philosophen, die dieses Phänomen hellsichtig beschrieben haben. Was sich bei einer schleichenden Selbstaufgabe vollzieht, sind Prozesse der Anpassung, die später in Selbstverleugnung münden können. Hier darf man tatsächlich an Sartres Kellner denken, der sich seine Rolle aufzwingen lässt, also nicht wirklich Kellner sein möchte. Wie Adorno beschreibt, können wir eine Rolle zum Beispiel übernehmen, weil wir anderen gefallen wollen. Wir erhoffen uns, für übertriebene Anpassung belohnt zu werden. Adorno spricht vom »Lustgewinn, in der eigenen Schwäche auch ein Exemplar der Majorität zu sein«.[1] Im wohligen Gefühl der Zugehörigkeit wird dieser Akt der Anpassung paradoxerweise gar nicht als Selbstverformung erlebt. Er zielt nicht darauf, ähnlich wie der Insasse eines Sanatoriums »das Prestige des interessanten pathologischen Falls zu gewinnen, als vielmehr gerade vermöge jener

Defekte sich als dazugehörig auszuweisen und Macht und Größe des Kollektivs auf sich zu übertragen«.[2]

Wir kennen das schon aus dem Leben von Hermann Brochs Romanfigur August Esch. Es tut gut, überhaupt involviert zu sein. Offensichtlich aber kann dieses elementare soziale Bedürfnis derart große Macht entfalten, dass man bereit ist, die Frage nach eigenen Wünschen und Bedürfnissen völlig hintanzustellen. Hier beginnt die Verleugnung der eigenen Person, beginnt eine Form der Selbsterniedrigung, die in devotes Verhalten hineinführt. »Der Narzissmus, dem mit dem Zerfall des Ichs sein libidinöses Objekt entzogen ist«, schreibt Adorno, »wird ersetzt durch das masochistische Vergnügen, kein Ich mehr zu sein.«[3]

Solche Selbsterniedrigung setzt den Prozess der Selbstaufgabe in Gang. Die Bereitschaft zur Hingabe verwandelt sich in etwas Negatives. Sie wird zur Bereitschaft, sich selbst *abzuwerten*. Dabei verliert der Einzelne etwas Entscheidendes, nämlich die Freude an der eigenen Fähigkeit zur Hingabe. Adorno bezeichnet das nüchtern als »Regung«, die der eigenen Person eigentlich angehört, ihre eigene emotionale Beteiligung. An ihre Stelle trete ein trainiertes Verhalten, das einzig darauf ziele, das Gefallen anderer zu finden. Das »Individuum«, so Adorno, sei »kaum einer Regung mehr fähig, die es nicht als Beispiel dieser oder jener *öffentlich anerkannten* Konstellation benennen könnte«.[4] Die Freude darüber, sich in eine Sache einzubringen, macht der Erleichterung Platz, die Erwartungen anderer befriedigen zu können. Der devote Mensch identifiziert sich nicht mehr mit sich selbst, sondern mit dem, wovon er glaubt, dass es von ihm verlangt wird. »Solche *auswendig* übernommene [...] Identifizierung indessen schafft mit dem genuinen Bewusstsein der Regung schließlich auch diese selbst ab.«[5] Mit anderen Worten, die Anpassung an das Erwartete tötet die eigene Motivation. Das devote Verhalten ruiniert die Lebensfreude.

Ist diese Dynamik der Selbstabwertung von unserem Alltag wirklich so weit entfernt, wie es anfangs schien? Davon kann keine Rede sein. Häufig besteht gerade der Berufsalltag darin,

Aufgaben erledigen zu müssen, deren Zweck mit der eigenen »Regung«, einer inneren Beteiligung am Geleisteten, wenig oder nichts zu tun hat. Die eigene Teilhabe bleibt auf die dürre Einsicht beschränkt, dass die Arbeit nun einmal getan werden muss. Es handelt sich um einen Akt der Routine, der stumpfen Pflichterfüllung, einzig veranlasst durch die Aufgabe als solche oder den Arbeitgeber.

Das ist unproblematisch, solange solche Tätigkeiten nicht den größten Teil der eigenen Arbeit ausmachen. Kaum jemand wird bezweifeln, dass eine berufliche Aufgabe immer auch die Erledigung lästiger Pflichten einschließt. Wird jedoch die gesamte Tätigkeit als Ableistung solcher Pflichten empfunden, als Hingabe an die Routine, beginnt der Weg in die Demütigung. Auf Dauer ist es kaum erträglich, sich als Werkzeug solcher Routinen fühlen zu müssen. Darin hat der Wunsch nach einer Work-Life-Balance seinen Ursprung. Er zeigt, wie fest die Erfahrung verankert ist, vielen Arbeitsaufgaben keinerlei persönlichen Wert beimessen zu können. Der Sinn solcher Arbeit ist weitgehend darauf reduziert, die eigene Lebenszeit zu vergeuden. Insofern erscheint es folgerichtig, dafür mit einem ausreichenden Kontingent sinnvoll nutzbarer Zeit entschädigt werden zu wollen.

Die Folgen solcher Abstumpfung dürfte kaum ein anderer Schriftsteller eindrucksvoller beschrieben haben als der Niederländer J. J. Voskuil. Auf über fünftausend Seiten schildert er in seinem Roman *Das Büro*, wie sich die Beschäftigten eines Amsterdamer Instituts für Volkskunde jahrzehntelang gegenseitig auf die Nerven fallen.[6] Der Gegenstand ihrer zähen Konflikte ist nahezu bedeutungslos. Auf gespenstische Weise scheint nämlich niemand die Arbeit dieses unbedeutenden Instituts zu seiner eigenen Sache zu machen. Es handelt sich um das Musterbeispiel einer sinnentleerten Maschinerie. Alle machen mit, ohne allzu sehr zu reflektieren, weshalb sie mitmachen. Die volkskundlichen Forschungen erstrecken sich auf Fragen wie zum Beispiel jene, ob die Verbreitung des Glaubens an Wichtelmännchen eine Kulturgrenze markiert. Ohne die ketzerische Frage zu stellen, ob solche Forschungen sinnvoll sind, würde man den Beschäftigten des Instituts vermutlich unterstellen, dass sie eine Vorstellung davon haben, weshalb sie solchen Fragen nachgehen. In ihrem Alltag ist davon jedoch nichts zu spüren. Allenfalls offenbaren die Mitarbeiter persönliche Gründe, weshalb sie sich ihren freudlosen Aufgaben widmen: Opportunismus, die Freude an Intrigen oder ziemlich sinistre Machtgelüste. Offenkundig hat niemand ein tieferes, von der Sache geleitetes Interesse an seiner Aufgabe.

Der Held der fahlen Geschichte, der Abteilungsleiter Maarten Koning, legt ein riesiges Register volkskundlicher Begriffe an, scheint aber seine wissenschaftliche Tätigkeit für mehr oder minder sinnlos zu halten. Die vermeintliche Liberalität seiner Amtsführung wurzelt in der Überzeugung, dass es im Grunde gleichgültig ist, wohin sich seine Mitarbeiter auf den Streifzügen ihrer Wald- und Wiesenforschung verirren. Weil niemand für die Aufgaben des Instituts wirklich Verantwortung übernimmt, revanchieren sich viele der Angestellten mit gepflegten Gemeinheiten für die Vergeblichkeit, die es bedeutet, sich diesen Aufgaben zu widmen. Übellaunigkeit, quälende Diskussionen über belanglos erscheinende Fragen, immer wieder simulierte Krankheit und der querulatorische Widerstand selbst gegen geringfügige Sonderaufgaben verwandeln dieses Institut in eine Alltagshölle, deren Insassen um den Grund ihrer Hingabe nicht mehr wissen. In der routinierten Erledigung ihrer seltsamen Forschungen sind sie sich selbst weitgehend fremd geworden.

Dieser Effekt ist vielfach beschrieben worden. Er gilt heute als Sinnbild für den Horror der Arbeitswelt. Die Beschäftigten scheinen sich in ihrer Arbeit zu verlieren. Sie wissen nicht mehr, weshalb sie tun, was sie tun. Hannah Arendt hat in ihrem Werk über die *Vita activa* darauf hingewiesen, dass die »Herrschaft des Niemand«, die Massengesellschaft mit ihren Bürokratien und genormten Arbeitsvorgängen, geradezu optimale Voraussetzungen für dieses Berufsrisiko bietet.[7] Entstanden sei so der »Konformismus«, eine Gleichförmigkeit dessen, was alle tun, mit der fatalen Folge, sich die Ergebnisse der eigenen Arbeit nicht mehr zurechnen zu können.[8] Es ist nicht länger wichtig, was ich getan habe, wenn es eine andere Person an meiner Stelle genauso hätte tun können. Wir erleben uns in der modernen Massengesellschaft nicht mehr als *Handelnde*, folgert Arendt. An die Stelle des Handelns sei das »Sich-Verhalten« getreten, das die Gesellschaft »von allen ihren Gliedern erwartet und für welches sie zahllose Regeln vorschreibt, die alle darauf hinauslaufen, die Einzelnen gesellschaftlich zu normieren, sie gesellschaftsfähig zu machen und spontanes Handeln [...] zu verhindern«.[9]

Diese Gleichmacherei ist ein Grund zur kritischen Selbstbefragung. Denn was tun, wenn mein eigenes »Mich-Verhalten« auf eine solche Entmündigung hindeutet, wenn ich nicht mehr selbständig handele, sondern nur noch gesellschaftlich *funktioniere*, ich mich dabei ertappe, lediglich ein Rädchen im Getriebe zu sein? Hannah Arendt sieht in der Massengesellschaft die Gefahr angelegt, sich in diesem Sinne einer »Despotie« zu beugen, unter den gesellschaftlichen Zwang zu geraten, jederzeit normierte Erwartungen erfüllen zu müssen.[10] Aus der Sicht des Einzelnen lautet die Frage, an welchem Punkt sich die eigene Hingabe in die Bereitschaft verwandelt, sich in solche Abhängigkeit zu begeben. Wo liegt die gefährliche Bruchstelle zum devoten Verhalten? Wann wird der Prozess einer schleichenden Selbsterniedrigung unumkehrbar, wann aus dem Bedürfnis nach Mitwirkung und Teilhabe die Bereitschaft, sich bedingungslos unterzuordnen?

## 4.2 Am Rand der Selbstaufgabe

Niemand wünscht sich einen freudlosen Alltag. Wer möchte schon Aufgaben verrichten, die sinnlos erscheinen? Allein deshalb ist der graue Stumpfsinn aus dem Büro von J. J. Voskuil eine Schreckensvorstellung. Vielen Menschen ist ein solches Gefühl der Freudlosigkeit jedoch nicht unvertraut. Schließlich ist es beinahe unmöglich, eigene Verpflichtungen durchweg als sinnvoll zu erleben. Zum Alltag gehört immer auch der Unmut, sich grundlos involviert zu fühlen. Er äußert sich in der seufzend gestellten Frage, weshalb man seine Energie an Aufgaben verschwendet, von denen man nicht weiß, wozu sie einem eigentlich auferlegt wurden. Eine mögliche Folge ist das von Adorno beobachtete »masochistische Vergnügen«,[11] sich möglichst klein zu machen. Darin verbindet sich die Verärgerung über jene unsinnigen Aufgaben mit der Befriedigung, den Erwartungen der anderen dennoch gerecht geworden zu sein. Sich für den Stumpfsinn dieses Alltags nicht zu schade zu sein, ist insofern eine Tendenz zur Selbsterniedrigung, die sich aus dem Leben schlecht wegdenken lässt.

Devotes Verhalten jedoch ist von einer anderen Qualität. Dieser selbstzerstörerische Sprung ins Dunkle erfordert eine weitere Steigerung jener masochistischen Selbsterniedrigung. Schließlich geht es um die Bereitschaft, das eigene Leben vollständig einer Aufgabe oder einer anderen Person zu überschreiben. Paradoxerweise beginnt der Weg in solche Submission häufig mit der Erkenntnis, wie langweilig und freudlos die Formen der eigenen Involvierung geworden sind. Eine besondere Sensibilität meldet sich, ein Gespür für die Tristesse des eigenen Alltags, ein Erschauern über den Stillstand, der im eigenen Leben herrscht. Hier entsteht der Treibstoff für devotes Verhalten: Das Erschrecken über die Routinen der eigenen Hingabe erzeugt das Bedürfnis, an den tristen Verhältnissen etwas zu verändern. Ich möchte der Abstumpfung entgehen, die ich täglich spüre, möchte endlich wieder Freude an meiner Hingabe empfinden. Was hätte mir mein Leben sonst noch zu bieten? An solchen Fragen entfacht sich die fatale Neigung, die eigene Hingabe *steigern* zu wollen, den eigenen Lebenseinsatz zu *erhöhen*, in der Hoffnung, anstelle der Trübsal der Routinen bald wieder echte Beteiligung, echtes Dabeisein zu erleben.

Es kann nicht verwundern, dass diese extreme Form der Hingabe auch in die Geschichte von Geschlechterstereotypen hineinführt. In patriarchalen Verhältnissen sind es fast immer Frauen, von denen Devotion verlangt wird, rückhaltlose Hingebung, die in Selbstaufgabe, ja Selbstzerstörung mündet. Als D. H. Lawrence 1928 seinen Roman *Lady Chatterley's Lover* veröffentlichte, empörte sich die puritanische englische Gesellschaft darüber, wie offen der Autor die sexuelle Devotion der Lady Chatterley beschreibt. Die eigentliche Pointe des Romans trat dahinter weitgehend zurück: der Befund, dass eine gebildete Frau der höheren Schichten abseits von Repräsentation, Mutterschaft und Hauswirtschaft kaum Chancen hatte, eine gesellschaftliche Rolle zu übernehmen. Lawrence zeichnet Lady Chatterley als Getriebene, die auf absurde Weise eine Gefangene ihrer scheinbaren Privilegierung ist. Im Vergleich zum Alltag, den sie in Nottinghamshire auf dem Landsitz Wragby Hall ableistet, wirkt selbst der öde Bürobetrieb von J. J. Voskuil noch wie ein Vergnügen.

Der Gutsbesitz in Mittelengland ist von der Umgebung abgeschirmt. Kontakt zu den unteren Schichten, gar zu den Kohlearbeitern der Region, gilt als unschicklich. Der Ehemann von Lady Constance kehrt aus dem Ersten Weltkrieg als impotenter Krüppel zurück. Sein körperliches Unglück kompensiert er als schriftstellernder Dandy und schart einen Freundeskreis misogyner Männer um sich. Den abgehobenen Diskussionen dieser Runde muss Constance als dekoratives Ausstellungsstück beiwohnen. Der Kinderwunsch ihres Mannes mutiert zum Angebot einer geduldeten Promiskuität. Er wünscht sich einen Erben für den Besitz. Mit Zuwendung hat das nur noch wenig zu tun. »Sie fühlte sich schwach und so schrecklich allein«,[12] schreibt Lawrence über Lady Constance. »Sie wünschte, dass von außen irgendeine Hilfe kommen möge. Aber es gab keine Hilfe, in der ganzen Welt nicht.« In einer »schizophrenen« Gesellschaft, die von »Geld und sogenannter Liebe« als ihren »Manien« angetrieben wird, empfindet Constance eine »beziehungslose Anomalie«.[13] Sie selbst, ihr ganzes Leben, ist beziehungslos. Es gibt nichts, worauf sie ihre Hingabe richten kann, nicht einmal geringfügige Tätigkeiten, nicht die Ehe selbst, auch nicht eigene Kinder.

Diese ausweglos erscheinende Situation verschärft sich alsbald. Beinahe zwangsläufig ist es eine Affäre, in deren Folge Lady Constance sexuelle Submission als Ausweg für sich entdeckt. Weder liebt sie dabei ihren kalt berechnenden Verehrer, den Künstler Michaelis, noch versucht sie, sich mit seiner Hilfe aus der häuslichen Gefangenschaft zu befreien. Allenfalls gehört die Affäre zu den faulen Kompromissen, die sie einzugehen bereit ist, um sich dem Stumpfsinn ihrer Situation weiterhin anzupassen. Das Arrangement ist ihrer Frustration über die Distanz ihres Ehemanns ebenso geschuldet wie seinem pervertierten Kinderwunsch. Doch der sexuellen Begegnung folgt eine Verletzung, die anstelle der absehbaren Geschichte ehelicher Untreue und Verlogenheiten eine abgründige Entwicklung in Gang setzt. Die liberale und selbstbewusste Constance nämlich kommt zu dem Schluss, im feindseligen Dunstkreis von Wragby Hall in ihrer Weiblichkeit selbst zurückgewiesen zu werden. Verweigert wird ihr jede sinnvolle Betätigung – und das bedeutet: überhaupt jeder Lustgewinn. Man verlangt von ihr, regungslos dahinzuvegetieren. Diese Erkenntnis bestärkt sie in dem Glauben, echte Beteiligung nur durch eine Überwindung der erlebten Misogynie, durch eine Befriedigung ihrer sexuellen Bedürfnisse erlangen zu können. Sexuelle Devotion ist der *gesteigerte* Einsatz, mit dem sie auf ihre Lebenssituation reagieren zu müssen glaubt.

Diese Wendung resultiert aus einer bösartigen Demütigung. Michaelis treibt die soziale Kälte in den Bereich des Intimen. Der egozentrische Liebhaber, der mit dem Objekt seiner Begierde nach kurzer Betätigung fertig ist, ergeht sich gleich darauf in Beschwerden darüber, körperlich weit mehr als erforderlich in Anspruch genommen worden zu sein. »Du weißt ganz gut was ich meine««, lässt er Lady Constance wissen. »»Du bleibst noch stundenlang dabei, wenn ich schon da war [...], und ich muss die Zähne zusammenbeißen und stillhalten, bis du dich durch deine eigenen Anstrengungen so weit hast.««[14] Constance ist »überwältigt von diesem unerwarteten Ausbruch von Brutalität – in einem Augenblick, da sie voll unaussprechlicher Freude war und in einer Art Liebe zu ihm glühte«.[15] Ihre mehrfach wiederholte Frage, ob der Liebhaber nicht wolle, dass auch sie selbst zu ihrer Befriedigung komme, beantwortet Michaelis mit schwer fasslicher Feindseligkeit: »›Diese verdammten Weiber, sie sind alle so!‹ sagte er. ›Entweder sie kommen überhaupt nicht, als ob sie tot wären da drinnen – oder aber sie warten, bis man endgültig fertig ist, und fangen dann an, sich selber so weit zu bringen, und man muss stillhalten. Ich habe bisher noch nie eine Frau gehabt, die im selben Augenblick gekommen wäre wie ich.‹«[16]

Constance fehlen die Worte angesichts dieser »sensationellen maskulinen Information«.[17] Sie fühlt sich überwältigt, doch ebenso unschuldig, denn was macht ihr Michaelis zum Vorwurf? Worauf zielen seine Äußerungen, wenn nicht auf ihre weiblichen Bedürfnisse als solche? Wie ließe sich die Negierung ihrer Person, ihrer leiblichen Existenz, deutlicher bekräftigen? Nicht einmal im Liebesakt darf sie sich beteiligt fühlen, in der Mitwirkung an einem bescheidenen gemeinsamen Glück. Die Worte von Michaelis versetzen ihr deshalb »einen der entscheidenden Hiebe ihres Lebens. Sie töteten etwas in ihr.«[18] Lawrence nennt seine Protagonistin vertraulich Connie, wenn er diese schmerzlichen Momente beschreibt: »[Sie] war nicht so wild gewesen auf Michaelis; bevor er angefangen hatte, wollte sie ihn nicht. Ihr war, als hätte sie ihn nie unbedingt gewollt. Aber da er sie nun einmal entfacht hatte, schien es ihr nur selbstverständlich, dass sie durch ihn auch zu ihrer Erfüllung kam.«[19]

Die unglückliche Affäre und ihr demütigendes Ende werden für Connie zu einem Schlüsselerlebnis. Sie ist überzeugt, den tieferen Grund der »Manien« gefunden zu haben, als deren Objekt sie sich sieht. »Geld und sogenannte Liebe«[20] sind der Treibstoff einer maskulinen Sexualität. Es sind männliche Machtimpulse, die der kasernierten Frau eine Teilhabe am Leben unmöglich machen. Nüchtern bilanziert sie ihre Beobachtungen: »Die Männer waren sehr nett zu ihrer Person, aber ziemlich grausam zum Weiblichen in ihr, verachteten es oder ignorierten es einfach.«[21] Michaelis ist es, der das »Kartenhaus« von Liebe und Gemeinschaft endgültig zusammenstürzen lässt. »Ihr gesamtes sexuelles Empfinden für ihn oder irgendeinen anderen Mann brach in dieser Nacht zusammen«, schreibt D. H. Lawrence. »Ihr Leben sonderte sich von dem seinen ab, als hätte es ihn niemals gegeben.«[22]

Die Vereinsamung von Lady Constance verengt sich zu einem Problem, das einzig sexueller Natur zu sein scheint. Wenn sie, die gedemütigte Frau, wirklich leben, wenn sie am Leben teilhaben will, muss sie ihre sexuelle Absonderung von der Welt überwinden, muss sie die Schranke durchbrechen, die der misogyne Mann vor ihr aufgerichtet hat. Solange dieser dominante Gegner ihre Natur negiert, bleibt sie hilflos und unbeteiligt. Sie wird erst ins Leben zurückfinden, wenn sie die Phalanx der männlichen Verneinung durchbricht, sich in ihrer Weiblichkeit behauptet und ihre sexuellen Bedürfnisse befriedigen kann. Von dieser Überzeugung wird Connie jetzt geleitet. Sie unterwirft sich ihr wie einem Zwang. Sie *muss* es tun, muss sich auf diese Herausforderung einlassen. Sie kann nicht weiterexistieren, wenn sie diesen Knoten nicht löst. Hier liegt der Schlüssel zum devoten Verhalten. Connie macht sexuelle Hingabe zum Zentrum ihres Lebens: »[W]enn sie sich zurückhielt, bei sich selbst blieb, dann war es *nichts*.« Und umgekehrt: »[S]ie wusste, wenn sie sich dem Mann hingab, dann war es *Wirklichkeit*.«[23] Nur rückhaltlose Hingabe verschafft Connie das Gefühl von Wirklichkeit, von Beteiligung. Sie *steigert* ihren Lebenseinsatz, ist bereit, sich ihrer eigenen Person zu entäußern und eins zu werden mit ihrer selbstgesetzten Herausforderung.

D. H. Lawrence deutet früh an, wohin diese Selbstentäußerung führen wird: in den Kontrollverlust. Schon bald beschleicht Connie das Gefühl, in ihrem Leben nicht mehr selbst Regie zu führen, sondern gelenkt zu werden, womöglich von einer ewig existierenden Natur oder einer anderen obskuren Kraft. »Sie war alt; Millionen Jahre alt, so schien es ihr.«[24] Bilder ihrer eigenen

Persönlichkeit beginnen zu verblassen. Sie gewinnt den Eindruck, sie selbst höre auf zu existieren. Wenn sich Zweifel oder Ängste melden, sind dies eher lästige Signale, Impulse einer Persönlichkeit, die sie als Bürde zu empfinden beginnt. »Und endlich vermochte sie *die Bürde ihrer selbst* nicht länger zu tragen.«[25] Devotion bestimmt ihr Handeln: Leben und Aufgabe beginnen identisch zu werden. Für Connie sind sie wahllos: »Sie war da, um genommen zu werden. Da für den, der sie nahm.«[26]

## 4.3 Nicht mehr existieren wollen

Zu den beliebten Verirrungen im Labyrinth der Moderne gehört die Naivität, mit der Rausch oder Obsession zu gesteigerten Formen des Daseins verklärt werden. Es ist der Glaube an den Extremzustand als solchen. Man erreicht eine Bewusstseinsebene, auf der das *echte* Leben *unmittelbar* zu beginnen scheint. Eine trügerische Verheißung. Denn indem der devote Mensch mit dem Gegenstand seiner Hingabe eins wird, steigert er nicht sein Leben, sondern übereignet sich an das Geschehen. Dieser Zustand bleibt episodisch. Schon der erste Versuch, sich das Erlebte reflexiv vor Augen zu führen, bedeutet, sich der neuerlichen Trennung bewusst zu werden. So führt der Weg zurück in die Ernüchterung. Man erwacht in der Leere der eigenen Existenz, wo sich das Bedürfnis meldet, möglichst schnell in die devote Unterordnung zurückkehren zu können.

Deutlich zeigt sich das in den Zwängen, die sich Lady Constance auferlegt. Ihre Bereitschaft zur Devotion mündet in der Preisgabe ihrer Person. Zwar fühlt sie sich wieder beteiligt. Sie glaubt, in der sexuellen Obsession einen Ersatz für die Gemeinschaft zu finden, die in ihrem sterilen Zuhause verlorengegangen ist. Was sie in der Affäre mit dem Waldhüter Oliver Mellors erlebt, ist totales Dabeisein, totale Verbindung im gemeinsamen Rausch. Diese Verbindung ist jedoch nur möglich, weil Connie die »Bürde« ihrer Selbständigkeit ablegt und sich dem Geschehen überlässt. Sie wird willenlos, ist nur beteiligt, solange sie ihre Beteiligung nicht reflektiert. In der Devotion kollabiert der Innenraum ihrer Persönlichkeit. Als devote Frau findet sie nichts mehr, was ihr Distanz vom Objekt ihrer Devotion verschafft.

Hinter dieser Feststellung verbirgt sich kein moralischer Appell, obsessive Neigungen zu unterdrücken. Rauscherfahrungen bedeuten nicht zwangsläufig den Verlust der Persönlichkeit. Doch das devote Verhalten offenbart eine Bedingungslosigkeit, mit der die Sache zur eigenen Sache gemacht wird – und die eigene Person zum Spielball der Geschehnisse. Devotion entsteht, wenn es zur Hingabe keine Alternative mehr zu geben scheint, Hingabe zur Getriebenheit wird. Darin ist die sexuelle Obsession vergleichbar mit jedem anderen Suchtverhalten, das sich aus eigenem Antrieb nicht mehr korrigieren lässt, aber auch mit Formen eines kollektiven Furors. In Panik oder Wut, auf der Flucht und in Kampfhandlungen können sich ganze Menschengruppen in blind agierende Mobs verwandeln.

Dieses Phänomen beschreibt Elias Canetti in seinem berühmten Buch über *Masse und Macht*.[27] Die Beteiligten folgen nicht länger persönlichen Vorsätzen, lassen sich reflexionslos mitreißen vom Sog der Geschehnisse, von einer unklaren Absicht, einem unklaren Ziel. Oft kann später niemand mehr sagen, wie es zu den Geschehnissen überhaupt gekommen ist. Das anschaulichste Beispiel ist die Verrohung kämpfender Verbände im Krieg. Unentwegte Todesangst erzeugt eine Gleichschaltung in dem Vorsatz, jederzeit zu töten, bevor man selbst getötet wird. »Ich hatt' einen Kameraden, einen bess'ren findst du nicht«: Diese von Kriegsheimkehrern sentimental besungene Waffenbrüderschaft verweist auf kollektive Devotion. Man teilt das Schicksal, bedingungslos aufeinander angewiesen zu sein, blind füreinander töten zu müssen, vereint in der Ohnmacht, dieser Situation nicht entkommen zu können. Jenseits des Schlachtfelds ist der edle Kamerad von einst ein Mensch wie du und ich, fehlerhaft und egoistisch, launenhaft und unzuverlässig. Zum unvergleichlichen Gefährten wird er einzig in jener ausweglosen Situation des Kampfes, in der keiner ohne den anderen überleben kann.

Devotion ist nicht notwendigerweise mit solchen Erlebnissen verbunden. Charakteristisch jedoch ist das Klebrige ihrer Verbindung. Ohne den Zwang, sich unterzuordnen, fällt die devote Persönlichkeit ins Nichts. Mit dem Inhalt ihrer Hingabe verschwindet auch ihr Lebensinhalt. Solche Kameradschaft ist es, die Lady Chatterley an Oliver Mellors fesselt. Sie kann sich nicht mehr von ihm lösen. Dabei verbindet ihn und sie eigentlich nichts, abgesehen davon, dass er gesellschaftlich ebenso isoliert ist wie sie selbst. Auch er ist einer der gebrochenen Kriegsrückkehrer, ist zugleich vor seiner Ehefrau geflohen. Vollkommen einsam lebt er in einem Haus tief im Wald, hasst Institutionen, Behörden wie amtliche Vorgänge, lebt im Bewusstsein einer untergehenden Welt.

Für Lady Constance bleibt dieser Liebhaber nahezu ungreifbar. »Seine Abkapselung gegen die Außenwelt war vollständig; seine letzte Zuflucht war dieser Wald. Sich hier verbergen!«[28] Im Aufkeimen ihrer Beziehung wittert er sogar die Gefahr einer realen Verbindung. Er hasst Küsse auf den Mund.[29] Aber auch Lady Constance sucht nicht eigentlich einen Freund oder eine Partnerschaft. In der devoten Beziehung zu Mellors fühlt sie sich vor allem befreit von der Verantwortung für sich selbst.[30] In der Verbindung zu ihm beginnt ihre Existenz zu verschwimmen. Beide werden sie durch ihre Devotion von den Bürden ihres Lebens entlastet. Vereint sind sie ausschließlich in dem obsessiv ausgelebten Bedürfnis ihrer sexuellen Befriedigung.

Aus diesem Grund ist Devotion etwas anderes als der gelegentliche Exzess. Denn sie zerstört das Verhältnis der Person zu sich selbst. Lady Constance kehrt nicht ins Leben zurück, verteidigt nicht ihre weibliche Autonomie gegen eine feindselige maskuline Welt. Im Gegenteil, sie büßt ihre Selbstbestimmung noch weiter ein – und bemerkt das auch. Dennoch gelingt es ihr nicht, diesem offensichtlichen Widerspruch zu entkommen. »Vielleicht war es besser so«, räsoniert sie über die Anziehung, die

Oliver Mellors auf sie ausübt: »Er hatte das Weibliche in ihr an-gerührt, und das hatte noch kein Mann getan.«[31] Doch was »bes-ser« zu sein scheint, weckt zugleich ihre Angst vor der Selbstaus-löschung. »Sie betrachtete sein Gesicht«, schreibt D. H. Lawren-ce, »und die Leidenschaft für ihn regte sich in ihren Eingeweiden. Sie stemmte sich dagegen, sosehr sie konnte, denn es bedeutete den Verlust ihres Selbst.«[32]

Lady Constance erkennt, dass sie dabei ist, sich selbst aufzu-geben. Zugleich verbirgt sich darin jedoch unverhohlene Sehn-sucht. Es ist ja ihr Wunsch, sich aufzugeben, sich von den Fesseln ihrer Existenz loszureißen. Sie bezeichnet ihre Leidenschaft für Mellors als »verlangende Anbetung«.[33] Deutlicher lässt sich De-votion kaum zum Ausdruck bringen. Dabei fürchtet sich Connie durchaus davor, sich dem Geliebten zu unterwerfen, »denn wenn sie ihn zu sehr anbetete, würde sie sich verlieren, ausge-löscht werden, und sie wollte nicht ausgelöscht werden, wollte nicht Sklavin werden, wie eine Wilde. Sie durfte nicht zur Skla-vin werden.«[34] Sie hat also »Angst vor ihrer demütigen Hinga-be«[35]. Doch diesem Aufschrei folgt ein Eingeständnis, das umso entwaffnender wirkt. Trotz allem, so bemerkt D. H. Lawrence, »war sie nicht bereit, jetzt dagegen zu kämpfen«. Sie unterdrückt den »teuflischen Eigenwillen in sich, der die volle, weiche, drän-gende Hingabe ihres Schoßes hätte zunichte machen können«.

Solche Gedanken sprechen nicht dafür, die eigene Selbstbe-stimmung verteidigen zu wollen. Und Connie wehrt sich auch nicht länger. In einem ekstatischen Ausbruch offenbart sie, wie sehr sie ihre Existenz bereits nach außen umgestülpt hat. Für sie ist »verlangende Anbetung«[36] die einzig erstrebenswerte Form, am Leben teilzuhaben. »Leidenschaftlich zu sein wie eine Bac-chantin«, das wünscht sie sich, »nymphengleich durch die Wäl-der zu fliehen und Iacchos anzurufen, den strahlenden Phallus, der keiner unabhängigen Persönlichkeit gehörte, sondern ein reiner Gottesdienst für die Frau war!«[37] Zugleich bleibt diese An-rufung nicht ohne Folgen für den Geliebten, denn in die Obses-sion seiner Partnerin muss er sich notgedrungen fügen. Auch er verliert seine Unabhängigkeit, sinkt herab zum Funktionsträger, dazu ausersehen, den Gottesdienst für die umherstreifende Bacchantin zu besorgen. »Der Mann, das Individuum – dass er es nicht wage, sich einzudrängen! Er war nur ein Tempeldiener, der Träger und Hüter des leuchtenden Phallus, ihres Eigentums.«[38]

Der Kreis der Devotion ist damit geschlossen. Er vereint eine Dienerin und einen Diener zum gemeinsamen Dienst. Beide scheinen nur noch für diesen Dienst zu existieren. Und es wird deutlich, dass Lady Constance dieses Abgleiten zu genießen beginnt: »[I]hr Reichtum war die Hingabe«, heißt es wenig später. »Sie war so unauslotbar, so weich, so tief, so unbekannt. Nein, nein, sie würde ihre starre, helle, weibliche Macht aufgeben; sie war ihrer müde, verhärtet durch sie, sie würde in das neue Bad des Lebens eintauchen, in die Tiefen ihres Schoßes, ihrer Eingeweide, die das stimmlose Lied ihrer Anbetung sangen.«[39] Diesem Sog hat die übrige Welt nicht mehr viel entgegenzusetzen. Die verhängnisvolle Illusion entsteht, im geschlossenen Kreis der eigenen Devotion sei eine ganz neue Welt entstanden, ein heimliches Reich, in dem außer der eigenen Obsession und deren Befriedigung nichts mehr von Bedeutung ist.

Diese Selbsttäuschung hat große suggestive Kraft. In ihrer Radikalität gleicht sie dem Irrtum des Ego-Shooters, der sicher ist, die Vorkommnisse seines Lebens seien einzig auf ihn selbst bezogen oder durch ihn veranlasst. Hier ist es nun umgekehrt: Die devote Persönlichkeit glaubt, nichts aus sich selbst zu bewirken. Sie ist überzeugt davon, dass sie sich aufgeben muss, um in das eigentliche Leben hineinzufinden. Was sie für ihre Unterordnung erhält, ist dabei einzig jener Kreis von Tätigkeiten, den sie durch ihr fiebriges Bemühen, dienstbar zu sein, in Gang gesetzt hat. Außerhalb dieser selbstgeschaffenen Sphäre ist sie hilflos, findet ihr Vorsatz, sich hingeben zu wollen, keine Resonanz. Eine Welt, in der sie nicht devot sein, sich nicht unterordnen, sich verlieren darf, ist eine farblose, deprimierende Welt.

Diese traurige Erfahrung macht der Genusssüchtige, der aus seinem Rausch erwacht. Ebenso macht sie der Soldat, der aus

dem Chaos des Krieges und den Tagen glorifizierter Kameradschaft in sein langweiliges Leben zurückkehrt. Und auch Lady
Chatterley macht diese Erfahrung, als ihre Affäre schließlich auf-
fliegt, als sie schwanger ist und vor der Herausforderung steht,
unter den jäh veränderten Bedingungen ihr Auskommen abzu-
sichern. Es ist das böse Erwachen aus dem Traum der Selbstaufgabe, aus dem Rausch der Bacchantin. Connie erkennt auf einmal, wie trügerisch die Vorstellung gewesen ist, im Kreis ihrer
Hingabe eine neue Welt entdeckt zu haben. Dieser Kreis hat
nicht nur keine Welt erzeugt, um darin existieren zu können, er
hat ihr auch den Blick darauf versperrt, wie vielfältig ihre Existenz noch immer mit der Welt verbunden ist.

Blind waren Mellors und sie einander hingegeben. Doch die
Fäden ihres Lebens greifen über dieses exklusive Verhältnis hinaus. Devotion genügt nicht, um vereint bleiben zu können. Diese Illusion zerplatzt im Licht des erwachenden Tages, in der Welt
mit ihren sozialen Verknüpfungen. Auf einmal muss eine Kette
komplizierter Arrangements in Kraft treten, damit Connie und
Mellors ihre Beziehung aufrechterhalten können. Dem Wildhü-
ter bleibt nichts anderes übrig, als die juristische Scheidung von
seiner Frau zu betreiben, die ziemlich robust auf ihre Existenz-
sicherung bedacht ist. Von Lady Constance muss er sich mindestens ein halbes Jahr fernhalten. Sie selbst darf seine Vaterschaft
nicht offenbaren, um einen Skandal im Ort zu vermeiden. Am
Ende ist sie sogar gezwungen, sich eine Affäre andichten zu lassen, die als standesgemäßer gelten kann als die Verbindung zu
einem Waldarbeiter. Der Alibi-Vater, ein undurchsichtiger Ma-
ler, verlangt von ihr als Gegenleistung, sich ihm als Modell zur
Verfügung zu stellen.[40] Ihr Mann schließlich verwandelt sich in
ein beleidigtes Kind. Es erscheint fraglich, ob er einer Scheidung
überhaupt zustimmen wird.

Zweifellos sind das Verwicklungen, die für die prüde Gesellschaft des viktorianischen Zeitalters charakteristisch waren.
Kaum jemand wird heute erwarten, infolge einer Affäre vor ver-
gleichbare Probleme gestellt zu werden. Gleichwohl sind die

Nöte von Lady Constance mehr als ein gesellschaftlich bedingter Unglücksfall. Exemplarisch zeigt sich darin der hohe Preis, den die devote Persönlichkeit für ihre Unterordnung bezahlt. Statt in der Welt wieder zu Hause zu sein, anstelle toter Routine wieder echte Beteiligung zu erleben, fühlt sich Connie nämlich nun noch fremder als zuvor. Sie erkennt, dass ihr Rausch der Unterordnung nur das Truggebilde einer neuen Welt, nur den Schein echter Beteiligung erzeugt hat.

Die trüben Aussichten, die der Roman am Ende entfaltet, sind Ausdruck all jener Zwänge und Begrenzungen, die sie in ihrem Rausch überwunden zu haben glaubte. Wenig überraschend haben sie Letzteren überdauert. Wie in einem bösen Erwachen sieht Connie die Welt nun vor sich, der sie auch durch rückhaltlose Hingebung nicht nähergekommen ist. Umso größer ist ihr Erschrecken, wächst ihr Gefühl der Entfremdung, als ihr während einer längeren Reise das Ausmaß ihrer Illusionen bewusst wird. »Oh, Paris war traurig«, heißt es in einer Spiegelung ihrer Empfindungen, als sie die neuerliche Erstarrung ihres Lebens bemerkt. »Eine der traurigsten Städte: müde seiner nur noch mechanischen Sinnlichkeit, müde der angespannten Jagd nach dem Geld, Geld, Geld, müde sogar des Verdrusses und der Eitelkeit, einfach müde auf den Tod, oder immer noch nicht genügend amerikanisiert oder londonisiert, um die Müdigkeit unter einem mechanischen Getändel zu verbergen.«[41] Ihre neue Frustration überträgt Lady Constance auf alles, wovon sie umgeben ist. Das Ergebnis könnte nicht deprimierender sein: »Connie ertappte sich dabei, dass sie *ängstlich zurückschreckte vor der Welt.*«[42]

So endet das Abenteuer rückhaltloser Hingabe: Statt sich in die Welt hineinzuwerfen, sie neu für sich zu gewinnen, wächst die Enttäuschung. Connies Verzicht auf den eigenen Willen, der Verzicht auf ihr Selbstwertgefühl, bleibt unbelohnt. Sie hat nichts für sich erreicht, hat sich das Leben nicht neu erschlossen, nichts hinzugewonnen. Sie weiß noch weniger, wohin sie gehört, fühlt sich noch weiter von anderen entfernt. Ihre Devotion hat sie in jene Ausgangssituation der Einsamkeit zurückgeworfen, aus der sie sich hatte befreien wollen. Ähnlich wie der Ego-Shooter steht auch Lady Constance am Ende vor der düsteren Frage, ob sie nicht vollkommen einsam, ganz auf sich selbst gestellt ist. Anders als ihr selbstgewisser Antipode jedoch stellt sie sich diese Frage aus dem Gefühl eigener Ohnmacht. Sie hatte sich gewünscht, an der Welt beteiligt zu sein, doch ihr Leben ist an dieser Welt zerbrochen.

Damit scheitert auch die letzte Extremposition im Verhältnis zwischen Selbstbehauptung und Hingabe. Denn es hat wenig Sinn, sich in einer Aufgabe völlig verlieren, sich zu ihrem devoten Werkzeug machen und damit letztlich zerstören zu wollen. Auch die anderen betrachteten Positionen haben sich als einseitig erwiesen. Keine führt uns einem erfüllten Leben näher. Der Ego-Shooter bemerkt nicht, dass er blind durch die Welt stolpert, begreift nicht, dass er, um sein zu können, was er sein will, auf andere angewiesen ist. Die Vorstellung, für sich selbst zu existieren, ist eine freudlose Illusion. Die devote Persönlichkeit dagegen verfällt in das andere Extrem. Mit ihrer bedingungslosen Hingabe macht sie sich zum Anhängsel ihrer Welt. Zwar ist sie noch da, doch was hilft das, wenn sie selbst sich in ihrem Leben keine Geltung, keine persönliche Befriedigung verschaffen kann? Ist das nicht so, als ob sie überhaupt nicht da wäre? In ihrer Devotion droht sie, sich in Luft aufzulösen.

An diesem Problem scheitert auch jede Form des Aktionismus, die Beteiligung um der bloßen Beteiligung willen. Denn wie sollte mich mein eigenes Leben erfüllen, wenn es lediglich dazu dient, eine Ordnung zu errichten oder zu deren Erhalt beizutragen, eine Aufgabe zu erledigen, einzig weil sie erledigt werden muss? Was bedeuten solche Leistungen, wenn die Dinge, zu deren Gelingen ich beitrage, mich selbst nicht berühren, mein persönliches Verdienst niemanden interessiert, ich nicht genießen kann, was ich beigetragen habe? Auch diese Form der Hingabe hinterlässt eine entkernte Existenz, deren Befriedigung bloß darin besteht, dazuzugehören, mitzumachen, zum Erhalt irgendeiner Ordnung einen Beitrag zu leisten. Ebenso wenig befriedigt es, die eigenen Wünsche immer nur einzuklagen, die Gesellschaft darauf hinzuweisen, dass sie der eigenen Person die Beachtung ihrer Existenz schuldig sei. Solange man nicht bereit ist mitzumachen, sich zu einem Teil der Welt zu machen, wird das, was man gerne sein möchte, mit dem eigenen Leben nicht zur Deckung kommen.

Selbstbehauptung und Hingabe taugen daher nicht als Extreme. Weder lässt sich das Leben ausschließlich mit dem Willen zur Selbstbehauptung bestreiten, noch ist es sinnvoll, sich für jede beliebige Aufgabe hinzugeben. Erforderlich ist ein genaueres Bild der eigenen Persönlichkeit. Sie nämlich hat *zwei* Seiten: eine öffentliche Seite, die von mir Beteiligung und Hingabe verlangt, um eine Lebensaufgabe zu finden. Und eine innere Seite, mich für diese Aufgabe frei entscheiden zu wollen. Beides gehört zu mir selbst. Nur indem ich beiden Seiten gleichermaßen Beachtung schenke, lassen sich Selbstbehauptung und Hingabe in eine Balance bringen. Darin besteht der eigentliche Schlüssel zu einem erfüllten Leben.

# 5. Hannah Arendt und die Tiefe der Persönlichkeit

## 5.1 Selbstvergessene Moderne

Woher kommt die Lust am Extrem? Woher die radikalen Ideen für die eigene Lebensplanung? Wie wir gesehen haben, gibt es viele solcher Entwürfe. Ihre Ergebnisse können jedoch nicht überzeugen. Zwar wirkte die Vorstellung anfangs verlockend, den eigenen Lebensentwurf einzig aus sich selbst hervorzubringen. Schnell jedoch haben sich diese Versuche als illusorisch erwiesen. Nicht anders steht es um den Gedanken, das eigene Leben ganz der Erledigung einer Aufgabe oder der Erfüllung einer Pflicht zu widmen. In seiner Einseitigkeit ist das mehr als deprimierend. Und doch sind solche Entwürfe weit verbreitet. In der Moderne zeigt sich beides in unversöhnlichem Gegensatz, der radikale Existenzialismus ebenso wie das süße Gift der Devotion. Das wirkt erstaunlich, gerade weil sich diese Konzepte gegenseitig ausschließen. Auf der Suche nach einer Balance zwischen Selbstbehauptung und Hingabe stellt sich deshalb vor allem die Frage, wie es zu diesem unversöhnlichen Gegensatz eigentlich kommt. Weshalb ist es so schwierig, jene Balance zu finden? Warum erscheinen extreme Positionen so attraktiv? Warum wirken sie reizvoller, als eine unspektakuläre Position der Mitte einzunehmen?

Eine Erklärung dieses Phänomens führt tiefer in die Geschichte der Moderne. Denn letztlich sind die erbitterten Konflikte um Selbstbehauptung und Hingabe das Ergebnis einer Bequemlichkeit, Ausdruck dafür, wie sehr wir uns an die moderne Lebensausstattung gewöhnt haben. Es erscheint uns selbstverständlich, das eigene Leben als unabhängige Person steuern, es in die gewünschte Richtung lenken zu können. Anderes als der Wunsch nach solcher Autonomie wirkt kaum noch vorstellbar.

Was sollten wir anderes tun, als auf dieses Selbstbild größten Wert zu legen?

Die Schwierigkeit solcher Erwartungen besteht in der Beiläufigkeit, mit der sie vorgebracht werden. Eine allzu große Selbstgewissheit schwingt darin mit. Denn es ist eben nicht selbstverständlich, die eigene Autonomie *voraussetzen* zu können. Sie ist keine Eigenschaft, ist nicht naturgegeben. Doch genau diese Vorstellung wabert als vermeintliche Gewissheit durch die moderne Weltanschauung: Die eigene Person scheint einem Behälter zu gleichen, in dem sich auf rätselhafte Weise bereits ein fertiger Wille befindet.

Dieses Bild reicht zurück bis zu dem berühmten »cogito ergo sum« von René Descartes. Man beginnt zu glauben, dieses »Ich denke« sei eine autonome Instanz, die vor allem eines auszeichnet: dass sie *bereits da* ist.[1] Irgendwo im Kopf oder Gehirn hat sie ihren Sitz, residiert dort wie im eigenen Wohnzimmer, blickt hellwach auf das Leben und hat bereits irgendwelche Pläne, einen Plot, irgendein Drehbuch fertig in der Schublade. In den Kapiteln über das Ego-Shooting und die Sucht nach Anerkennung sind uns solche Vorstellungen bereits begegnet. Sie scheinen keiner weiteren Erklärung zu bedürfen. Es wirkt gleichgültig, was in der Welt da draußen vor sich geht. Denn was auch immer dort geschieht: Das denkende Ich, die Leitstelle im Kopf, weiß längst, was es will. Es scheint unabhängig zu sein, garantiert eine Autonomie, über die wir scheinbar *an sich* verfügen.

Was sich an solchen Bildern ablesen lässt, ist der Effekt einer langen Gewöhnung. Es wirkt, als sei das denkende Ich eine Naturgegebenheit, wie der pulsierende Kern im dicken Mantel der Persönlichkeit. Es scheint selbstverständlich, auf diese Grundausstattung zugreifen und mit ihr das Leben in Angriff nehmen zu können. Die Probleme entstehen demnach erst später, nämlich dort, wo die Pläne dieser autonomen Instanz unvermittelt mit der Umwelt zusammenstoßen. Typisch für diese Vorstellung ist, wie Kafka in seinem Roman *Das Schloss* den Landvermesser K. auftreten lässt. Auch der hat längst einen Plan von seinem Leben, eine Mission, mit der er zu seinen Taten aufbricht. Er weiß, weshalb er zum Schloss gekommen ist, und scheint einzig deshalb in Schwierigkeiten zu geraten, weil von seinem Auftrag, das Land zu vermessen, niemand anderer weiß. Undurchsichtige Beamte bauen immer neue Hindernisse vor ihm auf. Die Bürokratien und Hierarchien im Schloss hindern ihn mit ihren rätselhaften Prozeduren und Formalitäten an der Ausführung seiner Pläne. Der moderne Mensch, so der Eindruck, verzweifelt vor allem an seiner Welt, an der Aussicht, seine Pläne in dieser Welt nicht verwirklichen zu können. Einzig an ihren mannigfaltigen Widerständen droht er zu scheitern. Seine Autonomie dagegen scheint unzweifelhaft.

Diese vermeintliche Gewissheit macht es so schwer, die Bereitschaft zur Hingabe auszubalancieren. Sie stellt uns nämlich vor eine *falsche Alternative*. Entweder bestärkt sie uns in dem Glauben, das eigene Leben ganz aus jenem Innenraum führen zu können, in dem das denkende Ich voraussetzungslos schaltet und waltet. Wie Kafkas Landvermesser sind wir überzeugt davon, die Voraussetzungen für ein selbständiges Leben fertig im Kopf zu haben. Wir marschieren mit der geschwellten Brust dieses Selbstbewusstseins in die Welt und geraten in die Illusionen des Ego-Shootings und die Irrtümer des Existenzialismus.

Oder wir verfallen auf das gegenteilige Extrem: Wir bilden uns ein, dieses innere Gehäuse der eigenen Autonomie *verlassen* zu müssen. Wie nämlich, so könnte man fragen, ist echte Beteiligung am Leben möglich, wenn meine Gedanken immer nur um meine eigenen Belange kreisen, um meine begrenzten Pläne? Mache ich mich damit nicht zum Gefangenen meiner eigenen Kleingeistigkeit? Scheint Hingabe nicht zu verlangen, mich selbst aufzugeben, alles loszulassen, was lediglich eigene Absicht, eigenes Ziel ist? Hingabe, so der fatale Eindruck, könnte ein Stemmeisen sein, um die vermeintliche Kapsel im eigenen Inneren aufzubrechen und aus dem Gefängnis der Rationalität zu entkommen, in dem jeder nur auf sich selbst und seinen Vorteil bedacht scheint – ein Gedanke, der die Bereitschaft zur Hingabe auf einmal im warmen Licht des Edelmuts erstrahlen lässt. Kann es schließlich so verkehrt sein, sich an die Welt zu *verschwenden*, ein sanfter Ritter der Hingabe zu sein, eine aufopferungsvolle Dienerin höherer Zwecke? Ist das nicht sehr viel besser, sehr viel nobler, als im »denkenden Ich« und den Egoismen des eigenen Lebens gefangen zu bleiben?[2]

Skizziert wird hier nicht nur eine falsche Alternative. Deren Ergebnis sind leider auch falsche Antworten. Hier befindet sich die Weggabelung, die auf die Irrwege des modernen Lebens führt. Sie ruft den fatalen Eindruck hervor, sich für eines der beiden Extreme entscheiden zu müssen. Meine Wahlmöglichkeit besteht scheinbar einzig darin, mich entweder in mir selbst zu verkapseln, als allmächtiger Arrangeur meines Lebens, oder mich vollständig aufzugeben und anderen die Kontrolle zu überlassen. Beides beruht auf der falschen Voraussetzung, die in der Moderne entstanden ist: eben jenem Glauben an eine Persönlichkeitskapsel, in der meine Autonomie fertig angelegt ist. Letztlich handelt es sich um eine vereinfachte Vorstellung von dem, was »cogito ergo sum« bedeutet. Denn wir nähern uns der Welt nicht mit fertig formulierten Sätzen der Art »Ich will dies …« oder »Ich will das …«. Eine Box mit solchen vorinstallierten Absichten existiert ebenso wenig wie die Notwendigkeit, aus diesem Käfig auszubrechen und sich in bedingungsloser Hingabe an die Welt zu verschwenden.

Es ist eine falsche Alternative, die nach falschen Bekenntnissen verlangt: *Ja* oder *Nein* zum Denkmotor im eigenen Kopf zu sagen, sich *für* ihn oder *gegen* ihn zu entscheiden. Entweder halte ich zu jenem Ich oder ich lasse dieses Konstrukt wie eine zu eng gewordene Behausung hinter mir und gebe es auf für eine externe Mission, die ich für größer und wichtiger halte als mich selbst. Dieses falsche Dilemma steckt hinter den modernen Nöten. Immer wieder treibt es uns in die Extreme und verlangt nach radikalen Lebensentwürfen. Möglichkeit Nummer eins: Wir halten uns stur an das, was die Kommandozentrale beschlossen hat, gehen den Weg der Selbstverwirklichung mit ihrer egoistischen Beschränktheit. Möglichkeit Nummer zwei: Wir betätigen in dieser Zentrale den Aus-Knopf und stellen uns edelmütig in den Dienst einer großen Sache.

In Wirklichkeit ist weder das eine noch das andere erforderlich. Die Lust am Extrem ist lediglich das Produkt einer selbstfabrizierten Getriebenheit. Sie resultiert aus der Selbstverständlichkeit, mit der wir an jene fertige Kommandozentrale glauben. Sie ist ein moderner Mythos. Die moderne Selbstvergessenheit führt dazu, dieses Bild nicht mehr in Frage zu stellen, Autonomie für möglich zu halten, unabhängig von dem, was uns umgibt. Auf diese Weise wird ausgeblendet, dass sich die eigene Person von ihrer sozialen Umgebung gar nicht trennen lässt. Ihr fehlt sonst ein unentbehrliches Element für ihre Selbstbestimmung – eben jene Fähigkeit, Gegenstände ihres Wollens überhaupt zu identifizieren, Interessen zu definieren, Lebensaufgaben zu wählen. Ich brauche eine Welt, auf die ich mich beziehen, auf die ich mich einlassen kann. Nur so werde ich eine Vorstellung davon entwickeln, wovon mein Leben handeln könnte. Nur so finde ich den Weg aus dem falschen Dilemma, mich *entweder* für meine Selbstbehauptung *oder* eine rückhaltlose Form der Hingabe entscheiden zu müssen. Eine befreiende Erkenntnis beginnt Gestalt anzunehmen: dass nämlich, um autonom leben zu können, *beide* Fähigkeiten erforderlich sind: jene zur Selbstbehauptung *und* jene zur Hingabe.

## 5.2 Weltentfremdung

Es wirkt paradox. Selbstbehauptung und Hingabe scheinen auf entgegengesetzte Lebensentscheidungen zu deuten. Selbstbehauptung heißt: Ich mache, was ich will. Was ich nicht will, mache ich nicht. Wie soll das mit der Bereitschaft zur Hingabe zusammengehen, die doch ganz anderes von mir zu verlangen scheint, nämlich *unbedingt* mitzumachen, mich zu beteiligen, voraussetzungslos mitzuwirken? Bedeutet Hingabe nicht einen

Zwang zur Mitwirkung? Wird mich dieser Zwang nicht notwendig in Widersprüche verwickeln? Diese Befürchtung wirkt keineswegs unbegründet. Schließlich ist es absehbar, dass auch ich selbst etwas *will*. Und es ist gut möglich, dass ich etwas anderes will, als meine Hingabe erfordern würde. Wie lässt sich also beides vereinen, meine Hingabe zu etwas – und der Akt meiner Selbstbehauptung? Wie kann ich solche Konflikte mit mir austragen? Vorläufig bleibt völlig unklar, wann das eine beziehungsweise das andere angemessen sein könnte.

Solche Schwierigkeiten sind nicht konstruiert. Sie prägen unseren Alltag. Es sind Konflikte, die im Leben jederzeit aufbrechen können. Immer changieren sie zwischen persönlichen Wünschen und der Hingabe für Aufgaben, Institutionen oder Partnerschaften. Ein typischer Fall ist die neue Liebe, die zur Bedrohung für die feste Beziehung wird. Was hat größere Berechtigung, die Verliebtheit – oder die institutionalisierte Bindung? Typisch ist auch das Bedürfnis, jemandem zu helfen, dafür aber berufliche Pflichten verletzen zu müssen. Was zählt mehr? Die Hilfe für einen engen Freund, eine vertraute Freundin – oder die berufliche Verantwortung? Immer wieder wägen wir ab zwischen Anforderungen des Berufs und dem Bedürfnis nach Freizeit. Wo ist die Grenze meiner Loyalität zum Arbeitgeber? Im Ehrenamt lautet die Frage, wie lange ich mich noch für meinen Verein engagieren, mich in lästigen Tätigkeiten aufreiben soll, wenn so viele andere Mitglieder nicht helfen. Genügend weitere Konflikte gibt es im Familienleben, und sei es nur, dass ich mich vor einem überfälligen Besuch bei Angehörigen drücken möchte, weil ein ruhiger Sonntag auf dem Sofa verlockender erscheint. Jederzeit muss ich mich fragen, ob ein persönlicher Wunsch, ein dringendes Bedürfnis, eine heimliche Sehnsucht den Vorrang erhalten sollte – oder die Hingabe zu einer selbstgewählten Aufgabe, einer sozialen Verpflichtung oder Bindung.

Zugleich zeigen diese Beispiele eines sehr deutlich: wie wenig der Glaube an eine Kommandozentrale hilft, die für alles einen fertigen Plan besitzt. Zwar wäre es bequem, sie würde solche

Pläne ausspucken. Das Leben wäre vermutlich sehr viel einfacher. Doch woher kommen dann die skizzierten Konflikte, woher die Widersprüche, der ständige Zwiespalt zwischen persönlichen Bedürfnissen einerseits und den Gegenständen der eigenen Hingabe andererseits? Weiß die angebliche Zentrale gar nicht wirklich, was sie will? Oder übernimmt sie den Part, immer nur persönliche Bedürfnisse zu artikulieren? Ist sie es, die eine neue Liebe höher bewertet als die langjährige Partnerschaft? Rät sie dazu, den Freund zu unterstützen, auch wenn das bedeutet, berufliche Pflichten zu verletzen? Ist sie es, die für den ruhigen Sonntag und somit gegen den lästigen Familienbesuch votiert? Und wenn das so sein sollte, wie bin ich in jene Bindungen überhaupt hineingeraten, die mir plötzlich so lästig erscheinen? Wie kommt es, dass ich mich mit Hingabe meiner Partnerschaft gewidmet hatte – und sie nun auf einmal aufgeben möchte? Wieso will ich für einen Freund auf einmal meinen Beruf riskieren oder für einen ruhigen Tag meine Angehörigen versetzen? Ist meine Hingabe denn nicht ebenfalls das Ergebnis selbstgetroffener Entscheidungen? Gehört sie nicht ebenfalls zu dem, was ich in meiner Autonomie ursprünglich als *persönliches* Bedürfnis artikuliert hatte?

Man könnte es sich nun leichtmachen und erklären, dass sich die eigenen Bedürfnisse eben geändert hätten, dass die neue Liebe eben mehr zähle als die alte Partnerschaft, dass ein hilfsbedürftiger Freund wichtiger sei als die Karriere oder dass das Erholungsbedürfnis Vorrang habe gegenüber lästigen Verwandten. Doch solche Erklärungsversuche sind fragwürdig. Meist ist es nicht so, dass man eine Partnerschaft über einer neuen Liebe umstandslos aufgibt. Man riskiert auch nicht einfach die eigene Entlassung, selbst wenn es darum geht, einem Freund zu helfen. Und einzig für die Bequemlichkeit wird man lästige Angehörige zumindest nicht für immer aus dem Leben streichen. Es stimmt nicht, dass wir lediglich aktuellen Bedürfnissen folgen und leichten Herzens aufgeben, was uns vorher wichtig gewesen ist. Offenkundig tun wir uns deutlich schwerer mit solchen Entscheidungen. Konflikte werden sichtbar, die sich lange hinziehen können. Es geht um mehr als veränderte Prioritäten, nämlich darum, dass Bedürfnisse ein bestehendes *Arrangement* in Frage stellen: die eigene *Hingabe* an bestimmte Aufgaben und Bindungen.

Wieder geht es um die Frage nach Selbstbehauptung *oder* Hingabe. Doch jetzt zeigt sich, wie tief eine solche Abwägung in das eigene Leben hineingreift. Eingegangene Verpflichtungen lassen sich nicht wie eine alte Haut abstreifen. Häufig versucht man abzuwägen, was wichtiger ist: die Hingabe zu den selbstgewählten Aufgaben – oder ein Wunsch, der sich plötzlich im Inneren meldet. Erst darin zeigt sich die Komplexität der eigenen Persönlichkeit. Denn die innere Stimme sagt nicht einfach, was *ich* mir in diesem Moment wünsche, was *ich* gerade will. Reflektieren können wir ebenso eine *äußere* Seite der Persönlichkeit, die Seite der Hingabe: dass wir bestimmte Aufgaben, Rollen und Bindungen längst gewählt haben, wir uns in einer sozialen Hülle bewegen, die durch Arrangements der Hingabe, durch konkrete Verpflichtungen geformt wird. Auch diese *äußere* Seite ist ein Teil unserer Persönlichkeit. Sie gehört ebenso elementar zu uns wie die Wünsche, die unmittelbar verwirklichen zu wollen Ausdruck der Selbstbehauptung ist. Beides gehört zusammen, Selbstbehauptung *und* Hingabe.

Erst dieses komplexere Bild der Persönlichkeit macht es möglich, Selbstbehauptung und Hingabe ins Gleichgewicht zu bringen. Und es verdeutlicht, weshalb die modernen Extreme nicht funktionieren, ganz auf das eine oder andere zu setzen, eines für das andere vielleicht sogar aufzugeben. Es ist verhängnisvoll, eigene Wünsche kategorisch der Hingabe opfern zu wollen – oder aber Hingabe generell zu verweigern. Keine der beiden Seiten ist für ein selbstbestimmtes Leben entbehrlich. Die Herausforderung besteht darin, zu klären, wie sich beides in eine Balance bringen lässt. Ebenso wie die innere Seite der Bedürfnisse müssen wir auch die äußere Seite unserer Hingabe als Bestandteil der eigenen Persönlichkeit ansehen. Deshalb ist es so fatal, dass die moderne Betrachtung fast immer auf jene innere Seite gerichtet ist, von der wir glauben, dass wir primär dort den eigenen Willen artikulieren. Erst durch diese Einseitigkeit entstehen die Schwierigkeiten, Hingabe sinnvoll zu steuern.

Genau dies kritisiert Hannah Arendt in ihrem berühmten Buch *Vita activa*. Das Bild von der inneren Kommandozentrale ist irreführend, weil es die soziale, nach außen gerichtete Seite der Persönlichkeit fast vollständig ausblendet. Hannah Arendt erkennt darin den »Versuch, alle Erfahrungen […] auf Bewusstseinserlebnisse zu reduzieren, die in einem *Selbst* verlaufen«.[3] Zwar mag dabei der angenehme Eindruck entstehen, sich stärker auf sich selbst zu konzentrieren, das eigene Selbstbewusstsein besser auszubilden und sich über die eigenen Wünsche klarer zu werden. Doch entgegen solchen Hoffnungen, so kritisiert Hannah Arendt, kommt sich der moderne Mensch dabei selbst nicht wirklich näher. Er entfremdet sich lediglich von seiner Welt, verliert die äußere Hülle seiner Persönlichkeit aus den Augen, jene Verankerung in der sozialen Welt, die er sich durch seine Hingabe erschließt.[4] Es sind die eigenen Aufgaben, Rollen und Bindungen, die ihm dabei aus dem Blick geraten – obwohl sie doch entscheidend sind für den Inhalt seiner Existenz.

Hannah Arendt betrachtet diese »Weltentfremdung« als Ergebnis einer langfristigen Entwicklung der Neuzeit.[5] Sie nennt es einen Verlust des »Gemeinsinns«, eines Vermögens, »durch das die *Gemeinsamkeit* der Welt sich dem Menschen so erschließt, wie ihre Sichtbarkeit sich ihm durch das Sehvermögen entschließt«.[6] Auch wenn die Philosophin den Begriff der Hingabe in diesem Zusammenhang nicht explizit verwendet, gehört er genau hierher. Denn Hannah Arendt geht es um die grundlegende Fähigkeit zur Mitwirkung: »Gemeinsinn« bedeutet aus ihrer Sicht zu erkennen, dass alles eigene Tun einer *gemeinsamen*, sozialen Welt angehört, ähnlich wie es später Annie Ernaux in *Les années* beschrieben hat. Die meisten Bestandteile dieser Welt, Sprache, Praxis, Wissen, Gesellschaft, Gesetze, Staat, übersteigen die eigene Lebensspanne, waren schon da, bevor ich selbst zu existieren begonnen habe, und werden vermutlich noch da sein, wenn ich nicht mehr lebe.[7] Selbst das, was zunächst »rein subjektiv und privat« erscheint, ist in Wirklichkeit »in eine gemeinsame Welt gefügt und auf eine Mitwelt zugeschnitten«.[8]

Das heißt nicht, dass Arendt zwischen privat und öffentlich nicht unterscheiden würde. Natürlich gibt es Dinge, die andere nichts angehen und deshalb meine Privatsache sind. »Gemeinsinn« bedeutet aber zu verstehen, dass ich als Person grundsätzlich sozial involviert bin, dass ich nicht anders kann, als mich zu involvieren. Selbst meine Privatsachen sind, in ihrer Eigenschaft, mich von anderen abzugrenzen, Teil einer Beziehung *zu anderen*. Ich kann nicht anders, als mich in meinem Tun auf irgendeine Weise auf andere zu beziehen. Was ich tue, ist zwar vor allem Ausdruck meines eigenen Willens. Aber mein »Gemeinsinn« sagt mir eben auch, dass alles, was ich tue, zugleich eine Bedeutung in Bezug auf andere hat – und damit eine soziale oder *öffentliche* Bedeutung. Das bedeutet, dass ich mich mit allen Aufgaben und Pflichten, die ich übernehme, immer zugleich gegenüber anderen positioniere, eine öffentliche Rolle spiele. In diesem allgemeinen Sinne spricht Hannah Arendt auch vom *Politischen*. Denn politisch zu sein bedeutet, sich dieser öffentlichen Seite des eigenen Tuns *bewusst* zu sein, über »Gemeinsinn« also tatsächlich zu verfügen.[9]

Diese Erläuterungen helfen zu verstehen, warum es so gefährlich ist, die öffentliche Seite der eigenen Existenz aus den Augen zu verlieren. »Weltentfremdung« hat Hannah Arendt dieses Phänomen nicht zufällig genannt. In ihrem Werk *Vita activa* versucht sie zu zeigen, was bei einer solchen Entfremdung geschieht. Zwar mag manches in ihrer geschichtlichen Darstellung idealisiert und vereinfacht sein. Dennoch hilft dieses Bild zu begreifen, warum wir mit Blick auf die Bedeutung der Hingabe heute oft so hilflos erscheinen. Die Fokussierung auf ein bloßes *Inneres* der eigenen Person ist nämlich nicht einfach ein dummes Versehen. Arendt macht eine Beobachtung, der man sich nur schwer verschließen kann: Demnach ist es im Verlauf der Neuzeit generell schwieriger geworden, zu erkennen, wie tiefgreifend die eigene Existenz mit dem Leben anderer Menschen verwoben ist. Dementsprechend ist es auch schwieriger geworden, »Gemeinsinn« zu entwickeln – einfach weil der öffentliche Raum im eigenen Leben oft kaum noch sichtbar erscheint. Der Eindruck entsteht, als würden wir hauptsächlich für uns *selbst* leben, in der Form einer permanenten Privatexistenz. So entwickelt der moderne Mensch eine soziale Blindheit, überblickt oft nicht mehr den Bereich seiner realen Verantwortlichkeiten.

Hannah Arendt nennt in *Vita activa* eine Reihe geschichtlicher Einschnitte, die zu dieser Situation geführt haben. Schon lange gehören sie zu den klassischen Gegenständen der Soziologie und Modernisierungstheorie wie zum Beispiel die Enteignung von Kirchengütern und Bauern während des 19. Jahrhunderts. Diese Vorgänge wirken vielleicht weit entfernt, damit verbunden ist jedoch der schleichende Verlust der ländlichen Heimat für das Gros der Menschen in Europa, der Verlust eines öffentlichen Raums, den die meisten seit Jahrhunderten als Folie des alltäglichen Lebens gekannt hatten. Dazu gehören soziale Verpflichtungen und durch Generationen vererbte Kompetenzen, vor allem in der Bewirtschaftung von Grund und Boden.[10] Der Abschied von dieser relativ stabilen Ordnung geht einher mit der Industrialisierung. Die Massen geraten in den Strudel des Kapitalismus. An die Stelle der gemeinsamen Verantwortung für Land und Ernährung tritt der kurzatmige Kreislauf von Produktion und Konsum. Immer schneller werden Dinge hergestellt, immer schneller werden sie verbraucht. Das Bewusstsein für ihren Wert und ihre Bedeutung nimmt ab. Das Eigentum konzentriert sich in den Händen weniger. Das Verantwortungsbewusstsein des Einzelnen schwindet. Er überblickt nur noch Prozesse, an denen er unmittelbar beteiligt ist.[11] Schließlich kommt auch der »neuzeitliche Glaubensverlust« hinzu. Aus Sicht von Hannah Arendt ist er kein eigentlich religiöses Phänomen, nicht das Resultat von Reformation und Gegenreformation.[12] Entscheidend sei die Verschiebung der Glaubensperspektive. Denn auch diese verlagert sich jetzt von der Sorge um das gemeinschaftliche Ganze hin zu einer individuell geprägten Gottesbeziehung. Die religiöse Energie der protestantischen Bewegungen, von Puritanismus und Calvinismus, fließt fortan weniger in die Hoffnung auf ein gemeinsames Leben, gilt weniger der Frage nach der gemeinsamen Zukunft, sondern sie zeigt sich vor allem im »Interesse an dem eigenen Selbst und der Sorge um das Seelenheil«.[13] Auch die Sorge um die eigene Existenz beginnt sich damit von der sozialen Welt zu entkoppeln – ein weiteres Phänomen, das zu jener »Weltentfremdung« beiträgt, die den Menschen auf sich selbst zurückwirft.

Das Ergebnis ist eine Privatisierung des eigenen Lebens, eine moderne Existenzform, in der es auf einmal vertraut ist, um sich selbst zu kreisen. Anstelle von »Gemeinsinn« oder Hingabe gilt es jetzt als vordringlich, vor allem *für sich selbst* zu sorgen oder schlicht *glücklich* zu sein.[14] Der moderne Prozess der »Weltentfremdung« kommt hier an ein vorläufiges Ende. Fraglich ist aus Sicht von Hannah Arendt allenfalls, mit welchem Ehrgeiz diese neue Art der Selbstsorge ausgeübt wird: ob sie »noch von der älteren, engstirnigen, fanatischen Selbstgerechtigkeit der Puritaner geprägt ist«,[15] Personen, die unerbittlich in allen Lebenssituationen ihren persönlichen Vorteil zu kalkulieren versuchen – oder ob dieser Motor einer egozentrischen Selbstsorge zu stottern beginnt, das persönliche Innere zerfällt »in die Euphorien und Depressionen, das hilflose Getriebensein von ständig wechselnden Stimmungen, das für den neueren, sich alles gestattenden Egozentrismus so charakteristisch geworden ist«.[16]

Wie auch immer es im Inneren des modernen Menschen aussieht, hartherzig und berechnend, euphorisch oder depressiv: Es sind diese schwankenden Formen der Selbstbeurteilung, in denen wir uns heute wiederfinden. Der etwas bitter klingende Ton von Hannah Arendt sollte uns nicht irritieren. Es geht nicht um den Vorwurf, dass uns die Moderne sämtlich zu Egozentrikern gemacht habe, wir nur noch an uns selbst denken würden. Es geht um den Befund, dass wir weitgehend verlernt haben, die eigene Lebenssituation aus der Perspektive des »Gemeinsinns« zu beurteilen, uns schwer damit tun, selbstgewählte Aufgaben, Rollen und Bindungen als genuinen Teil der *eigenen Persönlichkeit* zu verstehen. Deshalb beginnen wir uns zu betrachten, als ob das eigene Innere ein ungebundenes *Ego* sei. Das ist auch der Grund, weshalb Hingabe so fremd erscheint, womöglich sogar als ungerechtfertigter Zwang. Wir glauben eher an jene *innere* Stimme der Autonomie, jene Kommandozentrale im Kopf, die gänzlich frei von Bindungen scheint – und offenbar dennoch genau weiß, was sie will. Mal sagt sie dies, mal jenes, lenkt uns mal in die eine, mal in die andere Richtung. Immer jedoch wirkt es, als sei sie von der Umwelt, in der wir existieren, entkoppelt, wie eine freischwebende Urheberin dessen, was uns antreibt.

Wir sehen jetzt, warum dieses Bild einseitig ist. Die eigene Persönlichkeit ist deutlich komplexer. Sie ist nicht punktförmig, ist kein einsamer Kommandeur im Inneren, sondern greift weit ins Leben hinaus. Ihre egoistische Seite braucht dabei niemand zu leugnen. Wer wollte daran zweifeln, dass wir immer neue Wünsche formulieren und sich diese Lebensäußerungen zugleich widersprechen können? Vielgestaltig ist die eigene Persönlichkeit aber auch aus einem anderen Grund: Ihre Gedanken und Entschlüsse existieren nicht nur im Inneren, sondern auch als konkrete Resultate, als Akte der Hingabe in jener äußeren, sozialen Hülle, in der sich jeder von uns täglich bewegt. Jede Persönlichkeit hat ihre besonderen Aufgaben, bewegt sich in ihren eigenen Kulissen, begegnet Personen, die zum eigenen Leben nicht dazugehören würden, wenn das nicht auch Ergebnis eigener Entscheidungen wäre. Immer zeigt sich darin die eigene Hingabe: bestimmte Aufgaben übernommen zu haben und Bindungen eingegangen zu sein.

Hannah Arendt hat damit etwas Wesentliches bewirkt. Sie hat den Staubfilm des Egozentrismus von der Linse des modernen Lebens gewischt. Wir sehen jetzt den gesamten Wirkungsbereich der Persönlichkeit, sehen ihr Ringen um Selbstbehauptung ebenso wie ihre Bereitschaft zur Hingabe. Das ist die entscheidende Voraussetzung, um beides in eine Balance bringen zu können, gleichermaßen die innere *und* die äußere Seite der eigenen Persönlichkeit zu reflektieren. Beides hat seine Berechtigung. In beidem begegnen wir uns *selbst*.

## 5.3 »The capacity for devotion«

Wir sind zurück am Ausgangspunkt des Buches, beim Treffen von Hannah Arendt mit der Verlegerin Helen Wolff, im Dezember 1975 in New York. Noch einmal hören wir die so scheinbar sentimental in den Raum geworfene Frage der Philosophin: »Wenn du und ich einmal tot sind, weiß dann überhaupt noch jemand, was Liebe ist?«[17] Wir erinnern uns an die Deutung von Helen Wolff, dass Arendt damit auf die *Fähigkeit zur Hingabe* angespielt habe, »the capacity for devotion«[18], dass es ihr um die Frage gegangen sei, ob Menschen noch reflektieren, was sie mit ihrem Leben anfangen wollen. Seltsam hatte anfangs die Skepsis gewirkt, die in dieser Frage mitschwingt. Ein allzu pauschaler Zweifel schien das zu sein. Ob die Menschen noch wissen, was Liebe ist? War das nicht mit sehr groben Pinselstrichen hingeworfen?

Nach unserem Streifzug durch die Gedanken von Hannah Arendt verstehen wir, worauf diese Frage zielt. Sie gilt dem eigenen Bewusstsein: »*Weiß* überhaupt noch jemand, was Liebe ist?« Es geht um meine Vorstellung, mein Bild von dem, was ich tue. Hannah Arendt will nicht in Zweifel ziehen, dass der moderne Mensch zur Liebe noch fähig ist. Das wäre unsinnig. Ihre Frage zielt darauf, was es heißt, sich auf das Leben einzulassen. Ob mir noch *bewusst* ist, dass ich als Person in meine Welt eingebunden bin. Erst wenn ich das verstehe, erlange ich ein vollständiges Bild von mir selbst. Ich kann mich nicht begreifen, wenn ich mich nicht auch in meiner Hingabe begreife, in jenem Status, in dem ich an der Welt bereits mitwirke, ein Teil von ihr geworden bin.

Eine solche Selbstreflexion führt in ein kompliziertes Geflecht von Wünschen und vorgespiegelten Wünschen, von Entscheidungen und Fehlentscheidungen, von guten und womöglich weniger guten Bindungen. Was war richtig, was war falsch? Welche Entscheidung habe ich selbst getroffen, welche habe ich mir aufdrängen lassen? Welche Bindung betrachte ich als unentbehrlichen Teil meines Lebens? Welche ist womöglich Ausdruck einer Abhängigkeit? Das ganze Spektrum der eigenen Persönlichkeit zu betrachten, vergrößert scheinbar die Schwierigkeiten und steigert die Komplexität. Es schärft das Bewusstsein für die vielen Faktoren, die in meine Lebenssituation hineingeführt haben. Andererseits verhilft mir erst das Bewusstsein dieser Komplexität zu mehr Klarheit. Es zeigt mir den Umfang meiner *Hingegebenheit* an das Leben. Am Ende wird sich dies als entscheidende Hilfe erweisen, denn nur so kann ich wirklich beurteilen, ob und was ich verändern sollte.

Wie sehen solche Abwägungen aus? Wie kann ich beides in den Blick nehmen, die *innere* Seite meiner Persönlichkeit ebenso wie die *äußere*, meine Wünsche und Bedürfnisse ebenso wie die Formen meiner Hingabe? Letztlich geht es darum, sich wesentliche Fragen des eigenen Lebens bewusst zu machen und sie beiden Bereichen zuzuordnen. Was ist Wunsch oder Bedürfnis, was ist Ausdruck von Hingabe, Ausdruck der Bereitschaft, Aufgaben nachzukommen oder Bindungen aufrechtzuerhalten? Und vor allem: Wie steht beides im Verhältnis zueinander? Habe ich Wünsche oder Bedürfnisse, die sich im Bereich meiner Aufgaben nicht erfüllen, mir aber wichtig sind? Habe ich den Eindruck, dass ich meine Hingabe deshalb *anderen* Aufgaben, anderen Formen der Beteiligung, anderen Menschen widmen sollte? Dies lässt sich als Frage nach der eigenen *Authentizität* bezeichnen. Ob ich mich also in dem, was ich tue, wirklich wiederfinden kann.

Nicht minder wichtig ist aber auch die umgekehrte Frage: Wie bedeutend erscheinen mir meine Wünsche oder Bedürfnisse *in Anbetracht* meiner selbstgewählten Aufgaben? Sind sie in jedem Falle konstitutiv für meine Person? Oder sind die Formen der Mitwirkung, die ich gewählt habe, vergleichsweise wichtiger? Sind sie so wichtig, dass ich mich, in Anbetracht der Herausforderungen, dazu entschließe, jene Bedürfnisse zurückzustellen, ihre Erfüllung zu verschieben – oder sogar ganz darauf zu verzichten? Auch das ist eine legitime Abwägung. Dabei geht es um die Frage nach der eigenen *Verantwortung*, nach der Glaubwürdigkeit der eigenen Persönlichkeit: Werde ich meiner Verantwortung als Person gerecht? Verfüge ich über die Kraft, eingegangene Verpflichtungen zu erfüllen, übernommene Aufgaben zu erledigen? Oder annulliere ich meine Bereitschaft zur Hingabe, sobald ich Widerstand spüre, anderes reizvoller erscheint, ich mich zu anderen Aufgaben oder Menschen hingezogen fühle? Am Ende wird die Frage immer lauten, was schwerer wiegt: der Wunsch nach Authentizität oder das Verantwortungsbewusstsein. Was ist wichtiger, das eine oder das andere?

Der Wunsch nach *Authentizität* ist keineswegs moralisch bedenklich. Im Gegenteil, ich habe ein Recht, das zu tun, was ich *wirklich* tun will. Keine Bindung der Welt, keine Form der Hingabe ist es wert, sie aufrechtzuerhalten, wenn ich großen Widerwillen dagegen verspüre. Schon gar nicht gilt das, wenn mir meine Hingabe das Leben zur Hölle macht. Denken wir noch einmal an den Lateinlehrer aus der Erzählung von Guy de Maupassant. Er steht tatsächlich vor der Entscheidung, aus Liebe zu einer Frau sein bisheriges Leben hinter sich zu lassen, seine Hingabe ihr selbst und völlig neuen Aufgaben zu widmen. Was spricht dagegen? Welche Bindungen fesseln ihn an seine Vergangenheit? Immerhin ist er ein guter Lehrer, genießt Respekt an seiner Schule. Zugleich jedoch quält ihn der Gedanke, dort nur gezwungenermaßen zu sein. Er fühlt sich unterschätzt, in seinen wahren Fähigkeiten verkannt. Das mindert sein Verantwortungsgefühl. Hätte man an der Universität nicht bessere Verwendung für ihn gehabt? War es so gesehen nicht ein Opfer, sich über derart lange Zeit als Lehrer zu verdingen? Eine Abwägung, die ein klares Ergebnis hat: Diesem durchaus pflichtbewussten

Mann erscheint es keineswegs als Akt der Verantwortungslosigkeit, sein altes Leben hinter sich zu lassen. Im Gegenteil, er folgt der Aussicht auf ein neues, anderes Leben, das er, anders als seine langjährige Stellung als Lehrer, unzweifelhaft *bejahen* zu können glaubt. Seine Wahl erscheint ihm *authentisch*.

Es gibt keinen Maßstab, der es erlauben würde, diese Entscheidung als eindeutig richtig oder falsch zu bewerten. In einer Lebenssituation wie der des Lehrers wirkt es durchaus überzeugend, dem Wunsch nach Authentizität Vorrang einzuräumen, vor allem, weil er seine Hingabe als Opfer empfindet, sogar als Akt der Selbstaufopferung. Auch sein langjähriges Engagement bindet ihn nicht bedingungslos an seine schulische Verantwortung. Zweifellos kann er sich daraus zurückziehen, wenn er seine Hingabe nicht mehr als authentisch empfindet. Folgt er nicht einfach jener *inneren Stimme*, die ihm sagt, was er jetzt am liebsten tun würde? Darum scheint es doch zu gehen: auf diese innere Stimme zu hören, sich von der Welt nicht fesseln zu lassen, sondern notfalls lästige Aufgaben, Verpflichtungen oder Bindungen zur Seite zu schieben, um der eigenen, *wahren Bestimmung* zu folgen. Ist also der alte Lehrer nicht sogar ein Vorbild? Zeigt er uns nicht, wie man es in Wirklichkeit machen muss?

Keine Frage, niemand kann uns zu unbegrenzter Hingabe verpflichten. Die eigene Verantwortlichkeit gilt nicht unbedingt, sie hat Grenzen. Deshalb klingt der Ruf nach einem Vorrang der Authentizität zunächst plausibel. Doch auch hier ist Vorsicht geboten. Zwar wäre es unsinnig, sich für alle Zeit gebunden zu fühlen, einer gewählten Aufgabe auf ewig verpflichtet zu bleiben, doch ebenso unsinnig wäre die Erwartung, in sämtlichen Lebenssituationen *authentisch* sein zu können. Auch der Wunsch nach Authentizität lässt sich nicht *verabsolutieren*. Das moderne Credo, nichts weiter tun zu müssen, als irgendeinem Ruf der eigenen Bestimmung zu folgen, ist falsch.

Diese Behauptung wirkt weit weniger einleuchtend als jene, dass die eigene Verantwortlichkeit Grenzen hat. Denn was soll das bedeuten? Dass mein Bedürfnis nach Authentizität gar nicht zählt? Dass ich mich einer Pflicht eben doch beugen muss, obwohl ich gerne etwas anderes tun würde? Mit diesem gedanklichen Schritt beginnt die eigentliche Abwägung zwischen Bedürfnissen und Hingabe, Authentizität und Verantwortung. Zugleich erfordert er das unangenehme Eingeständnis, dass Authentizität auf irgendeine Weise *begründbar* sein muss. Auch für das, was ich als authentisch erachte, muss es irgendeinen Maßstab geben, irgendetwas, woraus ich ersehen kann, dass mein Wunsch *wirklich* authentisch ist, dass er für meine Persönlichkeit wesentlich ist, dass er es wert ist, mein Leben ab jetzt völlig anders zu gestalten. Denn woher soll ich sonst wissen, ob ich bei dem Entschluss, vertraute Bindungen zu lösen, wichtige Aufgaben hinter mir zu lassen, nicht einfach irgendeiner Laune folge? Ist es nicht denkbar, dass ich morgen etwas ganz anderes für richtig halte als das, was mir heute authentisch erscheint?

Der Philosoph Charles Taylor beschreibt dieses Dilemma sehr anschaulich. Wenn es für Authentizität keinen Maßstab gibt, sondern allenfalls das Gefühl, mit mir im Reinen zu sein, wird das Authentische schnell vage. Dann greife ich in dem Versuch, meine Lebensentscheidungen zu begründen, nach immer neuen »Gefühlsvorlieben«.[19] Ich entscheide mich für etwas, weil es das Richtige zu sein scheint. Doch was bedeutet das? Worin besteht das Richtige? Was mache ich, wenn sich morgen etwas anderes richtig anfühlt? Und übermorgen wieder etwas anderes? Dass es das Richtige zu sein scheint, erklärt nichts. Eine Lebensentscheidung ist authentisch, weil sie authentisch *wirkt*? Dieser Satz ist leer, tautologisch. Ein solcher Rückzug auf »Gefühlsvorlieben« findet kein Ende, er kann mir jederzeit wieder etwas anderes als authentisch vorspiegeln. Letztlich offenbart er auch eine Unfähigkeit zu sagen, worin das Authentische überhaupt besteht.[20]

Ein prägnantes Beispiel dafür liefert die legendäre Detektivserie *Monk* von Andy Breckman. Tony Shalhoub spielt darin den hochneurotischen Ermittler Adrian Monk. Tragische Ereignisse haben dazu geführt, dass er sein Leben wie in einem inneren Käfig verbringt. Die Liste seiner Ängste und Zwangsstörungen hat kein Ende. Eine seiner traumatischen Erinnerungen ist das spurlose Verschwinden seines Vaters – ein rätselhafter, vollkommen unerklärter Liebesentzug, den der hochsensible Junge nie verwunden hat. Sein älterer Bruder Ambrose wohnt sogar noch immer im Elternhaus und hat es seit über dreißig Jahren nicht verlassen, in der absurden Hoffnung, der Vater werde eines Tages zurückkehren. Natürlich geschieht das nicht. Seit seinem Verschwinden führt Vater Monk ein ruheloses Leben als Fernfahrer und lässt kaum von sich hören. Einzig weil er Hilfe braucht, nimmt er eines Tages Kontakt zu Adrian auf. Unterwegs im Truck eröffnet er schließlich seinem tief verletzten Sohn, weshalb er die Familie im Stich gelassen hat. Seine erstaunliche Erklärung: Er habe beim Chinesen Essen geholt und auf der Rückfahrt einen Glückskeks geöffnet. Die Botschaft habe gelautet: »Stehe deinen Mann!« Das habe ihn tief bewegt, berichtet er und drückt bei dieser Bemerkung theatralisch die Hand aufs Herz. Damals habe er verstanden, dass er »sein eigener Mann« sei und zu sich stehen müsse. »I gotta follow my bliss«, sagt Vater Monk. Es sei der Ruf gewesen, seinem Glück zu folgen. Seit diesem Tag sei er auf den Straßen unterwegs.[21]

So absurd diese Selbstoffenbarung klingt, so unmissverständlich ist sie auf emotionaler Ebene. Vater Monk ist zutiefst davon überzeugt, eine *authentische* Entscheidung getroffen zu haben. Noch dreißig Jahre später zeigt er sich ergriffen vom schicksalhaften Moment seiner Glückskeks-Offenbarung. Er habe nicht anders gekonnt, die Botschaft habe sein Herz berührt. Er habe gewusst, dass es das Richtige sei, so zu handeln. Gäbe es tatsächlich nichts anderes als dieses Gefühl, authentisch gehandelt zu haben, könnten wir daher kaum anders, als ihm recht zu geben. Der Glückskeks hat sein Leben verändert? Wie schön für ihn. Die Botschaft hat sein Herz berührt? Nun, dann muss es wohl das Richtige für ihn gewesen sein.

Doch bei allem Verständnis für den Wunsch nach Authentizität: Niemand wird die Entscheidung von Vater Monk nachvollziehen können. Sie wirkt vollkommen abwegig. Wenn ein

Glückskeks als Begründung ausreicht, um mein bisheriges Leben aufzugeben, dann ist alles möglich. Dann werde ich morgen vielleicht Straßenmusiker, weil mein Kaffeebecher auf dem Tisch einen Wasserfleck hinterlassen hat. Oder ich werde Bettelmönch, weil mir ein Ziegelstein auf den Kopf gefallen ist. In jedem Falle werde ich verstörte Menschen zurücklassen – eine Partnerin, einen Partner, eigene Kinder, Angehörige, Freunde, Kollegen, die mich gekannt zu haben glaubten und überzeugt waren, in einer stabilen sozialen Beziehung zu mir zu stehen. Vielleicht werden sie sogar den Versuch machen, meine Entscheidung als authentische Lebensäußerung nachzuvollziehen, doch bei allem Bemühen werden sie kaum begreifen können, weshalb ich mich von ihnen so radikal abgewandt, meine bisherige Hingabe widerrufen, meine soziale Verantwortung ihnen gegenüber so rigoros aufgegeben habe.

Man könnte nun einwenden, dass das Beispiel von Vater Monk überzogen ist. Keine Frage, seine Lebensgeschichte ist ein tragikomisches Element in einer tragikomischen Serie. Kaum jemand würde eine biographische Wende auf die Wirkung einer Glückskeks-Botschaft zurückführen. Und doch zeigt dieses Beispiel, warum es nicht möglich ist, die Authentizität einer Lebensentscheidung einzig auf subjektive Empfindungen zurückzuführen, auf Gefühle, Ahnungen, irgendeine innere Gewissheit. Denn die Berufung auf die Innerlichkeit, auf ein berührtes Herz, liefert keinen *Grund* für die Entscheidung. Das Gefühl als solches ist jedenfalls kein solcher Grund. Ich kann alles Mögliche fühlen – und im nächsten Moment schon wieder etwas anderes. Sich darauf zu berufen, heißt lediglich, dass für andere unerkennbar, ja unergründlich bleibt, wie meine Entscheidung zustande gekommen ist. Auch Vater Monk sagt nicht mehr, als dass es so gewesen sei. Zwar wirken solche Erklärungen geheimnisvoll. Sie deuten auf eine scheinbare Tiefe, auf eine verborgene Einsicht hin. Vor allem jedoch besteht ihre Funktion darin, diese angebliche Einsicht verborgen zu halten. Es bleibt unklar, worin sie eigentlich besteht.

Ob es eine solche Erkenntnis gibt, ist im Grunde sogar gleichgültig. Mitunter wird sie auch nur vorgetäuscht – eine bequeme Lösung, um mit den eigentlichen Gründen nicht herausrücken zu müssen. Sich auf Authentizität zu berufen, bleibt auf solche Weise eine leere Gebärde. Wenn ich nicht sagen kann oder will, weshalb es authentisch ist, was ich als authentisch empfinde, kann ich es mir sparen. Was wäre geschehen, wenn Vater Monk eine Woche nach seinem Verschwinden eine neue, andere Glückskeks-Botschaft gelesen hätte? Wäre dann wieder alles anders gewesen? Wäre er zu seiner Familie zurückgekehrt, hätte auch dies als authentische Entscheidung empfunden? Wie Charles Taylor erkennt, führt solche Beliebigkeit den Wunsch nach Authentizität ad absurdum.[22] Man kommt mit einer solchen Berufung auf Innerlichkeit, auf Ahnungen oder Gefühle nicht weiter.

Die Lösung liegt auf der entgegengesetzten Seite. Wenn ich authentisch sein möchte, speist sich dies offenbar aus dem Bedürfnis, Aufgaben oder Bindungen meines Lebens neu zu ordnen. Mit anderen Worten, es geht um Dinge, die etwas mit meinem Leben selbst zu tun haben, mit dem, was um mich herum vor sich geht. Wie wichtig ist das alles? Was bedeutet es mir noch? Wenn mir mein Leben in seiner gegenwärtigen Form nicht mehr lebenswert erscheint, kann die Frage eigentlich nur lauten, ob es *anderes* gibt, was mir auf einmal wichtiger ist und für mich deshalb größere Bedeutung hat. Hier verbirgt sich der eigentliche Grund dafür, die Authentizität der eigenen Person in Frage zu stellen. Gibt es etwas, was mich in eine neue Richtung treibt? Eine lockende neue Aufgabe? Der Wunsch, der eigenen Hingabe einen neuen Fokus zu geben? Im Falle des alten Lehrers ist es offensichtlich die neue Liebe, die solche Gedanken auslöst – die erste große Liebe seines Lebens, die Aussicht, ein Leben führen zu können, von dem er vorher zu träumen nicht gewagt hat. Selbst Vater Monk würde sich in einem helleren Moment vermutlich eingestehen, dass der Glückskeks bestenfalls ein zufälliger Auslöser seiner Entscheidung gewesen ist. Der ei-

gentliche Grund dürfte weit banaler sein. Die Verantwortung
für seine Familie ist ihm vermutlich einfach zu viel geworden.
Offenbar war die Aussicht weitaus verlockender, als Fernfahrer
ein Leben auf der Straße zu führen und für niemanden als sich
selbst verantwortlich zu sein.

Der Grund für eine authentische Entscheidung verbirgt sich
folglich nicht im *Inneren* der eigenen Person. In Wirklichkeit geht
es um deren *äußere* Seite, geht es um den Wunsch, sich in der
Umwelt neu zu positionieren, die eigene Hingabe in eine *andere
Richtung* zu lenken. Nur so wird greifbar, worin mein Wunsch
nach Authentizität überhaupt besteht. Ich möchte meine Hingabe offenbar Aufgaben oder Personen widmen, für die ich wirklich eintreten will. Wenn mir mein Handeln nicht mehr authentisch erscheint, dann deshalb, weil meine Hingabe womöglich
nicht mehr den richtigen Aufgaben oder Personen gilt. Wie
Charles Taylor formuliert, bedeutet die Wahl des *Authentischen*
also, »zwischen dieser Alternative der Selbsterschaffung und
weniger mühseligen Lebensweisen« zu wählen.[23] Fast immer
nämlich ist es bequemer, am gewohnten Leben festzuhalten.
Vater Monk hätte also bei seiner Familie bleiben können. Taylor
bezeichnet dies als Entscheidungen, »bei denen man sich drückt,
mit dem Strom schwimmt, mit der Masse konform geht«.[24] Die
authentische Entscheidung dagegen verlangt den Mut, das bestehende Arrangement *ändern* zu wollen, die eigenen Prioritäten neu zu setzen, auch gegen die Erwartungen anderer.

Gleichgültig, wozu ich mich also entschließe: Die Gründe
meiner Entscheidung sind kein verborgener Teil meines Inneren. Sie liegen offen zutage. Letztlich geht es darum, welchen
Menschen, Aufgaben und Dingen ich meine Hingabe schenken
möchte. Faktisch lässt sich der Wunsch nach Authentizität deshalb nur auf eine Weise artikulieren: als Wunsch nach einer
Neuordnung der eigenen *Verantwortung*. Authentisch sein zu
wollen bedeutet, die eigene Hingabe auf *veränderte* Ziele zu
richten. So verweist schließlich eines auf das andere: Nur wenn
sich mein Wunsch nach Authentizität erfüllt, werde ich auf Dau-

er bereit sein, Verantwortung zu übernehmen. Notfalls kann ich mich aus meiner Verantwortung zurückziehen, wenn ich mich darin nicht mehr wiederzufinden glaube. Und umgekehrt erfordert mein Wunsch nach Authentizität die Bereitschaft, Verantwortung grundsätzlich wahrzunehmen. Ohne eigene Verantwortlichkeit gibt es nämlich nichts, worin ich mich als authentisch erweisen kann. Ich wüsste sonst gar nicht, worin meine Authentizität bestehen soll. Ein Glückskeks reicht als Rechtfertigung jedenfalls nicht aus. Wenn ich authentisch sein will, muss ich sagen können, wofür ich da sein, *worauf* ich meine Hingabe richten will. Authentizität verlangt ihrerseits, dass ich bereit bin, Verantwortung zu übernehmen.

Diese Erkenntnis ist entscheidend, um die eigene Hingabe steuern zu können. Sie führt aus der modernen Ohnmacht heraus, aus jenem Gefühl, das Hannah Arendt als Ergebnis der »Weltentfremdung«, als Ausdruck einer selbstvergessenen Moderne beschrieben hat. Denn jetzt erkenne ich, weshalb ich nicht einfach von widerstreitenden Gefühlen gelenkt werde, von jener *inneren Stimme*, die sich ständig mit neuen Wünschen oder Bedürfnissen meldet. An die Stelle dieser egozentrischen Vorstellung ist ein reflektiertes Bild der eigenen Persönlichkeit getreten, ein Bild ihrer sozialen Tiefe. Ich sehe mich nicht länger als einsamen Akteur, dessen Wünsche an der Oberfläche der Welt zerschellen. Mein Selbstbild ist das einer Person, die im sozialen Raum verankert ist und sich dort aus eigener Kraft bewegen und positionieren kann. Diese *äußere* Seite meiner Persönlichkeit steuere ich durch die Hingabe, mit der ich mich auf Aufgaben, Bindungen und Personen einlasse. So werde ich als Person sichtbar. Es ist meine Bereitschaft zur Verantwortung, mit der ich mich im sozialen Raum verankere. Außerdem kann ich diese Position verändern, kann sie meinem *inneren* Bedürfnis nach Authentizität anpassen. Das geschieht, indem ich mich für eine *Veränderung* meiner Aufgaben oder für ganz neue Aufgaben entscheide, andere Rollen für mich finde, Bindungen löse und neue Bindungen knüpfe.

So finden schließlich zwei Dinge zusammen: die Aussicht, dass ich mit meinem Leben grundsätzlich etwas anfangen kann, dass es darin wirklich um etwas geht. Diese Aussicht formt die äußere Seite meiner Persönlichkeit. Ebenso benötige ich für mich selbst aber auch die Perspektive, mich hoffentlich für geeignete Aufgaben und Bindungen zu entscheiden. Ich möchte also Gewissheit darüber haben, dass es mir insgesamt *um das Richtige* geht. Das ist entscheidend für die innere Seite meiner Persönlichkeit. Beides macht greifbar, worin die erhoffte Balance von Selbstbehauptung und Hingabe besteht. Sie bedeutet, mir selbst im sozialen Raum den *passenden Ort* geben zu können – jenen Ort, an dem ich meine Hingabe als authentisch, meine eigenen Bedürfnisse als Motor erlebe, mich jenen Aufgaben und Personen zu widmen. Zugleich möchte ich meine Aufgaben und Bindungen als verlässlichen Ort meiner Person in der Welt begreifen können, als sozialen Ort, an dem ich mich gerne aufhalte, der meiner Existenz einen Halt gibt und mich mit der Aussicht versöhnt, dass voraussichtlich nicht alle meine Wünsche in Erfüllung gehen werden.

Einen solchen Ort finden zu können, ist die eigentliche »capacity for devotion«, jene von Hannah Arendt angedeutete Fähigkeit zur Liebe, in der Selbstsorge und Gemeinsinn zusammenfinden. Wie also finde ich diesen Ort? Wie entdecke ich meine eigene »capacity for devotion«? Wie sich in den letzten drei Kapiteln zeigen wird, gibt es dafür verschiedene Strategien. Es geht darum, die richtige zu wählen, denn nicht alle können überzeugen. Riskant ist insbesondere jene, die wir uns als erste anschauen werden. Meist ist sie es, mit der die Suche nach eigenen Lebensaufgaben beginnt. Sie beruht auf der Vorstellung, dass es ausreichend ist, die eigenen *Interessen* zu kennen, dass es genügt, sich für bestimmte Aufgaben und Wissensgebiete, für Institutionen oder bestimmte Personen zu interessieren – und zu unterstellen, dass die Hingabe für all das mit den Bedürfnissen der eigenen Person *identisch* ist. So entsteht eine verführerische Illusion: Die eigene Hingabe wirkt wie der direkte und schnelle Weg zu persönlicher Erfüllung. Schau einfach, worauf du setzen möchtest – und setze darauf. Solches Vertrauen ist in seinem Optimismus bewundernswert. Aber es ist auch gefährlich naiv.

# 6. Allzeit bereit – die Minions

## 6.1 Ich und meine Aufgabe

Keine Frage, es ist ein schönes Bild: Die Persönlichkeit entsteht auf ihrer Reise durch den sozialen Raum. Die Suche nach mir selbst bedeutet im Grunde, mir einen *passenden Ort* in der Gesellschaft zu suchen. Sie bedeutet, meine Hingabe auf bestimmte Interessen und Personen, auf den Erwerb von Wissen, die Wahl von Aufgaben und die Mitwirkung in bestimmten Institutionen zu richten. Es trifft zu, dass meine Wünsche und Bedürfnisse letztlich stets auf die eigene Position im sozialen Raum gerichtet sind, dass ein Wunsch *aus dem Inneren* darauf zielt, die Position *im Äußeren* anzupassen oder zu verändern, sich vielleicht sogar eine ganz neue Position zu suchen.

Dennoch wirft dieses Bild eine Frage auf. Sie wirkt unschuldig – und in ihrer Unschuld zugleich umso berechtigter: Ist eine solche Suche überhaupt etwas Besonderes? Ist sie vielleicht viel alltäglicher, viel selbstverständlicher, als es hier erscheint? Wozu die langwierigen Betrachtungen über eine innere und äußere Seite der eigenen Persönlichkeit, über Selbstbehauptung und Hingabe? Wenn ich genügend Erfahrungen gesammelt habe, um meine Interessen zu kennen, sollte ich doch den sozialen Ort finden können, an den ich gehöre. Wenn ich ungefähr weiß, wonach ich mich sehne, was ich mir wünsche, finde ich dann nicht geradezu *automatisch* zu jenen Personen, zu Bindungen, Aufgaben und Institutionen, denen ich meine Hingabe widmen kann? So falsch dürfte die Annahme eigentlich nicht sein, dass beides eng verbunden ist: mein Bild von mir selbst und meine Bereitschaft zur Hingabe. Wozu also die penible Unterscheidung? Könnte nicht beides sogar identisch sein? Sind Selbstbehauptung und Hingabe womöglich eben doch dasselbe?

Die entsprechende Empfehlung ist in jedem Falle simpel: Tue, woran du Freude hast. Folge deinen Neigungen. Mehr als dieser altbekannte Ratschlag scheint auf den ersten Blick gar nicht erforderlich. Immerhin ist er die Basis jeder freiheitlichen Erziehung, jeder Pädagogik, die auf eine selbständige Entwicklung von Interessen und Fähigkeiten gerichtet ist. Zugleich spricht für diesen Grundsatz, dass ihn frühe Erlebnisse der Sozialisierung vollauf zu bestätigen scheinen. Gehört es nicht zu den biographischen Selbstverständlichkeiten, oft schon während der Schulzeit auf entscheidende Interessen aufmerksam geworden zu sein? Hat nicht jeder Informatiker früh sein Interesse für Mathematik entdeckt, die Musikerin ihre Leidenschaft für ein Instrument? Welche Biochemikerin wird nicht von sich sagen, sie habe an Biologie und Chemie schon immer Freude gehabt? Welcher Auslandskorrespondent wird nicht erklären, er habe bereits früh Interesse an Fremdsprachen gehabt? Mag sein, dass solche Neigungen auf einen sozialen Raum gerichtet sind. Mag sein, dass die Entwicklung solcher Talente und Fähigkeiten besondere Hingabe erfordert. Doch weshalb sollten Menschen ihre Berufung nicht relativ schnell entdecken können? Warum sollten sich eigene Wünsche mit konkreten Aufgaben nicht umfassend vereinbaren lassen? Eine Harmonie zwischen Selbstbehauptung und Hingabe wirkt zumindest nicht undenkbar. Ist sie nicht das, worauf wir hoffen, was uns als eigentliches Ideal erscheint?

Tatsächlich verbirgt sich hier, was wir uns oft genug ersehnen: eine weitgehende, vielleicht sogar totale Übereinstimmung der persönlichen Bedürfnisse mit dem Gegenstand der eigenen Hingabe. Entsprechende Signalsätze klingen nach wahrhaft ungetrübter Erfüllung: »Er macht genau das, was er immer machen wollte.« »Sie hat das gefunden, was perfekt zu ihr passt.« Aus solchen Sätzen spricht die Überzeugung, dass eine vollständige Symbiose von Mensch und Leben möglich ist, eine Verschmelzung von Person und Aufgabe, von Selbstbehauptung und Hingabe. Es ist die Vorstellung, eine Lebensaufgabe könne für mich *wie gemacht*, ich selbst für diese Aufgabe geradezu *geboren* sein.

Leider jedoch ist eine solche Idealisierung allzu schön, um wahr zu sein. Wir werden sehen, dass sie auch Irrtümer heraufbeschwören kann. Persönliche Bedürfnisse und gewählte Aufgaben sind keineswegs immer perfekt miteinander vereinbar. Im Gegenteil: Häufig genug klaffen sie auseinander. Die eigentliche Herausforderung besteht auch gar nicht darin, eine perfekte Lösung zu finden. Mit einer solchen Suche vergeuden wir nur Zeit. Vielmehr gilt es, etwas anderes herauszufinden: Wie gehen wir damit um, dass es immer wieder zu *Spannungen* zwischen persönlichen Bedürfnissen und der eigenen Hingabe kommt? Welcher Seite geben wir in welchen Situationen Vorrang – und aus welchen Gründen?

Leider hindert uns das Ideal einer harmonischen Lebensführung oft daran, solche Überlegungen überhaupt anzustellen. Die Erwartungen sind zu groß, um sich mit den Konflikten des Alltags auseinandersetzen zu wollen. Es ist die Sehnsucht, eigene Interessen, Fähigkeiten und Bedürfnisse *unverfälscht* im Leben zur Entfaltung bringen zu können. Wir möchten das eine große Ding aufspüren, das uns vollkommen glücklich macht. Gesucht wird die Lebensaufgabe, die vollkommen zur eigenen Persönlichkeit passt. Dass es dabei immer wieder zu Problemen kommt, die ungetrübte Harmonie einfach nicht entstehen will, scheint diesem Ideal wenig anhaben zu können. Im Zweifelsfall lassen sich Schwierigkeiten als Indiz dafür interpretieren, die große Entdeckung eben noch nicht gemacht zu haben – was nicht heißen muss, sie nicht noch machen zu können. Vermutlich wird es eben etwas später passieren, irgendwann jedenfalls, ganz sicher. Oder eben doch nicht?

Das ist das Toxische an dem Wunsch, sich mit einer Lebensaufgabe vollkommen zu identifizieren: Er führt dazu, zwischen Person und Aufgabe nicht mehr zu unterscheiden. Nicht mehr unterscheiden zu wollen, denn es ist ja die Differenz zwischen beidem, die aufgehoben werden soll. So jedoch verschwindet in dem Bemühen, die Unstimmigkeiten zu überwinden, der einzige Punkt, der sich bietet, diese Probleme zu verstehen. Denn die eigene Person *ist* nun einmal nicht identisch mit ihren Lebensaufgaben, ihren Bindungen und Tätigkeiten – und sollte es auch nicht sein wollen. In ihrem Wunsch, sich mit ihrem Tätigkeitsbereich *in eins* zu setzen, bringt sie sich lediglich um die Fähigkeit, gleich zwei fundamentale Gefahren abzuwehren, von denen sie stets bedroht ist.

Zum einen wird es damit unmöglich, Zumutungen von sich fernzuhalten, die aus eigenen Bindungen und Verpflichtungen resultieren. Alles schlägt ungebremst auf die eigene Person durch. Alles scheint als Vorwurf direkt gegen sie selbst gerichtet. Wenn ich für Fehler, die mir in meiner Tätigkeit unterlaufen sind, kritisiert werde, empfinde ich das nicht nur als ein Urteil über meine Arbeit, sondern zugleich als eines über mich selbst. Es zeigt, dass ich ein unzulänglicher Mensch bin, immer wieder versage, mein Leben nicht im Griff habe. Welche unerfreuliche Aussicht, in der vermeintlichen Perfektion meiner Rollenwahl immer wieder mit meiner eigenen Fehlerhaftigkeit konfrontiert zu werden.

Die zweite Gefahr wird häufig unterschätzt, ist aber noch größer. Denn in meinen Aufgaben und Bindungen sind immer auch Verpflichtungen und Probleme angelegt, die ich anfangs gar nicht überblicken kann, von denen ich oft nicht weiß und die sich erst langsam offenbaren. Auf einmal mache ich die unangenehme Entdeckung, dass ich entgegen meinen früheren Annahmen vieles von dem, was ich tue, womöglich gar nicht will oder dass sich das, was ich zu bewirken gehofft hatte, in sein Gegenteil verkehrt, ich mich in Bindungen, Verpflichtungen oder Gefälligkeiten wiederfinde, die meine ursprünglichen Absichten und Hoffnungen auf den Kopf stellen. Ich erkenne mich in dem, was ich tue und bewirke, auf einmal nicht mehr wieder. Die möglichen Konsequenzen sind weniger erfreulich. Denn was wird aus mir *selbst*, wenn ich mir diese unbeabsichtigten Effekte nicht eingestehen kann? Wenn ich in der falschen Annahme steckenbleibe, doch eigentlich die Wahl meines Lebens getroffen zu haben? In dieser Konstellation droht aus dem vermeintlich perfekten Lebensentwurf tatsächlich ein verpasstes Leben zu werden. Der Glaube, sich untrüglich *für das Richtige* entschieden zu haben, in Harmonie mit den eigenen Aufgaben zu leben, verwandelt sich in einen bombenfesten Klebstoff. Wenn nicht falsch sein kann, was in Wirklichkeit sehr wohl falsch ist, wird aus dem Leben eine Lebenslüge.

## 6.2 Naive Hingabe

An der Schwelle zum Erwachsensein wartet auf die meisten Menschen eine paradoxe Erfahrung. Zum ersten Mal entkoppelt sich die eigene Persönlichkeit vom Bereich ihrer vertrauten Aufgaben und Bindungen. Die eigene Hingabe wird frei. Sie kann sich richten, wohin sie will. Auf einmal wird mir bewusst, dass ich mich den Pflichten, die mein Leben bislang wie von selbst geprägt haben, nicht länger beugen muss, dass ich frei bin, mir anderes auszusuchen. Der lästig vorgeformte Aufgabenbereich von Schule und organisierter Freizeit liegt hinter mir. Auf die Familie, die Eltern und andere Autoritätspersonen bin ich nicht länger zwingend angewiesen. Wenn ich möchte, kann ich in eigener Verantwortung zumindest neue, vielleicht auch ganz andere Bindungen eingehen. Es ist ein neues Lebensgefühl. Nicht selten ist es ein Gefühl größter Befreiung. Doch es ist auch mit Ungewissheit verbunden. Die Freiheit, die eigene Position im sozialen Raum bestimmen zu können, ist etwas radikal Neues. Wohin? Wohin denn nur? Zum ersten Mal muss ich diese Frage selbst beantworten. Ich selbst muss jetzt die Richtung bestimmen. Wohin soll ich also steuern? Oder, mit anderen Worten: Worauf richte ich meine Hingabe?

Es ist paradox, diese große Freiheit zu spüren – und ihr zugleich entkommen zu wollen. Denn das ist es, was viele Menschen in dieser Situation versuchen: die klaffende Lücke so rasch wie möglich zu schließen, an die Stelle vertrauter Aufgaben und Bindungen so schnell wie möglich *neue* Aufgaben und *neue* Bindungen zu setzen. Sie beruhigen die lastende Ungewissheit mit dem Gefühl, nicht überflüssig zu sein, gebraucht zu werden. Wie wohltuend, wenn die Bereitschaft zur Hingabe schnell einen neuen Ort findet, an dem sie sich betätigen kann. Denn bedeutet das nicht, dass ich gefragt bin? Dass man auf mich nicht verzichten möchte? Dass ich mich nützlich machen kann? Was hilft mir die neu gewonnene Freiheit, wenn ich aus eigener Kraft keine gesellschaftliche Position finde, in der ich mich beweisen kann? Die Ungewissheit verdichtet sich schnell zur Angst: Die eigene Freiheit könnte auch bedeuten, dass es völlig unerheblich ist, wer ich bin und was ich tue. Nichts scheint wichtiger zu sein, als dieser Aussicht so schnell wie möglich etwas entgegensetzen zu können.

Vermutlich sind wir in dieser Lebenssituation besonders empfänglich für die einfache Lösung. Es ist eine verführerische Aussicht, wenn sich in der eigenen Verlegenheit sehr schnell der rettende Ausweg zu bieten scheint. War es nicht genau diese Tätigkeit, die ich immer übernehmen, diese Ausbildung, die ich im Grunde immer machen wollte? Ist es nicht dieses Studienfach, das mich am Ende eben doch fasziniert? Ist nicht diese(r) Geliebte in Wirklichkeit die Verkörperung all meiner Wünsche? Das Bedürfnis ist offensichtlich: In der Not, für die eigene Hingabe den passenden Ort zu finden, beginne ich, ihren Gegenstand zu idealisieren. Die eigene Person scheint genau zur neuen Tätigkeit, zur neuen Aufgabe, zur neuen Bindung zu passen – und umgekehrt. Da ist sie also, die ersehnte Harmonie zwischen mir selbst sowie den Personen und Gegenständen meiner Hingabe. Fragen erübrigen sich, denn ich selbst und meine Hingebung sind eins. Niemand braucht mir mehr zu sagen, ich wüsste nicht, wohin mit mir.

Was wird aus diesem Bedürfnis nach Harmonie? Was wird aus der Verbindung der Person mit einer Welt, die scheinbar makellos mit den eigenen Ansichten und Fähigkeiten korrespondiert? Das Risiko, das dieser naive Idealismus in sich birgt, ist unübersehbar: Der Glaube an die perfekte Lösung hilft dabei, sich gegen jede bessere Einsicht zu verpanzern. Wer sich zu dem Glauben an eine ideale Lebensaufgabe überredet, immunisiert sich gegen jeden Verdacht, womöglich falschzuliegen. Der Schriftsteller John Williams hat dieser Gefahr mit seinem Roman *Stoner* ein erschütterndes Denkmal gesetzt. Sein Held, der Farmerssohn William Stoner, entscheidet sich in jungen Jahren für die akademische Laufbahn, obwohl er nicht im Ansatz überblickt, was es bedeutet, als Dozent an einer Hochschule tätig zu sein. Er wächst auf in der ländlichen Ahnungslosigkeit von Missouri, zu Beginn des 20. Jahrhunderts. Die Landarbeit ist karg und trostlos. Dennoch bereitet er sich als einziger Sohn wie selbstverständlich darauf vor, eines Tages die elterliche Farm zu übernehmen. Als ihm sein Vater nahelegt, am Landwirtschaftscollege in Columbia zu studieren, möchte Stoner zuerst sogar ablehnen. Einzig aus Pflichtgefühl nimmt er das Studium auf, verdient sich seinen Unterhalt durch harte Arbeit bei einem verwandten Bauern. Er studiert weder unwillig noch mit Begeisterung, sondern tut einfach, was man ihm sagt. Methodisch und diszipliniert absolviert Stoner das ihm aufgetragene Pensum.

Erst als der junge Mann im zweiten Studienjahr im Rahmen seines Curriculums eine Einführung in die englische Literatur besucht, beginnt ihm aufzugehen, dass es im Leben noch ganz andere Dinge gibt als jene, für die er bestimmt zu sein glaubt. Zum ersten Mal in seinem Leben liest er Literatur, anfangs ohne irgendetwas zu verstehen. Doch die Zeilen eines Shakespeare-Sonetts, die der alte Dozent seinen verständnislosen Studenten eines Tages vorträgt, fangen an, in dem jungen Mann zu brodeln. Sie handeln ausgerechnet davon, Vertrautes hinter sich zu lassen und in dem Schmerz über das Vergangene die Liebe dazu erst eigentlich zu entdecken. So illustriert das Sonett genau das, was in Stoner vor sich geht. Nach und nach verblasst in seinen Gedanken das vertraute Leben auf der Farm. Sich von seinen Eltern, von seinem bisherigen Leben abzuwenden, erzeugt in ihm ein bittersüßes Vorgefühl des Abschieds. Statt der Landwirtschaft und der naturwissenschaftlichen Fächer belegt er weitere Kurse

in Literatur und Philosophie, widmet sich einer Vorstellungs-
welt, die ihm erstmals erschließt, was zu lieben, sich einer Sache
hinzugeben, überhaupt bedeutet.

Schnell entsteht so eine scharfkantige Entscheidungssitua-
tion. Für die eigene Hingabe scheint es nur das eine oder das andere zu geben: das harte, entbehrungsreiche Leben als Farmer
oder die neu erschlossene, faszinierende Welt der Literatur, die
schier unbegrenzte geistige Erfüllung verheißt. Der Horizont
von Stoner ist so begrenzt, dass er andere Möglichkeiten gar
nicht in Betracht zieht. Umso strahlender erscheint ihm das rettende Ufer der Geisteswissenschaften. Es besteht kein Zweifel,
wofür er sich entscheiden wird. Bei seinen nächtlichen Spazier-
gängen durch Columbia betrachtet er die fünf »grausilbern im
Mondlicht«[1] schimmernden Säulen von Jesse Hall, Überbleibsel
eines alten Universitätsgebäudes. Sie scheinen ihm »ein Sinnbild
des Lebensweges zu sein, für den er sich entschieden hatte, so
wie ein Tempel Sinnbild des in ihm verehrten Gottes war«.

Ein Gespräch mit dem Dozenten, der seine Liebe zur Literatur geweckt hat, verschafft ihm wenig später Gelegenheit, sich
seiner Entscheidung bewusst zu werden. Als der ihn fragt, ob er
nach seinem Abschluss zur Farmarbeit zurückkehren wolle, hört
er sich auf einmal selbst mit Nein antworten. Umgehend eröffnet ihm der Lehrer die Aussicht, nach dem Magister eine Promo-
tion zu beginnen und während dieser Zeit am College als Dozent
zu arbeiten. Für einen Moment zögert Stoner. Er fühlt Furcht in
sich aufsteigen, als werde ihm plötzlich klar, dass er eigentlich
gar nicht weiß, worauf er sich einzulassen im Begriff steht. Doch
dieser Anflug eines Zweifels verfliegt schnell. »Kennen Sie sich
selbst noch so wenig?«,[2] fragt ihn der Dozent und beantwortet
diese rhetorische Frage sicherheitshalber gleich selbst: »Sie sind
ein Lehrer.« Eine Auskunft von apodiktischer Kürze, die Stoner
kurz das Gefühl vermittelt, »im weiten Äther« zu schweben.
Wenn es noch einer letzten Bestätigung bedurft hatte, wozu sein
Leben bestimmt sei, scheint sie damit erfolgt zu sein. Denn auf
die Gegenfrage, ob sich der Dozent dessen sicher sei und woher

er das wissen könne, erwidert dieser Mann – außer seinen Eltern die überhaupt einzige Autorität, der Stoner bis dahin begegnet ist – mit fröhlicher Stimme: »Es ist Liebe, Mr Stoner ... Sie sind verliebt. So einfach ist das.« Schlicht heißt es weiter: »Und so einfach war es.«[3]

Alle Elemente finden sich hier vereint, die zu einer naiven Identifizierung von Person und Aufgabe führen. Zum ersten Mal in seinem Leben kann der junge Stoner selbst über den Gegenstand seiner Hingabe entscheiden. Aus der Verlegenheit, keine Alternative zu kennen, entscheidet er sich für die erstbeste Sache, von der er sich ergriffen fühlt, gerät in die Paradoxie, das Vakuum der jäh empfundenen Freiheit so schnell wie möglich wieder füllen zu wollen. Weil das hinter ihm liegende Leben auf einmal bedrückend und eintönig erscheint, idealisiert er die ausersehene Aufgabe, wähnt er sich im Glück einer neu entdeckten Liebe. Dabei bemerkt er schon bald, dass die Einschätzung, die der alte Dozent mit dem Impetus der Unfehlbarkeit abgegeben hat, keineswegs zutrifft. Stoner ist mitnichten der geborene Lehrer, im Gegenteil. In seinen ersten Lehrveranstaltungen glaubt er, neben sich zu stehen, seinen Studenten nichts von jenem Staunen vermitteln zu können, das er in sich selbst spürt. Tonlos hört er sich vortragen. Von der eigenen Begeisterung springt in seinen Seminaren kein Funke über.[4] Mit etwas Abstand hält er seine Entscheidung bereits für leichtsinnig und sich selbst für unzureichend, hängt den Gedanken jenes Shakespeare-Sonetts nach, das ihm den Weg zur Literatur gewiesen hat. Er empfindet eine »Sehnsucht nach jener Welt, die von ihm aufgegeben worden war«.[5] So endgültig ihm seine Entscheidung erscheint, wünscht er sich nun fast, »er könnte sie rückgängig machen«.

Doch die naive Hingabe von William Stoner lässt keinen Platz für Korrekturen. Sein kleiner Horizont macht es ihm unmöglich, die einmal getroffene Entscheidung zu widerrufen. Seine auf der Farm erlernte Disziplin sowie der tief verinnerlichte Wunsch nach Pflichterfüllung entfalten jetzt ihre verhängnisvolle Wirkung. Beides dient ihm dazu, jeden Gedanken an eine

Revision seiner Hingabe von sich fernzuhalten. Er hat sich für das Richtige entschieden, also bleibt er auch dabei. Als einer seiner jungen Kollegen beim abendlichen Bier darüber doziert, dass die Universität lediglich eine Zuflucht für die Lebensunfähigen sei, »für die Enteigneten der Welt«, die zur eigenen Tarnung so täten, als ob sie »das selbstlose Streben nach Wissen« befriedigen wollten, schweigt Stoner verstockt.[6] Er reagiert nicht einmal, als ihn der Kollege als »Träumer« verspottet, als »Verrückte[n] in einer noch verrückteren Welt«, als »Don Quichotte des Mittleren Westens, der, wenn auch ohne Sancho, unter blauem Himmel herumtollt«.[7] Selbst diese unverhohlene Anspielung, sich seiner Sache im blinden Idealismus hinzugeben, vermag Stoner nicht zu erschüttern. Aus seiner Sicht trifft das Gesagte auf die Universität nicht zu. Das vielsagende Gespräch gewährt ihm lediglich »einen flüchtigen Blick auf die zersetzende, unverdorbene jugendliche Bitterkeit«.[8]

Als bald darauf amerikanische Soldaten in den Ersten Weltkrieg ziehen, ist dies für Stoner bereits die letzte Gelegenheit, seine Absichten noch einmal zu überdenken. Während sich seine patriotisch begeisterten Kollegen freiwillig an die Front melden, kann er keine neuen Entschlüsse fassen. »Er hatte nie zur Nabelschau geneigt und fand die Aufgabe, sich über seine Motive klar zu werden, schwierig«[9], beschreibt John Williams diese Gedankengänge. Stoner scheint innerlich bereits erstarrt und hat sich gegen jeden Gedanken immunisiert, sein Leben nochmals zu ändern: »[E]r merkte, dass er sich selbst kaum etwas zu bieten hatte und dass es in ihm wenig gab, das er finden konnte.«[10] Vor allem diese Unfähigkeit zur Überprüfung der eigenen Ziele ist es, die seine Kollegen erschreckt. Er habe »schon immer etwas Asketisches, Passioniertes gehabt«[11], bemerkt schließlich der Kollege, der ihn der Donquichotterie geziehen hatte, und lässt beiläufig eine düstere Prophezeiung anklingen: »Du bist verdammt.«[12]

Der junge Mann kommt wenig später auf den Schlachtfeldern in Frankreich ums Leben. Seine Vorhersage erweist sich allerdings als hellsichtig. Das weitere Leben von William Stoner verläuft unglücklich. Ein Schicksalsschlag reiht sich an den nächsten, als würde dem Literaturwissenschaftler jahrzehntelang die Ahnungslosigkeit vor Augen geführt, mit der er sich auf seine akademische Aufgabe eingelassen hat. Im Grunde versteht er selbst nicht, wozu er tut, was er tut – ebenso wenig, wie er vermutlich gewusst hätte, wozu er eine Farm bewirtschaften soll. Unbeirrbar hält Stoner an seinen Aufgaben und Tätigkeiten fest. Er heiratet eine Frau, die genauso unerfahren ist wie er selbst und das Lebensgefühl mitbringt, durch ihre Heirat um jede bessere Aussicht gebracht worden zu sein. Im akademischen Milieu der Universität findet sie kein Zuhause, zumal auch Stoner selbst dort nicht Fuß fassen kann. Aus der Gewissheit, im Leben ihres Mannes überflüssig zu sein, richtet sie ihre passive Aggressivität schließlich ganz darauf, ihm das Leben zur Hölle zu machen. In dieser Atmosphäre des Unglücks wächst ihre gemeinsame Tochter auf und entwickelt wenig mehr als das kindliche Bedürfnis, von allen gemocht zu werden oder wenigstens nicht zu stören. Früh beginnt sie sich zu prostituieren. Ihr Leben verdämmert im Elend des Alkoholismus.

Auf tragische Weise erweist sich die ersehnte Harmonie zwischen Aufgabe und Leben als Illusion. Und das ist eher untertrieben. Stoners Aufgabe hat sich von seinem Leben völlig entkoppelt. Statt Harmonie herrscht zwischen beidem eine klirrende Kälte der Entfremdung. Zugleich scheitert Stoner auch an der Aufgabe selbst. Bescheidene Erfolge seiner Forschungsarbeit ersticken in privaten Problemen. Mit akademischer Rigorosität verstrickt er sich in den Streit um die Leistungen eines neurotischen Studenten. Daraus entsteht eine jahrzehntelange Fehde mit dem Bereichsleiter des Studiengangs, der Stoner mit einer durchtriebenen Studienplanung aus dem Lehrbetrieb zu drängen versucht. Wenige Glücksmomente erlebt der Literaturwissenschaftler, als eine begabte Schülerin einige seiner Erkenntnisse aufgreift und in ihrer eigenen Forschung weiterverarbeitet. Daraus wird eine Affäre, die unglücklich endet und Stoner noch einsamer zurücklässt.

Früher als geplant muss er seine Tätigkeit aufgeben, als er entdeckt, dass er schwer an Krebs erkrankt ist. Als er nach fast vierzig Arbeitsjahren seinen Abschied nimmt, gilt er an der Hochschule bereits als kurioses Überbleibsel aus vergessenen Zeiten. »Ich weiß nicht, was ich gemacht hätte, wenn ich kein Professor geworden wäre«, stammelt er bei seiner Verabschiedung. »Wenn ich nicht gelehrt hätte, dann hätte ich …« Bezeichnenderweise weiß er an dieser Stelle nicht weiter.[13] In seinen von Schmerz umnebelten Todesstunden zuckt immer wieder eine furchtbare Frage in seinen Gedanken auf: »Was hast Du denn erwartet?«[14] Undeutlich erinnert er sich, »ans Scheitern gedacht zu haben – als wäre das wichtig«.[15] Doch selbst in den letzten Minuten seines Lebens versagt er sich dem Eingeständnis, in seiner Hingabe verschwenderisch und naiv gewesen zu sein. »Jetzt fand er solche Gedanken kleinlich, fand sie unwürdig angesichts dessen, was sein Leben gewesen war.«[16] Als er stirbt, gleitet ihm ein Buch aus den Händen. Es ist sein eigenes – in der Fachwelt längst vergessen.

William Stoner liefert damit ein besonders bedrückendes Beispiel für ein verpasstes Leben. Seine Geschichte lässt sich nicht ohne Mitleid verfolgen, auch wenn Stoner in der Sturheit, mit der er an seinen Entschlüssen festhält, eine anachronistische Erscheinung abgeben mag. Ist es glaubhaft, dass jemand die eigene Hingabe derart unumschränkt einer Sache widmet, mit der er sein Leben offenkundig ruiniert? Selbst ein Mensch des frühen 20. Jahrhunderts hätte über weit bessere Möglichkeiten verfügt, sich über die Gründe seiner Lebensentscheidung zu vergewissern. Wenigstens einmal hätte er aus der Enge von Missouri ausbrechen können, eine andere Universität besuchen, andere literarische Themen aufgreifen, neue Kontakte knüpfen können. Wenig hätte vermutlich ausgereicht, um seinen Lebensweg entscheidend zu verändern. Und doch zeigt sein Beispiel, weshalb auch in weniger drastischen Fällen die naive Identifizierung der eigenen Person mit dem Gegenstand ihrer Hingabe scheitern muss.

Zwar trifft Stoner ohne jeden Zweifel eine selbstbewusste Wahl. Er weiß, was er tut, als er sich zur Laufbahn als Literaturwissenschaftler entschließt. Aber es genügt eben nicht, sich der Entscheidung gewiss zu sein, sie zu bejahen und sich im ersten Überschwang in eine Lebensaufgabe hineinzustürzen. Es geht darum, die gewählte Aufgabe aus sich selbst zu verstehen, zu erfassen, worum es bei der Sache eigentlich geht, die man zur eigenen Sache macht. Wie lassen sich Tätigkeit und Persönlichkeit sonst hinterfragen, lassen sich Unstimmigkeiten feststellen, mögliche Veränderungen erwägen? Hier liegt Stoners Problem. Er verklärt seine Aufgabe zum unumstößlichen Ideal, fesselt sich als Erfüllungsgehilfe an seine wissenschaftliche Mission. Was auch immer geschieht: Nichts kann ihn von der Hingabe abbringen, mit der er sich seiner Aufgabe widmet, so unerfüllbar sie sein mag, so viele persönliche Probleme sie ihm bereitet. Noch als verknöcherter, schwerkranker Frühpensionär klammert er sich an die Begeisterung, mit der er als junger Mann einst ein Shakespeare-Sonett gehört hat und dem Ratschlag gefolgt ist, Literatur zu lehren. Stoner widmet sich einem Leben, von dem er offenbar nie zu wissen verlangt hat, ob es wirklich sein Leben ist.

Was naive Hingabe auf der *inneren Seite* der Persönlichkeit anrichtet, hat John Williams eindrucksvoll beschrieben. Doch diese Form der Hingabe kann auch für Probleme sorgen, von denen selbst ein Stoner wenig zu ahnen scheint oder in seiner Engstirnigkeit gar nichts mitbekommt. Die Ahnungslosigkeit seiner Hingabe verdirbt ihm vor allem die Freude am eigenen Tun, legt sein eigenes Leben in Trümmer, das Leben seiner Frau und seiner Tochter, die Aussicht auf eine bessere Beschäftigung, eine erfüllte Partnerschaft und Familie. Naive Hingabe richtet aber noch weitere Verheerungen auf der *äußeren Seite* der Persönlichkeit an, nämlich in jenen Bindungen und Institutionen, denen die eigene Lebensaufgabe, die eigene Tätigkeit, das eigene Projekt vor allem gilt. Hier hat das naive eigene Bemühen nicht minder schwerwiegende Folgen, bis zur Korrumpierung oder Zerstörung der Institutionen selbst, verbunden mit der verblüffenden Erkenntnis, sich auf einmal in Lebensverhältnissen wiederzufinden, die man nie erstrebt hatte und mit denen man nie zu tun haben wollte.

## 6.3 Ich verstehe die Welt nicht mehr

Der eigene Idealismus kann dazu verführen, eine falsche Lebensaufgabe zu wählen und sich auf diese Weise unglücklich zu machen. Weniger Beachtung findet dagegen, dass sich die Gefahr dieses Unglücks auch auf den Bereich der eigentlichen Tätigkeit erstreckt. Was man nicht wirklich versteht, gelingt meist auch nicht. In naiver Hingabe mag man sich zwar vornehmen, stets das Allerbeste zu bewirken. Nur wartet oft die unangenehme Überraschung, dass dabei das Gegenteil des Beabsichtigten herauskommt.

Eine beliebte Parodie für das tägliche Misslingen der eigenen Vorsätze liefern die berühmten *Minions* aus dem gleichnamigen Animationsfilm von Chris Meledandri und Janet Healy. Ironischerweise wollen die kleinen gelben Männchen nichts anderes als loyale Gehilfen sein, echte Vorbilder einer naiven Hingebung. Nichts wünschen sie sich mehr, als einem beeindruckend bösen Meister zu dienen und ihm dabei behilflich zu sein, seine diabolischen Pläne in die Tat umzusetzen. Ebenso zuverlässig scheitern sie allerdings an diesem Vorsatz als obskures kleines Völkchen, das von Anbeginn der Zeiten da gewesen zu sein scheint und in allen Erdzeitaltern seine verhängnisvollen Spuren hinterlässt. Für ihren ersten Meister, einen Tyrannosaurus, entdecken die Minions eine steinerne Kugel als Fortbewegungsmittel, befördern ihn damit aber sogleich in den Schlund eines Vulkans. Dem nächsten Bösewicht, einem gewaltigen Urmenschen, reichen sie zum Entscheidungskampf gegen einen Bären eine Fliegenklatsche. Auch das geht erwartungsgemäß nicht gut aus. Für einen Pharao bauen sie eine Pyramide, die infolge eines Konstruktionsfehlers den Herrn und Meister unter sich begräbt.

Für Graf Dracula haben sie zu dessen 357. Geburtstag eine Torte gebacken und reißen, um die Überraschung perfekt zu machen, die fest geschlossenen Vorhänge auf. Im Sonnenlicht zerfällt der Vampir zu Staub. Wenig besser ergeht es Napoleon auf seinem Russlandfeldzug, als die Minions eine zunächst auf den Feind gerichtete Kanone versehentlich auf den Feldherrn selbst abfeuern.

Es fällt nicht schwer, uns in solchen Patzern selbst parodiert zu finden. Schließlich ist es eine alltägliche Erfahrung, dass nicht alles gelingt, was man sich vorgenommen hat. Manches geht gründlich daneben. Allerdings verbirgt sich hinter dem notorischen Scheitern der Minions deutlich mehr. Ihre Missgeschicke sind immer auch das Ergebnis von Unkenntnis. Zwar wollen sie unbedingt dienen und idealisieren in ihrer naiven Hingabe den Bösewicht, den sie sich zum Meister erkoren haben. Doch sie wissen nicht, wie sie ihm überhaupt zu Diensten sein könnten. Sie haben keine Vorstellung davon, was sie, um hilfreich zu sein, eigentlich tun müssten. Zuverlässig erreichen sie deshalb stets das Gegenteil. Für den Pharao bauen sie die Pyramide falsch herum, mit der Spitze nach unten. Kein Wunder, dass sie umkippt und für den ägyptischen Herrscher unerwünscht früh zur Grabstätte wird. Auch Graf Dracula hätten die Minions immerhin gut genug kennen müssen, um von seiner lebensbedrohlichen Lichtempfindlichkeit zu wissen. Was für eine absurde Idee, seinen Geburtstag ausgerechnet im hellsten Sonnenschein begehen zu wollen.

Auch wenn diese Beispiele albern sind, zeigen sie eines deutlich: Die naive Identifizierung mit dem Gegenstand der eigenen Hingabe bedeutet noch lange nicht, der gewählten Aufgabe gerecht werden zu können. Der bloße Vorsatz, gute Gehilfen sein zu wollen, macht aus den Minions eben noch keine guten Gehilfen. Nur weil ich bereit bin, *etwas* zu tun, heißt das nicht, dass ich weiß, *was* zu tun ist. Die eigene Begeisterung, der naive Glaube, meine Aufgabe gefunden zu haben, verstellt mir womöglich sogar den Blick dafür, dass ich diese Aufgabe gar nicht verstehe, überhaupt nicht abschätzen kann, worauf ich mich eigentlich einlasse.

Wieder stehen wir damit an der Schwelle zwischen *innerer* und *äußerer* Seite der Persönlichkeit. Zwar erscheint es den Minions *authentisch*, ihrem jeweiligen Meister dienen zu wollen. Sie wissen also, was sie sich wünschen, haben eine Vorstellung von dem, was sie sich erträumen. Aber sie haben offensichtlich keinerlei Begriff von der Verantwortung, die sie damit übernehmen. Sie können nicht beurteilen, was sie im konkreten Fall tun müssen. Ihnen fehlt jene äußere Hülle der Persönlichkeit, in der sich Hingabe in Gestalt von Erfahrung, Wissen und praktischem Können manifestieren kann. Auch für die Minions gilt, was Hannah Arendt dem modernen Menschen attestiert hat: der Welt entfremdet zu sein, die Bereitschaft zur Hingabe nicht in konkretes Handeln übersetzen zu können.

Eine naive Hingebung gefährdet deshalb nicht nur eigene Wünsche und Bedürfnisse. Sie erzeugt auch eine zweite Gefahr. Während William Stoner daran scheitert, dass er in der Begeisterung für die große Aufgabe sein eigenes Leben aus den Augen verliert, richtet sich die zweite Gefahr auf die selbstgewählte Lebensaufgabe: nicht zu erkennen, was man in seiner blinden Hingebung eigentlich bewirkt. Die Minions mögen von dem Wunsch beseelt sein, für ihren Meister das Allerbeste zu tun, aber sie wissen nicht, was sie auslösen. Sich selbst für irgendwelche Rollen, Bindungen und Aufgaben für ausersehen zu halten, ist verhängnisvoll für die eigene Bewährung in der Welt. Der Glaube, wie von selbst das Richtige zu tun, bringt schnell etwas anderes hervor, als es den eigenen Absichten entspricht – meist mit wenig erfreulichen Konsequenzen.

Die Minions sind dafür zugegebenermaßen ein etwas simples Beispiel. Selbst bei einer Tendenz zur Selbstüberschätzung wirkt es eher unwahrscheinlich, ständig so tölpelhaft zu scheitern. Wer wird derart unvorbereitet immer wieder in seine Aufgaben oder Rollen hineinstolpern? Das allein ist noch kein Grund, an einer natürlichen Berufung zu einer Aufgabe, Rolle oder Mission zweifeln zu müssen. Werfen wir also einen genaueren Blick darauf, was in solchen Lebenssituationen geschieht. Relevant sind jene Fälle, in denen wir versucht sind, uns selbst zu idealisieren, Situationen, in denen es leichtfällt, sich selbst für die ideale Besetzung einer Aufgabe oder Rolle zu halten.

An dieser Stelle warten beachtliche Fehleinschätzungen. Ich identifiziere mich völlig mit dem, was ich vorhabe. Und ich glaube nicht nur instinktiv, genau zu wissen, was ich zu tun habe, sondern bin davon überzeugt, für diesen Fall auch genau die richtige, vielleicht sogar die *einzig* richtige Person zu sein. So unwahrscheinlich ist es gar nicht, in eine solche Situation zu geraten, oft gleich mehrmals im Leben. Denn bei aller Skepsis sich selbst gegenüber gibt es einen Fall, in dem vermutlich die meisten Menschen zu dieser naiven Identifizierung neigen: den glücklichen Fall, verliebt zu sein. Selten jedenfalls fällt es leichter, sich selbst ideale Eigenschaften oder Fähigkeiten zuzuschreiben, als wenn es um den Wunsch geht, Partnerin oder Partner eines geliebten Menschen zu werden. Habe ich ihm oder ihr nicht so viel zu geben? Ist da überhaupt jemand anderer, der diesen Menschen besser versteht, seine Bedürfnisse besser kennt als ich? Flirt, Liebe und Sex halten für die eigene Hingabe genau jene Rollenangebote bereit, von denen nahezu jeder sagen wird: Wer, wenn nicht ich?

Dass daraus schnell etwas völlig anderes wird, als es sich Verliebte erträumen, hat kaum ein Romancier so gut beschrieben wie John Updike. Und dabei geht es keineswegs um das klassische Thema der Literatur, dass Liebende mit gesellschaftlichen Normen in Konflikt geraten oder dass ihre Liebe Standesgrenzen verletzt, allgemeine Rollenerwartungen oder bestehende Bindungen. Vielmehr beschreibt Updike in seinem berühmten Roman *Ehepaare* ein explizit liberales Amerika der 1960er Jahre. In einem Städtchen an der Ostküste, in der Nähe von Boston, finden Gleichgesinnte zusammen, die sich von der moralischen Strenge ihrer Elterngeneration ausdrücklich zu emanzipieren versuchen. Sie sind in den Dreißigern, und obwohl sie alle verheiratet sind, Paare der gehobenen Mittelschicht, wünschen sie sich Offenheit in ihrem Leben. »Sie hatten gelitten unter den starren Ehen und den konventionellen Ausflüchten ihrer Eltern«, beschreibt Updike das Lebensgefühl dieser Paare, »und nun schwebte ihnen die vollkommene Aufrichtigkeit vor, die aus dem unbefangenen, freimütigen Umgang mit anderen Paaren gedeihen sollte.«[17] Anstelle hierarchischer Ordnung und diskriminierender Unterschiede setzen sie auf »zwanglose Mitgliedschaft in einem Freundeskreis und Teilnahme an einem Reigen von Partys und Spielen«.[18] Den Orten ihrer Kindheit, an denen sich »immer dasselbe ermüdende Karussell der feinen Lebensart drehte«, haben sie den Rücken gekehrt. »Das Ideal hieß nicht mehr Pflicht und Arbeit, sondern Wahrheit und Vergnügen.«

Schnell zeigt sich, was Wahrheit und Vergnügen in diesem Zusammenhang bedeuten. Wahrheit besteht darin, sich eine amouröse Neigung auch zu anderen als dem eigenen Partner oder der eigenen Partnerin einzugestehen. Zum Vergnügen gehört es, diese Neigung auszuleben. Den Anfang machen zwei Paare, die untereinander die Partner tauschen. Von außen wirkt das wie ein wunderbar einfaches Arrangement. Die beteiligten Ehepaare selbst empfinden sich anfangs als liberale Speerspitze. Um die Eifersucht der anderen, so meint einer der beteiligten Männer, dürfe man sich nicht kümmern. »Sie sind ausgehungert«, philosophiert er. »Ihre Ehen sind schal geworden, und wenn sie etwas an der Nase kitzelt, dann halten sie das gleich für Champagner.«[19] Wie gut, dass man die offene Ehe so gut ausleben könne: »Wir haben das Glück, ganz ungezwungen miteinander umgehen zu können, und dürfen uns von den anderen nicht befangen machen lassen.« Anfangs klingt das erstaunlich plausibel. Untreue ist offenbar nicht nur aufregend, sondern lässt sich verblüffend leicht ausleben. Zwanglos scheint der innere Wunsch nach Leidenschaft und Affären mit den Institutionen des eigenen Lebens vereinbar, auch mit der eigenen Ehe. In ihrer naiven Hingebung sind die Beteiligten zu Beginn absolut davon überzeugt, aus eigenem Bedürfnis eigentlich nur Gutes zu bewirken. Sie befriedigen ihre Sehnsucht. Und im besten Falle wird die eigene Ehe wieder etwas prickelnder. Was könnte daran so falsch sein?

Mit wunderbarem Humor schildert John Updike die tatsächlichen Folgen dieses Arrangements und zeigt, dass keiner der Beteiligten sie vorhergesehen oder gar gewollt hätte. Schon mit dem Bekenntnis zur Untreue verändert sich die Beziehung der Paare auf völlig unerwartete Weise. Hatten sie anfangs den Partnertausch voreinander verborgen gehalten, ist nun so etwas wie eine offene Tauschbeziehung entstanden, die niemanden mehr befriedigt. Schnell lädt sich die Atmosphäre auf mit Überdruss und Frustration. Beispielhaft sind die Gefühle von Janet, einer der beiden Frauen. Sie selbst hatte ohnehin erst damit begonnen, ihren Mann zu betrügen, als sie von dessen Verhältnis mit der Frau des befreundeten Paares, Marcia, erfahren hatte. Vor allem aus Revanchegelüsten hatte sie sich deshalb mit Harold eingelassen, dem Mann von Marcia. Das schien die passende Antwort auf die Affäre ihres Mannes zu sein: ein Akt ausgleichender Gerechtigkeit. Doch als die beiden Paare diesen Tausch offenlegen und damit legalisieren, fühlt sie sich nochmals betrogen. »Marcia hatte aus freien Stücken Ehebruch begangen«, so lauten ihre Überlegungen, sie selbst hingegen »hatte sich nur deshalb an Harold geklammert, weil sie ihre und seine Verzweiflung lindern wollte.«[20] Sie kommt zu dem tragikomischen Ergebnis, dass es in dieser offenen Paarbeziehung alles andere als gerecht zugeht: »Janet sah nicht ein, dass sie zwei unzulänglichen, unbequemen Männern zu Willen sein sollte, nur damit Marcia in allen Ehren eine Nymphomanin sein konnte.«

Das Experiment der offenen Ehe beginnt den beiden Paaren auf diese Weise ziemlich schnell zu entgleiten. Während ihre anfänglich euphorische Hingabe abkühlt, wird das neu geschaffene Arrangement zu einer Institution, die keiner von ihnen beabsichtigt hat, die jedoch auf alle umso deprimierender wirkt. Sie geraten in einen Zustand, von dem Updike schreibt, dass in ihm

»*individuelle* Sehnsüchte einer *allgemeinen Verbindlichkeit*« Platz machen: »Die Frauen schliefen aus Mitleid mit den Männern, und jede überließ aus resignierter hoffnungsloser Großmut ihren Mann der andern. Das wuchernde Gespinst aus Takt und Rücksichtnahmen breitete sich immer weiter aus, und in beiden Häusern herrschte bereits eine ungesunde Krankenhaus-Atmosphäre.«[21] Das klingt ungewollt komisch, entwickelt sich im Alltag jedoch zu einer Tristesse, die mit ratlosen Gesprächen beim Therapeuten endet. Und die Talsohle der unerfreulichen Entwicklung ist damit noch nicht erreicht.

Das Unglückspotential der beabsichtigten sexuellen Befreiung bekommt die intelligenteste Frau im Tableau von Updikes Figuren zu spüren: Foxy, eigentlich Elizabeth Fox. Auch in ihrem Fall begegnen wir einem Geschlechterstereotyp, das an eine klassische Form der Hingabe gekoppelt ist. Es ist das Bild der freundlich angepassten Frau, die jederzeit tut, was andere von ihr erwarten. Gerade erst ist sie mit ihrem Mann, einem Biochemiker, aus Boston in die kleine Küstenstadt gezogen. Schon beim ersten Abendessen mit den anderen Paaren fühlt sie sich von der seltsamen Atmosphäre dieses Kreises befremdet. »Alle wirkten so ineinander verkrallt«, sagt sie zu ihrem Mann auf dem Heimweg.[22] Und doch gehört sie schon wenig später selbst zum betrügerischen Reigen, krallt sich mit derselben Hingabe in eine Affäre, wie es auch die anderen tun. Das wirkt zunächst befremdlich, denn Foxy scheint, von außen besehen, glücklich verheiratet, ist schwanger, und man fragt sich, weshalb sie sich zum Geliebten ausgerechnet den zwielichtigen Bauunternehmer Piet erwählt, der ihr bei der ersten Begegnung unter den Rock schaut und seine Ehefrau regelmäßig mit gleich mehreren Freundinnen aus dem illustren Kreis betrügt.

Updike entdeckt für diese Entscheidung Motive in Foxys Leben, die eine wichtige Eigenschaft naiver Hingabe in Erinnerung rufen: dass es schwerfällt, diese Hingabe in Frage zu stellen, aus eigenen Fehlern zu lernen. Ähnlich wie William Stoner ist Foxy bereits auf dem besten Weg, sich in einem verpassten Leben einzurichten. Allerdings ist sie deutlich reflektierter als der sture Literaturwissenschaftler. Noch als junge Frau erkennt sie, dass sie ihr bisheriges Leben klaglos dem Wertekosmos ihrer Eltern untergeordnet hat. Sie begreift, dass auch sie in einer Stoner-Welt gelebt hat, in der außer der vorgeformten eigenen Lebensaufgabe nichts Wichtiges zu existieren schien. Anders als der verknöcherte Professor versucht sie, aus dieser Tristesse auszubrechen. Ihre Affäre ist der erste emanzipative Akt ihres Lebens, eine Absage an das Selbstgefühl, lediglich die folgsame Tochter eines Marineoffiziers zu sein. Nüchtern sieht sie ihr bisheriges Leben vor sich, ihr Studium am Radcliffe-Frauencollege in Cambridge und ihre Unfähigkeit zu »heterosexuellen Beziehungen ohne Unterwürfigkeit«.[23] Sie sieht, dass sie zu früh geheiratet und an der Seite ihres Mannes, eines hochbegabten Wissenschaftlers, keinen Platz für eine eigene Berufung gefunden hat. Jahrelang lebt sie in dem Glauben, dass sie »keine berechtigte Klage vorzubringen« habe, »nur die eine unberechtigte, dass sie bis zu seiner Promovierung in Unfruchtbarkeit ausharren musste und diese Zeit lang gewesen war«.[24]

Dann jedoch vollzieht sich ein Prozess der Selbsterkenntnis, den sich ein William Stoner nicht einmal hätte träumen lassen, auch wenn Foxy einige Jahre braucht, um zu ihrer Einsicht zu gelangen. Während ihr Mann ein Forschungsstipendium erhält und als Assistent in Harvard promoviert, sucht sie ratlos nach eigenen Aufgaben, leistet »kleine wissenschaftliche Hilfsarbeiten zwischen flämischen Kupferstichen oder mesozoischen Farnfossilien in gemütlichen, staubigen Harvard-Kellern; Rezeptionsdienst im Verwaltungsgebäude, Mitarbeit an einem Unterrichtsprojekt für geistig behinderte Kinder«.[25] Sie erinnert sich an die »ziellose Teilnahme an Graduate-Seminaren; einen Anlauf, den Master-Titel zu erwerben; zwei Semester Aktzeichnen in Boston; Ferien, sogar Flirts; […] alles ohne Ergebnis«. Am Ende durchschaut sie das traurige Pflichtgefühl, das in ihrer Ehe herrscht: Ein Kind zu bekommen, scheint tatsächlich alles, was sie ihrem scheinbar so viel höher stehenden Mann geben kann.

»Ein Kind, eine Verbindung ihrer beider Chemien, würde ein aufrichtiges Pfand ihrer Bewunderung, ihres Vertrauens sein, und sie beide für alle Zeit über die Ebene hinausheben, auf der die Tauglichkeit dieser Gefühle in Frage gestellt sein könnte.«[26]

Hier verbirgt sich der Grund für Foxys Affäre. Sie ist in die Trostlosigkeit ihrer Ehe gedrungen. Und nicht aus Langeweile oder Überdruss beginnt sie ihr Verhältnis mit Piet, sondern weil sie sich aus ihrem Leben befreien will. Was sie sich erträumt, ist ein radikaler Neuanfang. Ihre Affäre wird deshalb anfangs zu einem Glückserlebnis, einem Fest ihrer Hingabe. Schonungslos berichtet sie davon ihrer entgeisterten Mutter und kündigt ihr an, sich von dem ungeliebten Ehemann zu trennen: »Ich glaube, der Fehler ist, dass nicht ich ihn mir ausgesucht habe. Du hast ihn ausgesucht. Papa hat ihn ausgesucht. Radcliffe und Harvard haben ihn ausgesucht. Alle Welt war sich einig, dass er der Richtige für mich sei, und das ist der Grund, weshalb er es nicht ist.«[27] Sie selbst sei dabei nebensächlich gewesen, »nichts weiter als ein Gegenstand, der verpackt und aus dem Weg geschafft werden musste«.[28] Ihre Wut darüber formuliert Foxy noch deutlicher in einem Brief an ihren Geliebten, von dem sie hofft, dass er die Stelle ihres Ehemanns einnehmen wird: »Er liebte mich nicht; ich amüsierte ihn, weil ich so eine täppische unschuldige kleine Schickse war. Er benutzte mich als ein Spielzeug, und ich bemerkte zu meinem Schrecken, dass es mir gefiel. Ich genoss es, gebraucht/missbraucht zu werden.«[29]

Hinter diesen Worten verbirgt sich die Tragik von Foxys Hingabe. Denn auch Piet, der idealisierte Gefährte, der Adressat langer, liebevoller Briefe, erweist sich als Mann, der Foxy nur als Spielzeug benutzt. Zumindest hat er keinerlei Bedürfnis nach dem Neuanfang, der ihr vorschwebt. Für ihn ist Foxy nur eine Episode seiner hochstaplerischen Lebensgewohnheiten, eine seiner vielen Affären, die er zu beenden versucht, als sie ihm aus Sorge um seine Ehe zu brenzlig wird. Obendrein betrügt er Foxy mit einer anderen Frau aus dem Freundeskreis. Als sie kurz nach der Geburt ihres Kindes erneut schwanger wird, diesmal von

Piet, nötigt er sie zu einer Abtreibung. Der Gedanke, er könnte ihr zu einem neuen Leben verhelfen, ist pure Fiktion. Gleichwohl steckt Foxy ihre ganze Hingabe in dieses Luftschloss – ebenso naiv, wie sie zuvor die Jahre in ihrer Ehe verbracht hat. Pathetisch schreibt sie an Piet: »Bei Dir habe ich das Gefühl, dass ich endlich von meinem Recht der Wahl Gebrauch gemacht habe – frei von allem, was üblich ist, von jeder Vorschrift, jedem Zwang. Im Grunde bist Du mein erster Gefährte.«[30] In ihrer Hingebung idealisiert sie diese Verbindung wie zuvor ihre Ehe – und macht sich selbst damit zum Teil einer Entwicklung, die sie weder beabsichtigt hat noch kontrollieren kann.

Beispielhaft veranschaulicht das die Klimax des Romans. Noch gilt im Freundeskreis die Übereinkunft, Sex als Tauschware behandeln zu dürfen. Doch diese Verabredung gerät nun außer Kontrolle. Denn auch Foxys Freigebigkeit wird als Tauschhandel eingestuft – und auf mögliche Gegenleistungen taxiert. Noch während Piet, der vermeintliche Gefährte, sich und seine schwankende Ehe vor Foxy zu retten versucht, erscheint der schmierige Zahnarzt Freddy auf der Bildfläche, der die Abtreibung vermittelt hat. Bei den amourösen Wechselgeschäften ist er bislang nie zum Zug gekommen, ganz anders als seine Frau beim notorischen Fremdgänger Piet. Deshalb will sich Freddy nun rächen. Als Preis für sein Schweigen verlangt er eine Nacht mit Piets Frau. Aus sexuellen Gefälligkeiten wird Erpressung. Und es gehört zu den absurden Formen der Hingabe in diesem Roman, dass Piets duldsame Frau, die vielfach Betrogene, aus Loyalität zu ihrem Mann sogar zu diesem Opfer bereit ist.

Die Grenze des Zumutbaren ist damit jedoch überschritten. Besonders erbost ist Freddys Frau. Nicht weil sich ihr Mann die üblichen Gefälligkeiten auf erpresserischem Weg verschaffen will, sondern aus Eifersucht auf den treulosen Piet. Sie verrät Foxys Ehemann, was vor sich geht. Der ahnungslose Wissenschaftler ist erzürnt über die Affäre seiner Frau und die geheim gehaltene Abtreibung. Und so fliegt das betrügerische Arrangement, fliegt der gesamte Freundeskreis mit einem großen Knall auseinander. Die Ehen von Foxy und Piet werden geschieden. Allen anderen ist das Geschehen so peinlich, dass sie sich fortan aus dem Weg gehen. Was sie in naiver Hingabe begonnen haben, eine Libertinage, aus der fast jeder von ihnen persönliche Vorteile zu ziehen glaubte, nimmt ein tragisches Ende. Es ist die tiefe Ironie von John Updike, dass er Foxy und Piet in den Ruinen ihrer Existenz später doch noch zusammenfinden lässt, mit dem vielsagenden Ausblick, dass sie sich nun anderswo niedergelassen und einen Freundeskreis mit anderen Paaren gefunden haben. Für Foxy lässt dieser Neuanfang vermutlich nur wenig Gutes erwarten.

Ohnehin ist es von bösartiger Konsequenz, dass in diesem Kreis mehr oder minder zynischer Figuren ausgerechnet eine aufrichtig liebende, nach Selbstbefreiung strebende Frau die größten Verletzungen davonträgt. Leider entbehrt diese Grausamkeit nicht der Logik. Denn es ist Foxy, deren hochgespannte Hingabe die Natur dieses Freundeskreises am deutlichsten verfehlt. Schließlich besteht dessen Inhalt vor allem darin, die Beteiligten füreinander sexuell verfügbar zu machen. Foxy wäre nicht an den umtriebigen Piet geraten, wenn sie ihm nicht ausgerechnet in diesem Kreis begegnet wäre. Sie übersieht, dass er einer der Hauptprofiteure dieses Arrangements ist und kaum ein anderes Interesse verfolgt, als sich aus dem Reservoir der verfügbaren Frauen nach Kräften zu bedienen. Foxys Hingabe bewirkt am Ende nichts anderes, als sich diesem ausbeuterischen Arrangement auszuliefern – und zwar ohne realistische Aussicht, dass ihre eigenen Wünsche in Erfüllung gehen.

Doch auch die Hingabe der anderen ist naiv. Denn sie alle blenden aus, dass sich auch ein noch so libertär gesinnter Freundeskreis nicht darauf reduzieren lässt, sexuelle Verfügbarkeiten herzustellen. Trotz aller Kaltschnäuzigkeit gibt es unter den Beteiligten weiterhin Verletzbarkeiten und Eifersucht, sind sich die Personen auch anderweitig verpflichtet, als in unterschiedlichen Konstellationen miteinander ins Bett zu gehen. Die Erwartung ist naiv, ein solches Arrangement ohne die Gefahr schmerzhafter Enttäuschungen eingehen zu können. Es bedeutet, über die eigene Verletzlichkeit ebenso hinwegzusehen wie über jene der anderen. Solche Ignoranz birgt das Potential, jederzeit den gemeinsamen Kreis zu zerstören – und damit das Objekt der gemeinschaftlichen Hingabe. Letztlich ist es kurzsichtig, Freundschaften überhaupt zur bloßen Projektionsfläche sexueller Bedürfnisse zu verkleinern. Es ist jene naive Hingabe, in deren Ahnungslosigkeit die Auflösung der Institution bereits angelegt ist.

Wie von selbst führt diese nassforsche Art des Herumprobierens zurück zu den Minions. Und es zeigt sich, dass die menschlichen Torheiten von denen ihrer gelben Karikaturen gar nicht so weit entfernt sind. Zweifellos sind unsere Motive etwas ausgeklügelter, als irgendeinem Bösewicht zu Diensten sein zu wollen. Vermutlich lässt sich Besseres vorstellen, als der Gehilfe eines Grafen Dracula zu sein. Doch wie sich zeigt, sind auch wir selbst kurzsichtig genug, die Gardinen aufzuziehen und dem Vampir das exakte Gegenteil eines Freundschaftsdienstes zu leisten. Auch wir sind naiv genug, die Bereitschaft zur Hingabe jederzeit mit der Kompetenz für die Sache zu verwechseln.

Die unglückliche Foxy hat gut umschrieben, weshalb diese Form der Hingabe scheitern muss. Denn ihr Wesen ist es, sich blind in die Sache zu »verkrallen«, die eigene Person mit dem Objekt ihrer Hingabe gleichzusetzen. Wer nicht versteht, dass die eigenen Absichten mit der verfolgten Sache nicht identisch sind, versteht auch nicht, weshalb gänzlich andere Dinge geschehen können als jene, die beabsichtigt waren. Was habe ich nur getan? Wie konnte es dazu kommen? Am Ende lauert die Erfahrung, das Gegenteil der eigenen Wünsche bewirkt zu haben, das denkbar schlechteste Ergebnis naiver Hingabe. Ihr verdanken die Minions ihr Dracula-Erlebnis und Updikes Paare das Ende ihres Freundeskreises. Die Akteure erkennen die Verhältnisse nicht mehr wieder, in die sie sich hineinbegeben haben. Ein solches Ende in Befremdung hat eindrucksvoll der Dichter Friedrich Hebbel in seinem Theaterstück *Maria Magdalena* beschrieben.

Hier glauben die handelnden Personen in ihrer Naivität, dem Erhalt ihrer Familie zu dienen. Die unglücklich schwangere Tochter ist überzeugt davon, einen Mann heiraten zu müssen, den sie nicht liebt. Gegen ihren Willen erschießt ihr früherer Geliebter den Nebenbuhler im Duell. Weil ihr Bruder vermeintlich einen Diebstahl begangen hat, fürchtet der Vater um die Familienehre. Als der Bruder aus dem Gefängnis zurückkehrt, denkt er reumütig darüber nach, ins Exil zu gehen, statt den Selbstmord seiner Schwester zu verhindern. Am Ende steht der Vater einsam an der Rampe und stöhnt in rettungsloser Verzweiflung: »Ich verstehe die Welt nicht mehr!«[31]

So kommt naive Hingabe an ihr Ende. Tatsächlich erschöpft sie sich in der Erfahrung, die Welt nicht mehr zu verstehen. Denn die Welt der Institutionen, der gewählten Lebensaufgaben und Bindungen ist nicht identisch mit dem Innenraum der eigenen Sehnsüchte. Sie lässt sich mit ihm nicht in eins setzen. Wer sich in einer Symbiose mit seinen Aufgaben glaubt, scheitert mit seinen Ambitionen wie William Stoner oder trägt zu einer Entwicklung bei, die zum Gegenteil des Erwünschten führt, wie im Leben von Elizabeth Fox. Hingabe verführt dazu, Person und Rolle in eine Einheit verschmelzen zu wollen – umso wichtiger ist es, zwischen eigenen Bedürfnissen und den Anforderungen an die gewählte Rolle zu unterscheiden, *innere* und *äußere* Sphäre der eigenen Persönlichkeit auseinanderzuhalten. Denn nicht Harmonie herrscht in deren Verhältnis zu den Gegenständen ihrer Hingabe. Deutlich wird das Gegenteil: dass der Einzelne jederzeit in Konflikte zwischen seinen Bedürfnissen und Rollen geraten kann. Das Leben ist zu komplex, um von einer selbstgeschaffenen Harmonie träumen zu können.

# 7. Maskerade mit Stendhal – die Karrieristen

## 7.1 Die Maskierung der Person

Naive Hingabe wird selten belohnt. Eher geschieht das Gegenteil: Das eigene Engagement endet in Enttäuschung. Oft erzeugt der Fehlschlag eine besonders schmerzhafte Empfindung: das Gefühl, gedemütigt worden zu sein. Zweifellos gibt es wenig, was verletzender sein könnte. Im Erschrecken über das Geschehene fragt sich, was die eigenen Anstrengungen wert gewesen sind. Wie konnte es mir passieren, mich auf diese Unternehmung, diesen Lebensweg, diesen Menschen überhaupt einzulassen? Wie war es möglich, so viel zu geben, sich so rückhaltlos einzusetzen – und nichts dafür zu bekommen als enttäuschte Erwartungen, gebrochene Versprechen und zerstörte Hoffnungen? Bedingungslose Hingabe, die mit einem Schlag ins Gesicht belohnt wird: Es ist eine Demütigung, die Wut und nicht selten den Wunsch nach Rache auslöst.

Auch das sind dunkle Seiten der Hingabe, Gedanken, die erahnen lassen, wie schnell die blinde Bereitschaft, alles Erdenkliche zu tun, in ebenso blinden Hass umschlagen kann. Das ist nicht verwunderlich, allerdings vor allem das Ergebnis der eigenen Bedenkenlosigkeit. Schließlich ist es der Glaube, sich als Person mit der gewählten Sache rückhaltlos identifizieren zu können, der den naiv hingegebenen Menschen so verletzlich macht. Dass eigene Hoffnungen enttäuscht werden können, versteht sich von selbst. Doch wer alles gegeben hat und damit gescheitert ist, glaubt schnell, die Ablehnung richte sich gegen die eigene Person und den eigenen Wunsch nach einem erfüllten Leben. Es bleibt das Gefühl, der falsche Mensch am falschen Ort gewesen zu sein. Es wirkt wie das Scheitern im eigentlichen Sinne.

Die Schlussfolgerung aus solchen Verletzungen ist simpel. Sie lautet, sich *schützen* zu müssen. Worauf ich mich auch einlasse: Die möglichen Folgen dürfen mich nicht im Innersten berühren. Ich sollte, was mir widerfährt, nicht automatisch als Angriff auf meine Person betrachten und in Zweifel ziehen müssen, was ich zu verkörpern glaube, was für mich Bedeutung besitzt. Niemand kann von mir verlangen, mich meiner Berufung mit Haut und Haar zu widmen, alles aufs Spiel zu setzen, was ich darstellen möchte. Dass ich mich einer Aufgabe oder anderen Menschen hingebe, heißt keineswegs, mich ihnen ausliefern zu wollen. Selbst wenn ich am Ende enttäuscht werden sollte, darf damit nicht die Berechtigung meiner Existenz in Frage stehen, das Scheitern meiner Hingabe nicht identisch sein mit dem Scheitern meiner Person.

Solche Forderungen erinnern daran, wie trügerisch naive Hingabe ist. Eigene Wünsche und die gewählte Lebensaufgabe passen eben nie ganz zusammen. Zwischen beidem herrscht notwendig eine *Spannung*. Es ist das *eine*, mir von einer Sache etwas zu versprechen. Etwas *anderes* ist es, sie auszuführen, sich in ihr zu bewegen, in ihr tatsächlich zu leben. Wie wir gesehen haben, ist die Begeisterung der Minions für ihre Aufgabe nicht identisch mit dieser Aufgabe, ja bedeutet noch nicht einmal, diese Aufgabe zu verstehen. Eine entscheidende Einsicht fehlt in diesem naiven Verhältnis zur Welt: Bei aller Begeisterung für die Sache muss man sich darauf einstellen, dass sie mit Schwierigkeiten verbunden ist, die sich im eigenen Wünschen und Wollen gar nicht wiederfinden und daher bislang gar keine Rolle gespielt haben. Wohin man seine Hingabe auch immer lenken mag: Es handelt sich um einen Ort, der seine eigenen Regeln, seine eigenen institutionellen Formen, Besonderheiten und Probleme mitbringt. Dort zu *sein*, eigene Wünsche auf das zu richten, was einen dort erwartet, bedeutet daher, die *äußere Seite* der eigenen Persönlichkeit an diesen Gegebenheiten ausrichten zu müssen.

Das klingt zunächst etwas technisch, dabei ist es eine vertraute Lebenssituation. Es bedeutet, mich mit den jeweiligen Bedingungen vertraut machen zu müssen. Welche Kompetenzen brauche ich oder muss ich mir zusätzlich aneignen, um eine

Tätigkeit ausüben zu können? Was weiß ich über die Menschen, mit denen ich zu tun habe? Was erwarten sie von mir? In keinem Falle werde ich eine Situation vorfinden, die vollständig mit meiner Lebensplanung übereinstimmt. Auf irgendeine Weise wird es immer auch darum gehen, mich an die Situation anzupassen oder – mit Hannah Arendt gesprochen – meinen »Gemeinsinn« einzusetzen. Denn das ist es ja, was mit der *äußeren Seite* meiner Persönlichkeit gemeint ist: Sie bedeutet, Verständnis für die Sache zeigen zu müssen, um die es geht, für meine Aufgabe, für das gemeinsame Interesse bei einer Unternehmung, für die Menschen, mit denen ich mich treffe, mit denen ich zusammenarbeite oder in engere Beziehung trete.

Diese Erkenntnis birgt zugleich den natürlichen Schutz, den ich mir verschaffen kann, um Verletzungen zu entgehen. Denn nicht alles, womit ich zu tun habe, ist mit dem, was ich eigentlich sein möchte, *identisch*. Viele Dinge, die ich mache, sind keineswegs mein Herzenswunsch. Im Gegenteil, ich muss immer auch tun, was nicht meinen Interessen entspricht. Es gibt vieles, was zur Aufgabe dazugehört, eben auch gemacht werden muss, sich nicht vermeiden lässt, ein unvermeidliches Ärgernis darstellt und so weiter. Darin zeigt sich der Unterschied zwischen einer verantwortungsbewussten Persönlichkeit und den unbekümmerten Minions. Wer Verantwortung tragen kann, weiß, dass es nicht möglich ist, immer *authentisch* zu sein. Oft sogar verlangen eigene Rollen, Aufgaben und Pflichten von uns etwas völlig anderes als das, was wir tun würden, wenn wir frei wählen könnten. Auf manches, was wir uns wünschen, müssen wir in vielen Situationen verzichten, weil wir andernfalls einer Aufgabe nicht gerecht werden könnten. Das bedeutet keineswegs, sich selbst aufzugeben. Es geht auch um alltägliche Fälle wie jenen, dass man manchmal keine Lust hat, zur Arbeit zu gehen, aber trotzdem hingeht, weil das nun einmal so vereinbart ist.

Vor allem diese Einsicht ist es, die uns als Einzelne schützt. Zwar werden wir in Verantwortung immer auch unangenehme Erfahrungen machen, doch genauso gilt, dass die entsprechende

Rolle keine erschöpfende Beschreibung der eigenen Person ist. Sie ist *nicht* mit mir *identisch*. Sie ist zunächst ein äußeres Erscheinungsbild meiner Persönlichkeit, das sich von anderen kritisieren, attackieren oder sogar herabsetzen lässt, aber was man in diesem Sinne gegen meine Tätigkeit oder gegen meine Rolle einwenden mag, ist keineswegs automatisch ein Urteil über mich *als Person*. Wenn es beispielsweise zu den eigenen Aufgaben gehört, Kontrollfunktionen wahrzunehmen, die Tätigkeit anderer zu beaufsichtigen, ist es sehr wahrscheinlich, dass man diesen Leuten lästig fällt, dass sie einen nicht mögen, einfach weil sie es nicht mögen, dass man ihnen in der eigenen Rolle Unannehmlichkeiten bereiten muss. Das ist nichts, was sich gegen den Einzelnen persönlich richtet. Es ist eben *nur* die *äußere* Seite seiner Persönlichkeit, die andere zu Gesicht bekommen. Für sie ist nicht greifbar, was ihn antreibt, weshalb er macht, was er macht. Insofern ist die äußere Seite seiner Person auch eine Schutzhülle. Sie hilft ihm, nicht alles von sich zu zeigen, und bewahrt ihn vor einer zu großen Verletzlichkeit.

Natürlich darf man es sich mit dieser Schutzfunktion nicht zu leicht machen, denn es ist gut möglich, dass man beispielsweise auch ein *inneres* Bedürfnis empfindet, andere zu kontrollieren oder zu schikanieren. Es kann also sein, dass jemand durchaus *mehr* als nur eine Rolle spielt, nämlich ein herrschsüchtiger Mensch ist. Ebenso ist es möglich, dass einen eine solche Rolle persönlich zu belasten beginnt, deren Schutzfunktion also nichts hilft, weil man das Verhältnis auf Dauer nicht erträgt, in das einen diese Rolle zu anderen bringt. Dann wäre es unklug, darauf nicht zu reagieren. Auf solche Möglichkeiten werden wir im letzten Kapitel zu sprechen kommen. Vorläufig ist es jedoch legitim, sich mit einem solchen Schutz zu versehen, sogar darauf zu rechnen, dass er das eigene Innere vor anderen zu verbergen hilft. Schließlich brauchen andere nicht alles zu wissen, was mich umtreibt. Ich bin niemandem Rechenschaft über meine Wünsche schuldig. Dass ich bereit bin, mich für etwas hinzugeben, bedeutet nicht, dass andere erfahren müssen, weshalb ich das tue.

So entsteht das Bewusstsein, immer auch eine soziale *Maske* zu tragen. Als Person befinde ich mich nicht nur bei mir selbst, im Kernbereich meiner Wünsche und Sehnsüchte, sondern stets auch *außerhalb* meiner selbst, im sozialen Gefüge meiner Welt, in dem ich Aufgaben zu erledigen habe, Rollen übernehme, Verantwortung trage. Immer ist die eigene Person ein solcher Zwitter aus *Innen* und *Außen*. Immer gibt es zwischen beiden Sphären auch Widersprüche. Jede Person hat deshalb ein *Janusgesicht*. Sie ist nicht immer authentisch, sondern ebenso häufig die bloße Maske ihrer sozialen Rollen. Das ist ein wirkungsvoller Schutz, weil ich meine Hingabe nicht zwingend zu erkennen geben muss. Stets kann ich mich darauf zurückziehen, dass ich lediglich *meine Aufgabe* erledige. Welche persönlichen Ziele ich damit verfolge, brauche ich niemandem mitzuteilen.

Zugleich bewirkt solches Verhalten allerdings eine beträchtliche Veränderung der sozialen Temperatur. Während naive Hingabe in ihrer Bedenkenlosigkeit große Wärme verströmt, bringt die soziale Maskierung eine berechnende Kälte in die Sphäre der eigenen Tätigkeiten. Die Trennung von Innen und Außen erlaubt es, persönliche Ziele verborgen zu halten. Der eigene Lebensweg lässt sich strategisch planen, als Abfolge von Aufgaben und Verantwortlichkeiten, als Weg zum Aufstieg, als *Karriere*. Die eigenen Ambitionen bleiben undurchsichtig, wecken weniger schnell den Argwohn oder Konkurrenzgefühle anderer. Diese Art der Berechnung führt in die Gedankenwelt des französischen Romanciers Henri Beyle, der als Stendhal berühmt geworden ist. Bereits im Titel seines wichtigsten Romans *Rot und Schwarz* finden wir jenen zentralen Gedanken wieder. »Rot« nämlich sind unsere Leidenschaften, ist der Wunsch nach dem eigenen Platz in der Welt. Auf der anderen Seite jedoch lauert die »schwarze« Welt der Institutionen, der Politik und Berechnung, jener sozialen Kälte, die erforderlich ist, um sich den ersehnten Platz in der Welt tatsächlich zu erkämpfen. Zwischen beiden Polen changiert das Leben der Person, samt der Einsicht, dass es besser ist, eigene Lebensziele und ehrgeizige Wünsche vor anderen verborgen zu halten, sich *sozial zu maskieren*, am Ende vielleicht sogar vieles zu tun, was jenen Wünschen vollkommen widerspricht, sich also zu verleugnen, womöglich bis zur Unkenntlichkeit zu verstellen.

Die Angst davor, sich naiv hinzugeben, enttäuscht zu werden und sich deshalb hinter der Maske der eigenen Aufgaben zu verbergen, wird dabei in ihr nicht minder extremes Gegenteil verkehrt. Wo gerade noch die grenzenlose Bereitschaft herrschte, sich mit der gewählten Aufgabe zu identifizieren, sich rückhaltlos in jedes Abenteuer zu stürzen, wird das flammende »Rot« der eigenen Hingabe plötzlich *unsichtbar*. Der nüchtern kalkulierende Karrierist erscheint auf der Bühne und wird von scheinbar nichts anderem geleitet als seinem Verständnis von der Aufgabe selbst, kühl und unbestechlich. Aus Angst vor seiner Verletzlichkeit versucht er, seine persönlichen Ziele für sich zu behalten, oft sogar ganz von sich abzuspalten. Rein und edel scheint seine Hingabe einzig der Erfüllung seiner Aufgabe zu gelten. Es ist eine *taktische* Form der Hingabe, die hier Gestalt annimmt, ein Versuch, die persönliche Seite, die eigene Leidenschaft, das eigene Verlangen gleichsam auszublenden. Das Ziel scheint klar: Als Person möglichst unangreifbar zu bleiben, sich selbst nicht einzulassen, zumindest weniger verletzlich zu sein.

Auch dieser Lebensentwurf ist ebenso einseitig wie extrem, droht nicht minder problematische Ergebnisse heraufzubeschwören als die naive Hingabe. Denn zum Unglück des Karrieristen lassen sich die Widersprüche zwischen dem »schwarzen« Mantel seiner Pflichterfüllung und dem pochend »roten« Herzen seiner Wünsche keineswegs vollständig unterdrücken. Im Gegenteil, je größer die Kälte, mit der er den Versuch macht, hinter seiner sozialen Maske zu verschwinden, desto unbarmherziger die Kämpfe, die er im Geheimen mit sich ausfechten muss. Durch diese Kämpfe begleitet Stendhal seinen Helden Julien Sorel, bis zu dessen tragischer Selbstzerstörung.

## 7.2 Alles für die Karriere

Karrieristen wirken selten sympathisch. Letztlich gilt das für jede Form der sozialen Maskerade, für das Erscheinungsbild besonders angepasst wirkender Menschen. Allzu deutlich geben sie ihre Absicht zu erkennen, vor allem eine *Rolle spielen*, hinter ihrer sozialen Maske verborgen bleiben zu wollen. Nicht selten wirken sie glatt, kalt und opportunistisch. In jedem Falle scheint ihnen zu fehlen, was wir meist für ein unverzichtbares Merkmal charakterlicher Stärke halten, nämlich die Authentizität. Schnell macht sich verdächtig, wer so kühl und korrekt daherkommt. Wer weiß, was sich hinter dieser Maskerade verbirgt? Muss man nicht unterstellen, dass es sich um bösartige Gedanken und Vorsätze handeln könnte? Wer einzig aus Pflichtgefühl und Beflissenheit zu bestehen scheint, so der Eindruck, kann eigentlich nichts Gutes im Schilde führen.

Oft ist dieser Vorbehalt vor allem ein Vorurteil. Schließlich wissen wir nicht, was undurchsichtige Menschen vor uns verborgen halten. Mehr lässt sich über sie zunächst kaum sagen, als dass sie sich offenbar zu schützen versuchen. Und das sollte zumindest legitim erscheinen. Jedenfalls ist es nicht verwerflich, eigene Absichten nicht jederzeit offenbaren zu wollen. Vor allem aber sollten wir die Enttäuschungen der naiven Hingabe in Erinnerung behalten. Häufig verbirgt sich hinter kühler Zugeknöpftheit nichts anderes als die Angst vor der eigenen Verletzlichkeit – oder aber die Erfahrung, bereits tiefgreifend verletzt worden zu sein. Keine literarische Figur könnte diese Angst besser widerspiegeln als der junge Held in Stendhals Roman *Rot und Schwarz*. Denn Julien Sorel, der hochintelligente Sohn eines Zimmermanns aus einem kleinen Dorf im Burgund, erlebt seit frühester Kindheit kaum etwas anderes als Hass und Verachtung. Er wächst ohne Mutter auf, der Vater ist hartherzig und brutal. Von klein auf wird Julien verprügelt, vom Vater ebenso wie von den älteren Brüdern. Noch als junger Mann wird er misshandelt, obwohl er dank seiner erstaunlichen Lateinkenntnisse bereits Hauslehrer beim Bürgermeister des Ortes ist. Aus Eifersucht auf seinen schönen Anzug schlagen ihn die Brüder eines Tages, bis er »ohnmächtig und blutend« am Boden liegt.[1] Es kann nicht verwundern, dass sich dieser früh gedemütigte junge Mann schwertut, offenherzig für eine selbstgewählte Sache Partei zu ergreifen.

Nicht nur hat Julien Sorel früh gelernt, dass es niemanden interessiert, welche Wünsche er hegt, sondern er weiß auch, dass er eigene Ambitionen nicht zu erkennen geben darf. Jeder offen geäußerte Gedanke hat neue Demütigungen zur Folge. Früh lernt er, sich zu verstellen. Der einzige Freund während seiner Jugendzeit ist ein alter Regimentsarzt, auf dessen Empfehlung er Rousseaus *Bekenntnisse* liest, Napoleons Erinnerungen und die Bulletins der Großen Armee. Nie vergisst Julien die »flammenden Blicke«, die der alte Mann auf sein Kreuz der Ehrenlegion wirft.[2] »Sein Leben lang«, schreibt Stendhal, hat er außer mit diesem Mann »mit niemand aufrichtig gesprochen«.[3] Es sind die einzigen freundlichen Eindrücke, die Julien in seinem Herzen einschließt. Sie werden zum Ideal seiner erträumten Hingabe. Er wünscht sich, in einer halb phantastischen republikanischen Welt zu leben, in der die Standesunterschiede nicht existieren, die den Handwerkersohn ständig verletzen, in einer Welt, in der er sich als unerschrockener Held, als Soldat oder General, auszuzeichnen vermag. Während er sich nach außen keine Blöße zu geben versucht, nährt dieses geheime Ideal die Wut in seinem Inneren und einen Hass gegen alle, die bessergestellt sind und hochnäsig auf ihn herabblicken.

Nach außen jedoch lässt sich Julien von all dem nichts anmerken. Im Gegenteil, den Großen der Welt begegnet er mit bemerkenswerter Verlogenheit. Wie ein Hochstapler passt er sich den Gegebenheiten an und versucht, die Planung seiner Karriere von seinen Träumen vollständig abzuspalten. Schließlich regiert in der restaurierten Monarchie nicht mehr Napoleon, sondern der König im Bündnis mit dem Hochadel und der Kirche. Deren zurückgewonnene Macht begreift Julien schnell, verfolgt schon als

Junge den Bau eines prunkvollen neuen Gotteshauses in seinem Heimatort, während zugleich der zivile Friedensrichter seine Autorität einbüßt. Er hört von Priestern, »die mit vierzig Jahren hunderttausend Franken Einkünfte haben, das heißt dreimal so viel wie unter Napoleon die berühmtesten Divisionsgenerale«. Die kühle Schlussfolgerung des jungen Mannes lautet: »Man muss Priester werden.«[4] Diesem Ziel beginnt er alles unterzuordnen, lernt das Neue Testament auf Latein auswendig, um den alten Pfarrer des Ortes zu beeindrucken. Unentwegt trägt er »fromme Gefühle« zur Schau, beherrscht neben der Bibel ebenso »Herrn de Maistres Buch vom Papst«, glaubt aber »an das eine so wenig wie an das andere«.[5] Das wirkt abstoßend, und sogar Stendhal selbst scheint sich gelegentlich zu ekeln: »Wer hätte ahnen können, dass sich hinter dem blassen, sanften Mädchengesicht der unerschütterliche Entschluss verbarg, lieber tausend Toden ins Auge zu sehen, als auf den Aufstieg zu verzichten?«[6] Anfangs ist Julien dabei sehr erfolgreich. Auf Fürsprache des Pfarrers wird er Hauslehrer beim Bürgermeister, später Priesterseminarist in Besançon und in Paris schließlich Privatsekretär in einer der bedeutendsten Adelsfamilien Frankreichs. Selbst ein Bischofstitel ist am Ende in Reichweite. Sein ehrgeiziger Karriereplan scheint aufzugehen.

Keine Frage, so viel Verstellung erregt Abscheu. Der Erfolg jedoch gibt dem jungen Aufsteiger vorläufig recht. Und ist seine Verlogenheit wirklich so verwunderlich? Nicht nur lebt er im Bewusstsein früher Demütigung, fürchtet er seine Verletzlichkeit, weiß er, dass ihn die Offenbarung seiner napoleonisch gefärbten Ideale augenblicklich zum Revoluzzer, zum gesellschaftlichen Außenseiter stempeln würde, sondern er sieht auch, dass er herausragende Fähigkeiten mitbringt, um größere Erwartungen zu befriedigen, ja in höchste Kreise aufzusteigen. Schließlich ahnt er, dass er für seine Heuchelei, die Abspaltung seiner Wünsche und Sehnsüchte, mit Reichtum und Macht mehr als entschädigt werden könnte. Einen Vorgeschmack davon erhält er, als er den jungen Bischof von Agde als Mitglied einer heimatlichen Ehrenwache zur Reliquienverehrung in den Nachbarort begleiten darf. Vierundzwanzig Mädchen aus den vornehmsten Familien des Ortes empfangen dort den hohen Würdenträger vor der Kapellentür. Gemeinsam mit ihnen kniet der Bischof nieder. »Während er laut betete, bewunderten sie offensichtlich die schönen Spitzen, die er trug, seine anmutige Haltung, sein junges, sanftes Gesicht.«[7] Die Wirkung auf Julien könnte kaum stärker sein: »Bei einem solchen Schauspiel verlor unser junger Held den Rest seiner Vernunft. In diesem Augenblick hätte er sich für die Inquisition geschlagen, und er hätte es im besten Glauben getan.«

Diese Szene beschreibt, wie sich solche Karrieren häufig weiterentwickeln. Sie enden im Opportunismus, mit der Korruption der eigenen Wünsche und Bedürfnisse. Auch Julien Sorel ist von dieser Versuchung nicht frei. Leicht könnte er sich vorspiegeln, die bloß geheuchelten Überzeugungen nun eben doch zu teilen, am Ende selbst ein überzeugter Mann der Kirche geworden zu sein. Es wäre ein bequemer Weg zur ersehnten Anerkennung, der schnelle Weg an die Spitze der Gesellschaft, und tatsächlich führen von diesem Punkt aus viele Wege zurück in die Selbstaufgabe, zurück in ein *devotes* Verhältnis zum Gegenstand der eigenen Hingabe. Im Leben von Julien jedoch bleibt diese Versuchung nur ein Augenblick. Diesem reflektierten Mann ist jederzeit bewusst, dass er heuchelt. Er versucht sich nicht darüber hinwegzutäuschen, dass seine Hingabe *taktischer* Natur ist, Ausdruck einer Verstellung. Zumindest sich selbst gegenüber bleibt er ehrlich, eine entscheidende Voraussetzung dafür, die Konflikte verstehen zu können, in die ihn sein Karrierismus nun mit brutaler Wucht hineinstürzt.

Der ehrgeizige Aufsteiger führt sich diese Probleme mit großer Klarheit vor Augen. Er gesteht sich ein, was er faktisch tut: hochgestellten Persönlichkeiten »für ihr Geld meine Seele [zu] geben«.[8] Um seine Selbstachtung wahren zu können, glaubt er ihnen zeigen zu müssen, »dass meine Armut mich *zwingt*, in den Dienst ihres Reichtums zu treten, dass mein Herz aber auf tausend Meilen ihrer Anmaßung *unzugänglich* ist und in einer

Sphäre wohnt, die zu hoch liegt, als dass ihre Missachtung oder Gunst mich erreichte«. Was er sich da wünscht, ist nahezu ein Ding der Unmöglichkeit. Trotz seiner Heuchelei möchte er als integer gelten. Mag seine Arbeit auch gekauft sein – er selbst ist nicht käuflich. Dass er anderen die »Unzugänglichkeit« seines Herzens verdeutlichen will, lässt den Wunsch erahnen, sie würden seine Maskerade durchschauen, als trauriges Übel, das ihm vom Leben aufgezwungen wurde.

Doch auf verständnisvolle Großmut darf er nicht hoffen. Schon im Priesterseminar in Besançon scheitern seine Versuche, ein solches konspiratives Verhältnis zu seiner Umwelt aufzubauen. Seine augenzwinkernden Hinweise, gemeinsam doch nur lästige Glaubenspflichten abzuleisten, treffen auf die grenzenlose Stumpfheit seiner Mitseminaristen, die in ihm augenblicklich den Ehrgeizling und Sünder wittern. »In ihren Augen war er des großen Lasters überführt, das darin bestand, dass er selbständig dachte und urteilte, statt blind der Autorität und dem Vorbild zu folgen.«[9] Er wird verachtet und ausgegrenzt, lernt auf unmissverständliche Weise, dass aus seiner Heuchelei kein Seitenweg herausführen wird. Er muss sein Spiel der Verstellung weiterspielen, sieht ein, dass ihm die Welt nichts anderes bieten kann: »[J]etzt lerne ich sie kennen, wie sie bis zu dem Tag vor mir stehen wird, an dem ich meine *Rolle vollende*, belauert von erbarmungslosen Feinden. Wie entsetzlich schwer ist das, in jeder Minute die Verstellung durchführen zu müssen; die Verstellungen des Herkules waren leichter.«[10] Der Gedanke erscheint ihm unerträglich, fortan die stumpfe Maske des Geistlichen zu tragen, dessen »bedingungslose Hingabe« zu zeigen, am Ende »alles zu glauben und zu vertreten, sogar durch das Martyrium«.[11] Derart bedrückend wirkt diese Perspektive, dass er mit dem Gedanken spielt, doch noch in ein Regiment einzutreten oder Lateinlehrer zu werden. »Aber dann war es auch mit der Laufbahn zu Ende und mit den Träumen von großer Zukunft: es hieß sterben.«[12] Für Julien Sorel ist das zu viel. Derart billig will er seine Talente an die Mächtigen nicht verschleudern.

Also arbeitet er sich weiter nach oben. Der Preis, den er für seine Anbiederung zahlt, steigt allerdings kontinuierlich. Als Privatsekretär des Herrn de la Mole ist er schließlich gezwungen, auch gegen innerste Überzeugungen zu handeln. Mit großer Verstellungskunst hat er das Vertrauen dieses hohen Adeligen erworben und begleitet ihn eines Tages zu einer geheimen Versammlung, bei der nichts Geringeres als die konservative Revolution geplant wird, die Wiederherstellung der absoluten Monarchie. Julien muss die Gespräche der verschworenen Runde protokollieren und soll den Reaktionären als Bote dabei helfen, ausländische Truppen zur Unterstützung des Umsturzes nach Frankreich zu rufen. Sein eigener Dienstherr gehört zu den Initiatoren dieses Landesverrats. »Vorwärts, die Bataillone gebildet!«, rezitiert Herr de la Mole zynisch die Worte aus der Marseillaise. »Wollen Sie weiterreden, ohne zu handeln? In fünfzig Jahren wird es in Europa nur noch Präsidenten von Republiken und nicht einen König mehr geben.«[13] Der für seine Sanftmut einst bewunderte Bischof von Agde geifert in dieser Runde über die Hauptstadt als eigentliches Zentrum des Unglaubens. »Paris allein mit seinen Zeitungen und seinen Salons hat das Unrecht verschuldet. Mag das neue Babel untergehen.«[14] Julien protokolliert diese hasserfüllten Ausbrüche und wird als Emissär für vertrauenswürdig befunden. Dass die Pläne der Verschwörer scheitern, ändert nichts an seiner Selbstverleugnung. Als Handlanger verrät er seine eigene republikanische Gesinnung, kompromittiert schließlich alles, wofür er einst zu leben geglaubt hatte.

Spätestens jetzt wirkt die Maskerade unerträglich, mit der Julien Sorel hinter seiner selbstgewählten Rolle verschwindet. Eine Episode seines Lebens jedoch ist noch abstoßender und führt später seinen Untergang herbei: Weil er nicht aufrichtig sagen zu können glaubt, was er ist, versagt er sich auch, aufrichtig zu lieben. Er bringt es nicht fertig, sich als Liebender zu offenbaren. Dabei ist er keineswegs gefühlskalt. Doch selbst in echter Zuneigung bleibt seine Angst gegenwärtig, *aus der Rolle* zu fallen, sich auszuliefern, verletzlich zu werden – und damit sein Scheitern heraufzubeschwören. Auch hier bleibt er bei seiner taktischen Hingabe. Diese Beschränkung zerstört das Verhältnis zur einzigen Frau, die er wirklich liebt, zu Madame de Renal, der Frau des Bürgermeisters in seinem Heimatort. Obwohl er, das zurückgestoßene Kind, von ihrer zarten, beinahe mütterlichen Zuneigung schnell ergriffen ist, kann er das Misstrauen nicht überwinden, bloßes Spielzeug für eine gierige Oberschicht zu sein. Kalt versucht er die Rolle eines lernenden Galans einzunehmen und überdenkt seine Umgangsformen wie ein »Soldat, der von der Parade zurückkehrt«.[15] Allen Ernstes stellt er sich die Frage: »Habe ich etwas unterlassen, was ich mir selbst schuldig war? Habe ich *meine Rolle* gut gespielt?« Worauf er selbstzufrieden ergänzt: »Und welche Rolle! Die eines Mannes, dem es geläufig ist, bei Frauen sein Bestes zu geben.«

Immer wieder verfällt Julien in dieses hässliche Muster, zwingt seine Gefühle unter den Mantel der deprimierenden Rollenbeschreibung. Immer findet sich ein Grund, nicht offenherzig sein zu können. Dabei empfindet der junge Mann, »der nie jemand geliebt hatte, der nie von jemand geliebt worden war«, schon während der ersten Tage seiner Beziehung zu Madame de Renal »ein so süßes Vergnügen an der Aufrichtigkeit«, dass er einige Male versucht ist, ihr »den Ehrgeiz zu gestehen, der bis dahin den Inhalt seines Lebens ausmachte«.[16] Im ersten Überschwang wagt er sogar, ihr seine Leidenschaft für Napoleon anzudeuten, beobachtet aber, wie sich die Miene der frommen Bürgermeistersfrau augenblicklich verfinstert. Schnell ist er ernüchtert, sieht in ihr das Opfer falscher Erziehung, glaubt sie im »feindlichen Lager« der Monarchisten.[17] Lakonisch heißt es wenig später: »Julien wagte es nicht mehr, sich unbefangen seinen Träumen zu überlassen.«[18]

Zugleich beginnt er, die gesellschaftlich unerreichbar scheinende Frau aufrichtig zu lieben. Als sie in einer gefährlichen Erkrankung ihres kleinen Sohnes eine göttliche Strafe für ihre Affäre sieht und ihrem Mann den Ehebruch gestehen will, ist

Julien gerührt. »Sie glaubt, dass sie ihren Sohn tötet, wenn sie mich liebt«, lauten seine Gedanken, »und doch liebt die arme Frau mich mehr als ihren Sohn. [...] wie konnte ich eine solche Liebe einflößen, ich, der so arm, so schlecht erzogen, so unwissend und manchmal so plump in seinem Auftreten ist?«[19] Als sie sich in ihrer Angst wünscht, wenigstens er selbst möge glücklich sein, fühlt er »sein Misstrauen und seinen verletzten Stolz schmelzen«.[20] Er glaubt nicht länger, der lediglich »mit den Funktionen eines Liebhabers beauftragte Kammerdiener« zu sein. Er stürzt, wie Stendhal schreibt, »in alle Qualen echter Liebe«. Trotzdem verunstaltet er diese Leidenschaft mit der Maskerade des Aufsteigers, erklärt sie zum Beleg seiner Fähigkeiten, auf dem Weg nach oben jeglichen Widerstand überwinden zu können. Nach über einem Jahr kehrt er in seinen Heimatort zurück, erfüllt von der Aussicht, in höchste Kreise aufsteigen zu können, und verschafft sich eine letzte Liebesnacht bei Madame de Renal, die sich unter geistlichem Beistand vorgenommen hat, nicht wieder untreu zu werden. In bemerkenswerter Kälte genießt er die »Lust des Stolzes, als er in seinen Armen und beinahe zu seinen Füßen das reizende Geschöpf sah, die einzige Frau, die er geliebt hatte, dieselbe, die noch vor wenigen Stunden von dem Gedanken an den rächenden Gott und ihre Pflichten erfüllt gewesen war. Vor seinem Mut hatten Entschlüsse nicht standgehalten, denen ein Jahr Festigkeit zu Hilfe gekommen war.«[21]

Das ist der Preis, den Julien Sorel für seine Verstellung zahlt. Die taktische Hingabe für seine Aufgaben hat zur Folge, dass auch sein Verhältnis zu anderen taktischer Natur bleibt. Selbst die geliebte Frau findet sich am Ende als bloße Episode in seinem Karriereplan wieder, als erfolgreich zur Seite geräumtes Hindernis. Selbst ihre Liebe hat ihn nicht dazu bewegen können, sich zu offenbaren, sich mit ehrlicher Überzeugung auf sie einzulassen. Zu groß bleibt die Angst, sich angreifbar zu machen, die berechneten Ziele seines Lebens nicht erreichen zu können. Diese schwer erträgliche Unzugänglichkeit wächst sich aus zu einer gefährlichen Bedrohung. Denn auf Dauer kann niemand die eigenen Wünsche und Bedürfnisse in sich abtöten, ohne an seiner Angst, seinem Hass auf die Welt zu ersticken.

## 7.3 Verzehrender Hass und amour fou

»Wozu mache ich eigentlich das alles?« Vermutlich gibt es niemanden, der sich die Eingangsfrage dieses Buches nicht mindestens einmal im Leben gestellt hätte. Sie zielt auf die Natur der eigenen Hingabe, auf das zentrale eigene Motiv, sich auf etwas einzulassen. Karrieristen fällt eine Antwort darauf besonders schwer. Vor allem wissen sie, was sie *nicht* möchten und was infolge der eigenen Hingabe möglichst *nicht* geschehen sollte: »Ich mache es nicht, um mich anderen damit *auszuliefern.*« Oder: »Ich mache es nicht, um damit *mein Gesicht zu verlieren.*« Auch deshalb ist *Rot und Schwarz* ein so erschütternder Roman. Er zeigt, was sich Menschen aus Angst vor solchem Gesichtsverlust antun, einzig deshalb, weil sie den Missbrauch der eigenen Hingabe fürchten. Allein aus diesem Grund lebt ein Karrierist wie Julien Sorel in dem selbsterzeugten Zwang, seine Hingabe jederzeit zu kontrollieren, möglichst nichts von sich preiszugeben. Was führen schließlich die anderen im Schilde? Werden sie nicht versuchen, seine Fähigkeiten und Talente für ihre eigenen Zwecke einzuspannen? Juliens taktische Hingabe gründet vor allem in seiner Angst vor der Welt. Mit ihr entsteht zugleich ein gefährliches Ungleichgewicht. Denn eine Welt, vor der man so viel Angst haben muss, ist eine hassenswerte Welt. Es erzeugt nichts als Widerwillen, sich auf sie einzulassen.

Schon über Julien als Hauslehrer heißt es, dass er »nur Hass und Abscheu vor der guten Gesellschaft« empfand, »die ihn an ihrem Tisch sitzen ließ«, und zwar »am Ende ihres Tisches«.[22] Von Anfang an fühlt er sich zurückgesetzt, als geduldeten Außenseiter, »das erklärt vielleicht den Hass und den Abscheu«.

Nicht einmal an die Zuneigung der arglosen Kinder der Renals mag er glauben. Sie »liebkosen mich«, so beobachtet er argwöhnisch, »wie sie gestern den neuen Jagdhund liebkosten«.[23] Er glaubt nicht, dass in seiner Umgebung überhaupt jemand die Wahrheit sagt. Immer wieder meint er zu beobachten, »wie wenig die Gedanken dieser Menschen mit der Wirklichkeit übereinstimmten. Bewunderte er eine Tat, so konnte er sicher sein, dass sie den Leuten, unter denen er lebte, missfiel. Im Innern dachte er jedesmal: ›Was für Barbaren oder Dummköpfe!‹«[24] Die Vertreter der höheren Gesellschaft, ist er überzeugt, können einzig durch Betrug ihre Stellung und ihr Vermögen erlangt haben. »Wie sie sich mit ihrer Wohlanständigkeit brüsten!«, erregt er sich, als er in seinem Heimatort bei der Familie des Armenhaus-Direktors zu Gast ist. »Als gäbe es keine andere Tugend! Und dabei kriechen sie vor einem Mann, der offenbar sein Vermögen verdoppelt oder verdreifacht hat, seitdem er das Armengut verwaltet! Ich wette, dass er sich sogar an den Geldern der Findelkinder bereichert.«[25]

Einzig und allein Hass ist es auch, der anfangs Juliens Gedanken an Madame de Renal bewegt. Ist sie nicht vor allem eine hochgestellte Dame auf der Suche nach sexueller Abwechslung? Ist es nicht vor allem eine herrschaftliche Erwartung, dass er ihr zu Willen ist? Ihre Liebe zu gewinnen, erscheint ihm zunächst als bloße Gelegenheit, ihrem Mann, dem Bürgermeister, »der alle Vorteile der Welt für sich gepachtet hat, meine Verachtung zu zeigen. Ja, ich tue es, gerade ich, den er von oben herab zu behandeln beliebte.«[26] Diese Düsterkeit, ja Menschenverachtung bleibt keineswegs unbemerkt. »Herr Julien, mäßigen Sie sich um Gottes willen«, weist ihn eines Tages eine Freundin der Madame de Renal zurecht, die sich über sein hochmütiges Gebaren ärgert. »[B]edenken Sie, dass wir alle Anfälle von schlechter Laune haben.«[27] Julien erwidert diesen Tadel mit einem Blick kalter Verachtung, dessen wahrer Sinn die arglose Frau, wie Stendhal schreibt, mehr als nur verwundert hätte. Es ist ein Blick, der »eine unbestimmte Hoffnung auf die abscheulichste Rache« zum Ausdruck bringt. »Solche Augenblicke der Demütigung haben ohne Zweifel die Robespierres hervorgebracht.«

Dieser Wunsch nach Rache ist die Kehrseite von Juliens ständiger Verstellung. Der argwöhnische Hauslehrer kann nicht anders, als seine Mitmenschen hassenswert zu finden, sich an ihnen rächen zu wollen. Sie sind es, die ihn vermeintlich zu ständiger Vorsicht und Kontrolle zwingen. Sie sind es, die ihm seine heuchlerische Rolle vermeintlich auferlegen. Auf sensible Gemüter wie Madame de Renal und ihre Freundin wirkt diese Kälte befremdlich, ja verstörend. »Als sie so nebeneinander gingen, bildete seine hochmütige Blässe, seine düstere und entschlossene Miene einen seltsamen Gegensatz zu den roten und verlegenen Gesichtern der verwirrten Frauen. Er verachtete sie und alle zärtlichen Gefühle mit ihnen.«[28]

Diese Spannung zwischen Maskerade und gärendem Hass wirkt extrem und scheint auf Dauer kaum erträglich. Es kann nicht verwundern, dass Julien immer wieder in gefährliche Grenzsituationen gerät. Regelmäßig denkt er an Selbstmord, vor allem in Momenten, in denen er sein Scheitern befürchtet. *Innere* und *äußere* Seite seiner Persönlichkeit sind einander entfremdet. Schließlich will er nicht sein, was er zu sein vorgibt oder vorgeben zu müssen glaubt. Er hasst die Welt, die ihn dazu nötigt, sich seine heuchlerische Rolle aufzuerlegen, hasst ebenso die Rolle selbst, in der er sich nicht wiederfinden kann. So kommt es zur grandiosen Klimax des Romans, denn Juliens zunächst noch unklarer Wunsch, sich eines Tages für dieses selbstquälerische Rollenspiel an der Welt rächen zu können, nimmt auf einmal konkrete Gestalt an. Vergeltung scheint möglich für alles, was er erduldet hat – ohne dass seine Karriere in Gefahr gerät. Im Gegenteil, die Entwicklung übertrifft seine kühnsten Erwartungen. Das nahezu Undenkbare wird greifbar: eine Ehe mit der Tochter des Herrn de la Mole. Julien, der ehrgeizige Aufsteiger, steht kurz davor, sich einer der reichsten und mächtigsten Familien Frankreichs als gleichberechtigter, neu geadelter Teilhaber aufzudrängen, sich mit geheuchelter Liebe jene hohe Stellung zu erzwingen, die einzunehmen er sich von jeher berechtigt glaubte.

Die Ironie dieser Klimax besteht darin, dass sie Juliens Hass und Selbsthass in Extreme treibt, die selbst er nicht mehr ertragen kann. Seine taktische Hingabe versetzt ihn schließlich in einen Zustand, der zwischen emotionaler Erschöpfung und Raserei hin und her schwankt. Die vorgetäuschte Liebe zu Mathilde, der ebenso intelligenten wie prätentiösen Tochter des Hauses, entwickelt sich nämlich anders, als es sich der berechnende Julien vorstellt. Anfangs macht er Mathilde noch dieselben Avancen wie der Madame de Renal, meint einmal mehr den kühl kalkulierenden Liebhaber spielen zu können. Er glaubt, alles unter Kontrolle zu haben, findet die junge Dame hübsch, aber keineswegs begehrenswert. Vor allem ihr Hochmut und ihre Kälte sind es, die ihn provozieren. »Ihre vermeintliche Ruchlosigkeit war ein Reiz in seinen Augen, fast der einzige Reiz, den sie hatte.«[29] Er werde sie »bekommen«, phantasiert er düster, »und dann ziehe ich weiter, und wehe dem, der mich an der Flucht hindern will«.[30] Sorge bereitet ihm lediglich, dass seine Hochstapeleien ins Leere greifen, die Avancen der unerreichbar scheinenden Frau bloß vorgetäuscht sein könnten, sie sich über ihn nur lustig machen wolle. Doch jenseits solcher Berechnungen verläuft die Beziehung zu Mathilde bald weit dramatischer. Im täglichen Gespräch »mit dem zugleich hoheitsvollen und umgänglichen jungen Mädchen« vergisst er sogar »seine unfrohe Rolle als rebellischer Plebejer«.[31] Er beginnt zu ahnen, dass die Zuneigung von Mathilde nicht weniger abgründig sein könnte als seine eigene: »[S]elbst wenn ihre schönen blauen Augen mit der größten Hingebung auf mir ruhen, sehe ich auf ihrem Boden noch immer Abschätzung, Kaltblütigkeit und Bosheit. Ist es möglich, dass das Liebe bedeutet?«[32]

Was Julien nicht wissen kann: Er ist an eine Frau geraten, die ihm erschreckend ähnelt. Sie steckt in einem ähnlichen Konflikt wie er selbst. Auch sie hasst die Gesellschaft für die Rolle, die ihr auferlegt ist und aus der es keinen Ausweg zu geben scheint. Sie

verabscheut ihr Leben als höhere Tochter, der nichts anderes be-
schieden ist, als einen langweiligen Adeligen zu heiraten und für
immer die Langeweile der höheren Gesellschaft ertragen zu
müssen. »Nichts fehlt Croisenois«, sinniert sie mit Blick auf einen ihrer Verehrer, doch »er wird sein Leben lang nichts als ein
halb royalistischer, halb liberaler Herzog sein, ein unentschiede-
nes Wesen, das nie auf der äußersten Seite steht und folglich
überall der zweite bleibt.«[33] Mathilde mag dieses Seichte nicht,
die Unverbindlichkeit und Bequemlichkeit des hohen Adels.
»Ist es mein Fehler, wenn die jungen Leute vom Hof so große
Anhänger des Passenden sind und bei dem bloßen Gedanken
an das geringste, ein wenig ungewöhnliche Abenteuer erblei-
chen?«[34] Sie verachtet ihre Verehrer ebenso wie sich selbst als
Objekt der Verehrung. Mathilde schreibt den unerwünschten
Heiratskandidaten sogar anzügliche Briefe, die geeignet wären,
sie zu kompromittieren. In einer Mischung aus Trotz, Witz und
Selbstverachtung spielt sie mit dem Schicksal, das ihr die Gesellschaft dieser langweiligen Männer auferlegt hat: »Sie sind alle
derselbe vollkommene Ritter, bereit, zum Kreuzzug aufzubrechen«, sagt sie zu einer Cousine. »Kennst du etwas Abgeschmack-
teres?«[35]

Dies ist die tiefsinnige Pointe, die Stendhal für seinen Helden
bereithält: Auf der Suche nach einem Ventil für seine Wut, sich
nicht geben zu dürfen, wie er gerne sein würde, gerät Julien an
eine Partnerin, die genau dieselbe Wut verspürt. Mag sein, dass
sich Julien dafür rächen will, ständig heucheln zu müssen. Mag
sein, dass er in der hochfahrenden Mathilde die passende Tro-
phäe sieht, den Preis, den die hohe Gesellschaft für seine Selbstverleugnung bezahlen soll. Umgekehrt sieht aber auch Mathilde
in dem jungen Aufsteiger ihrerseits ein Instrument der Rache.
Ihn zu lieben, sich ausgerechnet mit ihm, dem Emporkömmling,
dem Domestiken, zu verbinden, wird zu ihrer extravaganten
und theatralischen Vergeltung für das ihr aufgenötigte Leben in
der seichten Adelsgesellschaft. Beide vereinen sich in ihrem Hass
auf ihre jeweils eigene Rolle, vereinigen sich in ihrer Wut, nichts

anderes als taktische Hingabe üben, nicht wirklich sein zu können, was sie selbst gerne wären. Ihre Liebe wird zu einem individuell geübten Hass auf das, was sie das Leben zu sein zwingt. Es ist eine *amour fou* im eigentlichen Sinne: ein Aufschrei zweier einsamer Menschen gegen diesen dunklen Zwang.

So finden beide ein Ventil für das, was sich in ihnen aufgestaut hat. Beide glauben nun die Gelegenheit gekommen, all das auszuleben, woran sie zuvor nicht zu denken gewagt, was sie in ihrer taktischen Hingabe stets unterdrückt und verdrängt haben. Für Julien ist es der imaginierte Triumph über die Gesellschaft, der er zu dienen gezwungen ist, sogar die Preisgabe aller zwangsweise geübten Loyalitäten. Als er von Mathilde einen ersten Liebesbrief erhält, empfindet er keine Freude, sondern unverstellten Hass. »Endlich schickt mir eine große Dame eine Liebeserklärung«, denkt er erregt, »mir, dem armen Bauernjungen!«[36] Kein übler Erfolg sei das, ohne dass dafür Zugeständnisse erforderlich gewesen seien: »[I]ch habe mir nichts vergeben. Ich habe ihr nicht gesagt, dass ich sie liebe.« Auch gegenüber seinem Gönner, dem Vater von Mathilde, empfindet er allenfalls kurz Gewissensbisse. »»Ich bin gut«, sagte er sich, ›Mitleid mit einer Familie von diesem Rang zu haben, ich, der Plebejer‹«, der vom Adel »zu den Bediensteten« gerechnet werde. »Bei Gott, so dumm werde ich nicht sein; jeder für sich in dieser Wüste der Selbstsucht, die Leben heißt.«[37] Die Adeligen selbst hätten ebenfalls kein Mitleid »mit den Leuten des dritten Standes, wenn sie die Hand auf sie legen!«[38] Und mit dieser Betrachtung stirbt zuletzt auch, »was ihn bisher wider Willen gequält hatte, seine Herrn de la Mole geschuldete Dankbarkeit«.

Ähnlich steht es um Mathilde – auch wenn ihre Gedanken ganz andere sind. Sie glaubt nun ausleben zu können, was sie als Gegenbild zur opportunistischen Bequemlichkeit des hohen Adels betrachtet: eine heroische Weiblichkeit, unerschrocken für die eigenen Ideale und den eigenen Geliebten zu kämpfen. »Es bedeutet schon Größe und Kühnheit«, glaubt sie, »einen Mann zu lieben, der durch seine gesellschaftliche Stellung so fern von mir ist.«[39] Wobei sich Julien diese hohe Gunst verdienen müsse: »Bei der ersten Schwäche, die ich in ihm finde, verlasse ich ihn.« Romanhaft sieht sie sich durch solche Kämpfe um Rang und Verdienst zurückversetzt in die Zeit der Hugenotten-Verfolgung und imaginiert sich selbst als zweite Marguerite von Valois, die spätere Frau Karls IV. Heroisch erscheint ihr deren vergeblicher Versuch, ihren zeitweiligen Geliebten, einen de la Mole, vor der Hinrichtung zu retten, von den Henkern schließlich sogar seinen Kopf zu erbitten, um ihn eigenhändig in einer Kapelle am Fuß des Montmartres zu begraben.[40] Als würde sie das Schicksal Juliens voraussehen, fragt sie sich, welche heutige Frau »nicht ein Grauen bei dem Gedanken« empfinden würde, »den Kopf ihres enthaupteten Geliebten anzufassen«.[41]

Kein Zweifel, diese *amour fou* ist keine echte Liebe. Denn Julien und Mathilde entwickeln keine Hingabe *füreinander*. Beide bleiben für sich, einsam, eingesperrt in ihre jeweilige Gedankenwelt. Bedeutung hat der jeweils andere nur, um den Hass auf die eigene Rolle abreagieren zu können. Es ist eine Affäre als Vergeltung für ein Leben, in dem sich nichts als taktische Hingabe üben lässt, die Ableistung zwangsweise übernommener Aufgaben. Julien rächt sich für den »Überdruss, den ihm Verstellung und Tugendsprüche bereiteten«,[42] während es über Mathilde heißt: »Von dem Augenblick an, wo bei ihr feststand, dass sie Julien liebte, *langweilte* sie sich nicht mehr. Jeden Tag wünschte, lobte sie von neuem ihren Entschluss, sich eine große Leidenschaft gegeben zu haben.«[43]

So beginnen sie beide, ein theatralisches Theaterstück voreinander aufzuführen. Sie versuchen zusammenzufinden, obwohl ihre Rollen das gar nicht zulassen. Immer wieder begegnen sie sich dabei in Angst, sogar in Feindseligkeit. Denn so süß es ist, die Zügel der eingeübten taktischen Vorsicht schießen zu lassen: Könnte es nicht sein, am Ende doch nur ausgenutzt, ja betrogen zu werden? Muss nicht Julien an einen Spaß glauben, den sich die hohe Adelige mit ihm, dem Untergebenen, erlaubt? Muss sie umgekehrt nicht befürchten, von ihm, dem heroisch Geliebten, womöglich später erpresst zu werden? Beide ängstigen sich voreinander, trotz allem Sehnen nach echter Erfüllung. Keiner findet aus dem Korsett der taktischen Hingabe heraus. Beim ersten Rendezvous steigt Julien auf einer Leiter in Mathildes Zimmer, ist verlegen und keineswegs verliebt. Sie stößt ihn voller Abscheu zurück, als er sie umarmen will. Beide tun sich schwer, einander auch nur zu duzen. Als Mathilde an Schnüren die Leiter in den Garten herunterlässt, glaubt er sich in den Fängen einer geübten Verführerin.[44] Sie selbst wiederum ekelt sich vor seiner triumphierenden Miene. »Ihre Vernunft«, so schreibt Stendhal, »entsetzte sich vor dem Wahnsinn, den sie begehen wollte. Wenn es in ihrer Macht gewesen wäre, hätte sie sich und Julien vom Erdboden getilgt.«[45] Die erste sexuelle Begegnung wird zur freudlosen Pflichthandlung. »Der arme Junge«, sagt sich Mathilde, »hat vollkommenen Schneid bewiesen, er muss glücklich werden, andernfalls zeige ich mich charakterlos.«[46]

Beide verstricken sich nun hoffnungslos in dem Widerspruch, zugleich Lust am Rollenbruch zu empfinden – und ebenso viel Angst davor. Während Julien nach der ersten Liebesnacht beim Ausritt sein neues Machtgefühl genießt, wird Mathilde bewusst, dass sie falsche Erwartungen gehegt hat. »Sollte ich mich getäuscht haben, sollte ich keine Liebe für ihn fühlen?«, fragt sie sich.[47] Deshalb begegnet sie Julien tagelang kalt und abweisend. Sein neues Selbstbewusstsein ist schnell ramponiert. »So lieben Sie mich nicht mehr?«, fragt er sie ängstlich bei einer Begegnung. »Ich fühle Ekel bei dem Gedanken, mich dem ersten besten überlassen zu haben«, entgegnet sie ihm und weint »vor Wut gegen sich selbst«.[48] Keine Szene könnte besser illustrieren, wie es um die beiden steht. Denn als Julien seinerseits zornig aufschreit, einen Degen von der Wand reißt und aus der Scheide zieht, läuft Mathilde, »über eine so neue Erregung beglückt, stolz auf ihn zu; ihre Tränen waren versiegt«.[49] Um ein Haar sei sie von ihrem Geliebten getötet worden, sagt sie sich danach. »Dieser Gedanke versetzte sie in das schönste Zeitalter Karls IX. und Heinrichs III.«

Solche theatralischen Selbstbespiegelungen fachen die *amour fou* immer wieder neu an. Julien glaubt sich dem Wahnsinn nahe und gesteht Mathilde wenig später, sie anzubeten. Ein fataler neuer Rollenbruch, denn eine aufrichtige Liebesbezeigung zwischen den beiden ist nicht möglich. Sogleich fällt die hochfahrende Geliebte wieder aus ihren heroischen Träumen. »Seine freimütige, aber so lächerliche Bemerkung änderte alles in einem Augenblick: sicher, geliebt zu werden, verachtete Mathilde ihn vollkommen.«[50] So geht es hin und her, in dem selbstquälerischen Spiel, aus der eigenen Rolle zu fallen, ohne sich dem anderen wirklich zuzuwenden. Während Mathilde den Privatsekretär nun »als untergeordnetes Geschöpf« behandelt, »von dem man sich lieben lässt, wenn es einem passt«,[51] spielt Julien einmal mehr mit dem Gedanken an Selbstmord. »Diese Vorstellung war voller Reize, ein Versprechen köstlicher Ruhe; sie war labend wie das Glas kühlen Wassers, das in der Wüste dem Verdurstenden gereicht wird.«[52] Weil er die Zurückweisung nicht ertragen kann, will er nachts ein letztes Mal zu Mathildes Zimmer hochklettern, bevor er sich erschießt. Von seinem Mut ist sie sofort wieder ergriffen. »[D]u bist mein Gebieter«, ruft sie, »ich bin deine Sklavin, ich muss dich auf den Knien um Verzeihung bitten, dass ich mich habe auflehnen wollen.«[53] Was sie am Tag nach der Liebesnacht wieder bereut, denn Julien sei »nicht ungewöhnlich genug, um die befremdenden Tollheiten, die sie für ihn gewagt hatte, zu rechtfertigen«.[54]

Diese Verirrungen und gegenseitigen Verletzungen steigern sich immer weiter. Während Mathilde schließlich doch eine standesgemäße Hochzeit ins Auge fasst, sich von dem entsetzlichen Gedanken, »einem kleinen Abbé vom Dorf Rechte über sich eingeräumt zu haben«, beinahe vernichtet fühlt,[55] wächst auch die Verzweiflung Juliens. Um die Eifersucht von Mathilde zu erregen, macht er monatelang einer Marschallin den Hof, die über Kontakte in höchste Kirchenkreise verfügt. Ironischerweise kommt er seinem Karriereziel eines Bischofsamtes dabei immer näher. Doch der Selbsthass, den er in seiner *amour fou* auslebt, hat seinen früheren Ehrgeiz erlahmen lassen. »›Welch ungeheurer Schritt vorwärts‹, dachte sich Julien, melancholisch lächelnd, ›und wie ist er mir gleichgültig!‹«[56]

Es versteht sich von selbst, dass es für eine *amour fou* kein glückliches Ende geben kann. Um an der ausweglosen Situation etwas ändern zu können, müssten Julien und Mathilde ihre Hingabe auf ein *gemeinsames* Leben richten. Dazu sind jedoch beide nicht in der Lage. Sie finden nicht die Kraft, sich aus ihren aufgezwungenen Rollen, ihrer taktisch geübten Hingabe zu befreien. Kunstvoll erzeugt Stendhal die Illusion eines glücklichen Ausgangs. Umso folgerichtiger lässt er diese Träume jedoch zerplatzen. Zwar wendet sich Mathilde Julien wieder zu, beglückt über sein Taktieren, wird schließlich schwanger und erwägt, ihn nun doch zu heiraten. Zwar überlegt der Marquis de la Mole, Julien zu adeln und damit zu legitimieren. Doch die Pläne eines gemeinsamen Lebens im Exil bleiben Formen der Selbsttäuschung, wie alles andere zuvor. Als aus der Provinz ein Brief eintrifft, der Julien als Hochstapler und Verführer denunziert, als Verderber der Familie de Renal, sind die Projektionen der gemeinsamen Zukunft schnell zerstoben. Julien ist plötzlich wieder, was er mit seiner angestrengten Maskerade verborgen halten wollte: der kleine Niemand aus der Provinz. Seine frühen Verletzungen brechen wieder auf. Im Affekt schießt er auf Madame de Renal, die den Brief aus Schuldgefühlen geschrieben hat, wird inhaftiert und wegen versuchten Mordes zum Tode verurteilt.

So scheitert an ihren inneren Widersprüchen zuletzt auch die *taktische* Hingabe. Denn das an sich legitime Bedürfnis, eigene Sehnsüchte und Träume vor anderen zu schützen, nicht alles zu offenbaren, was das eigene Leben antreibt, lässt sich nicht in solche Extreme treiben. Das karrieristische Ideal, möglichst unangreifbar zu bleiben, führt in den Widerspruch, sich mit den eigenen Aufgaben und Rollen auf Dauer nicht mehr identifizieren zu können. Je weniger sich das eigene Sehnen in den gewählten Aufgaben wiederfindet, desto größer am Ende der Selbsthass. Was für ein tristes Leben, auf Dauer nicht sein zu können, was man gerne sein würde. Zwangsläufig wecken die unbefriedigten Bedürfnisse den Wunsch, aus der eigenen Rolle auszubrechen, sich dafür zu entschädigen, dass die Karriere ständige Selbstverleugnung erfordert. Die *amour fou* von Julien und Mathilde ist zweifellos der Extremfall dieser destruktiven Gegenwehr. Doch sie illustriert besonders eindrucksvoll die Ausweglosigkeit, die daraus resultiert, die innere Seite der eigenen Persönlichkeit vor anderen verbergen oder sogar unterdrücken zu wollen.

Für die Steuerung der eigenen Hingabe ist diese Erkenntnis von entscheidender Bedeutung. Zwar ist es potentiell verantwortungslos, sich *naiv*, ohne jede taktische Vorsicht, in die gewählten Aufgaben und Rollen hineinzuwerfen, doch das Gegenmodell ist nicht weniger riskant. Das eigene Leben einzig aus dem taktischen Verständnis der Aufgabe zu bestreiten, die Verantwortung für die Sache über das Selbstverständnis zu stellen, sich zu *maskieren*, bedeutet auf Dauer, sich selbst nicht mehr ertragen zu können. Das erkennt nach seinem Scheitern auch der Aufsteiger Julien. Sobald er weiß, dass er sterben wird, fällt das Bedürfnis der Maskerade von ihm ab. Mathilde wird ihm beinahe augenblicklich fremd. Stattdessen entdeckt er im Verhältnis zu Madame de Renal eine zärtliche Liebe, die er zuvor nie aufrichtig zeigen zu können geglaubt hat.[57] Beide versöhnen sich noch vor seinem Tod, während Mathilde das theatralische Spiel der *amour fou* weiterspielt und nach der Hinrichtung den Kopf ihres Geliebten, wie in ihrer heroischen Selbstbespiegelung erträumt, eigenhändig bestattet.[58]

In Stendhals *Rot und Schwarz* ist das der letzte Vergeltungsakt für ein ungelebtes Leben, für die taktisch geübte Hingabe. Das »Schwarz« hat den Sieg über das »Rot« davongetragen. Diese Bilanz wirkt nicht weniger deprimierend als die Verletzungen, die eine zu freigebige, *naive* Hingabe hervorrufen kann. Zwar zeigt sich in jedem dieser Extreme die Absicht, die eigene Hingabe zu steuern. Doch darin zu verharren, bedeutet zugleich, den Gedanken an eine Steuerung aufzugeben. Wenn Hingabe bedenkenlos gewährt wird, steckt darin ebenso wenig Flexibilität wie in dem Kontrollzwang des Karrieristen, sich immer nur bedeckt zu halten. Hingabe zu steuern erfordert, *zwischen* diesen Extremen zu navigieren. Wofür gebe ich mich hin – und wofür nicht? In welchen Fällen bin ich bereit, mich *authentisch* in meine Aufgabe oder Rolle hineinzuwerfen? In welchen Fällen scheint es besser, mich zu zügeln, mich auf die *Verantwortung* meiner Rolle zurückzuziehen? Erforderlich ist es, solche Entscheidungen reflektieren zu können, *innere* und *äußere* Seite der eigenen Persönlichkeit in einen Ausgleich zu bringen. Auch das wird niemanden vor Fehlern bewahren und davor, sich über die Folgen der eigenen Hingabe zu täuschen, aber es bedeutet, das eigene Wagnis kalkulieren zu können, es zu durchdenken, es bewusst einzugehen. Auf diese Weise entsteht der notwendige Spielraum für die Bereitschaft zur Hingabe: sich einzulassen, soweit die eigenen Wünsche tragen – und soweit es andererseits die eigene Vorsicht erlaubt. Darin besteht die Formel für ein erfülltes Leben.

# 8. Wissen um das Wagnis: Smileys reflektierte Hingabe

## 8.1 Zwischen Ego und Rollenspiel

Niemand ist auf konkrete Formen der Hingabe festgelegt. Es gibt kein fertiges Bild der Person, nichts, was uns determinieren würde, mehr oder weniger hingebungsvoll zu sein. Allenfalls lassen sich charakterliche Tendenzen beobachten. Manche Menschen sind in ihrer Hingabe freigebig, andere tendieren zu Vorsicht und Kontrolle. Wer das eine bevorzugt, kann gleichwohl offen für das andere bleiben. Wer hätte sich in manchen Momenten nicht gefühlt wie Elizabeth Fox und sich rückhaltlos hingegeben? Wer hätte sich nicht gelegentlich gewünscht, wie Julien Sorel eine undurchdringliche soziale Maske zu tragen? Wir verfügen über verschiedene Möglichkeiten, die eigene Hingabe zu steuern. Die meisten Menschen bedienen sich im Laufe ihres Lebens der ganzen Breite dieses Arsenals.

Die Entschlüsse jener literarischen Figuren sind daher nur Extreme einer weiten Spanne von Optionen. Die Radikalität ihrer Lebensentscheidungen ist mehr als aufschlussreich, denn sie bringt die Sehnsucht nach einer einfachen Lösung zum Ausdruck, die in der Realität nicht zu haben ist. Zweifellos wäre es schön, die Welt nach eigenen Plänen formen, alles mit der eigenen Wärme durchdringen zu können. Elizabeth Fox ist beseelt von diesem Wunsch, sie träumt den existenzialistischen Traum, das eigene Ego auf die ganze Welt zu projizieren. Auch Julien Sorel tendiert zu einem Extrem, das wir bereits betrachtet haben. Sein Wunsch nach sozialer Uniformierung, nach der Maskierung der Person, ist ein Echo jener totalitären Vorstellung, ganz in einer Aufgabe aufzugehen, nichts anderes als Pflichterfüllung zu leisten. Deutlich kommen darin die Widersprüche des modernen Selbstbilds zum Vorschein: der narzisstische Glaube, aus einem Ich-Gehäuse auf die Welt zu blicken, alles aus sich selbst hervorzubringen. Und auf der anderen Seite der Selbsthass: lediglich tun zu wollen, was auch alle anderen tun, sich geräuschlos einzufügen und unsichtbar zu werden. Immer wieder lauert hier die falsche Alternative, sich entweder für ein bloßes *Ego* oder einen bloßen *Rollenspieler* zu halten.

Mittlerweile erkennen wir, dass wir *beides* sind, Ego *und* Rollenspieler. Wir haben Wünsche und Sehnsüchte – und sind ebenso Träger von Rollen oder Aufgaben. Als reine Rollenspieler laufen wir Gefahr, unsere Wünsche zu verraten, kalt und unzugänglich zu werden wie Julien Sorel. Doch auch blindes Wollen und Wünschen birgt Risiken. Wer die Folgen des eigenen Handelns nicht kalkuliert, droht wie Elizabeth Fox am Ende böse überrascht zu werden. Diese Beispiele einer *naiven* oder rein *taktischen* Hingabe zeigen, dass es keine fertigen Rezepte gibt, um Hingabe zu steuern. Es hilft nicht, schematisch vorzugehen, Hingabe entweder vorbehaltlos zu gewähren oder stur auf Pflichterfüllung zu setzen. Tatsächlich müssen wir beides abwägen: den Wunsch nach Authentizität ebenso wie die Verantwortung für eine Aufgabe oder Rolle. Einerseits möchte ich mir meine Wünsche erfüllen und messe meine Aufgabe daran, ob sie mir hilft, meine Ziele auf Dauer zu erreichen. Um Verantwortung auszuüben, muss ich andererseits eigene Wünsche zurückstellen können, sonst werde ich meiner Rolle womöglich nicht gerecht und bringe mich schnell in Schwierigkeiten. Ich kann es mir nicht leisten, nur eine dieser Seiten zu betrachten. Beide gehören zum Janusgesicht meiner Person.

Die Frage lautet daher, wie ich mir meine Situation vollständig vor Augen führen kann, meine Bedürfnisse ebenso wie meine Verantwortung. Wie reflektiere ich die *äußere* ebenso wie die *innere* Seite meiner Persönlichkeit? Wie sieht diese Art der Selbsterforschung aus? Ungewöhnlich erscheint sie schon deshalb, weil es näherliegt, vor allem nach verborgenen Wünschen oder Sehnsüchten Ausschau zu halten, die Suche also meist auf der *inneren* Seite der eigenen Person stattfindet. Nicht von ungefähr hat Hannah Arendt die »Weltentfremdung« des Einzelnen kritisiert. Was heißt es also, eigenen Wünschen und Bedürfnissen nun auch eigene Aufgaben und Rollen gegenüberzustellen? Wie soll das funktionieren?

Die Behauptung mag seltsam wirken, doch diese Form der Selbstreflexion ist viel vertrauter, als es den Anschein hat. Wir werden sehen, dass es sich sogar um die eigentliche, die täglich geübte Form unserer Selbstwahrnehmung handelt. Wenn sie uns gelegentlich aus dem Blick gerät, dann einzig wegen jener eingeschliffenen Überzeugung, im Inneren graben zu müssen, um der äußeren Welt etwas Authentisches entgegenzustellen. So kommt es, dass wir eine simple Tatsache übersehen: dass sich zwischen jenem Inneren und Äußeren keine saubere Trennlinie ziehen lässt. Es gibt kein Inneres, in dem man schürft, ohne damit in das Äußere zu greifen. Beide Sphären durchdringen sich gegenseitig. Es gibt kein isolierbares Ich, das unabhängig von seiner Welt über sich, seine Ziele und Sehnsüchte nachdenken könnte. Auch die Tiefen des Inneren sind auf eine Welt bezogen, in der wir uns bereits auf Rollen und Aufgaben eingelassen haben und zu anderen Menschen in Beziehung stehen. Wenn wir Selbsterforschung betreiben, eigene Wünsche zu ergründen versuchen, fällt unser Blick zwangsläufig auf eigene Aufgaben und Rollen – und umgekehrt zurück zu den eigenen Wünschen. Wir können nicht anders, als beides im Verhältnis zu sehen, schon gar nicht, wenn wir Wunsch und Verantwortung gegeneinander abwägen – und damit das Für und Wider der eigenen Hingabe.

Die Lyrikerin und Musikerin Patti Smith hat dafür in ihren autobiographischen Betrachtungen viele Beispiele gegeben. In ihrem Erinnerungsbuch *M Train* zeigt sie, dass jede Selbstreflexion zwangsläufig in die Welt von Begegnungen und Beziehungen zu anderen Menschen führt.[1] Indem die Lyrikerin über sich selbst nachdenkt, führen ihre Gedanken automatisch zu eigenen Projekten, Aufgaben und Beziehungen – und von dort wieder zu ihr selbst zurück. Patti Smith versteht darunter, »eine der Poesie verwandte Vision zu schaffen«.[2] Immer erzeugt diese Vision das Bild der eigenen Person in ihrem sozialen Raum, in ihrer Verbindung zu ihrer Familie, zu Freunden und Bekannten, in ihrer Hingabe zu Aufgaben und Rollen. Ausdrücklich wendet sich die Dichterin gegen die Vorstellung, solche Gedanken seien ein präsentisches Kreisen um das eigene Ich, »nichts weiter als vorbeifahrende Züge, ohne Halt, bar jeglicher Dimension, die vorbeisausen an riesigen Plakaten mit sich wiederholenden Bildern«.[3] Die Person ist nicht in ihrer Zeit oder in ihren gegenwärtigen Wahrnehmungen gefangen. Sie kann sich in ihren Erinnerungen bewegen wie in einem projektiven Raum. Zugleich modelliert sie, bildhaft gesprochen, die »Science-Fiction« ihrer Zukunft.[4] »Scherbe um Scherbe«, so folgert Patti Smith, »werden wir von der Tyrannei der sogenannten Zeit erlöst«[5], von der Vorstellung befreit, unreflektiert im Hier und Jetzt zu treiben. Immer ist die eigene Person Teil einer sozialen Welt und entdeckt in sich selbst zugleich ihren sozialen Ort.

Für diese Durchdringung von *Ego* und *Rollenspiel*, Authentizität und Verantwortung, findet die Dichterin ein Bild, das wie eine Miniatur ihres Lebens anmutet. Sie beschreibt in *M Train* einen Ortswechsel, verbunden mit dem Versuch, sich dadurch neue Selbstgewissheit zu verschaffen. Als ihr vertrautes Café im New Yorker Greenwich Village schließt, begibt sie sich, halb unbewusst, auf die Spur des Betreibers, der sich im Süden von Queens, am Rockaway Beach, neu ansiedeln will. Zufällig entdeckt sie dort ein kleines, halbverfallenes Strandhaus, »umgeben von einem hohen, wettergegerbten Lattenzaun. Er sah so ähnlich aus wie die Zäune, die mein Bruder und ich als Kinder um die Festungen im Alamo-Stil gebaut hatten.«[6] In dieses kleine Fort, dieses »Alamo«, projiziert die Dichterin das eigene Innere, entdeckt darin symbolisch ihre Vergangenheit wieder: »[E]in handgeschriebenes *Zum Verkauf von privat*-Schild war mit weißer Schnur an den Zaun gebunden. Er war zu hoch, um das Dahinterliegende zu sehen, also stellte ich mich auf die Zehenspitzen und spähte durch eine kaputte Latte wie durch das Guckloch in einer Museumswand, um *Étant donnés* zu sehen – Marcel Duchamps letztes Werk.«[7] Es ist der Beginn einer Rückschau auf ihr Leben. Was Patti Smith als »Étant donnés« betrachtet, als »das Gegebene«, ist ihr eigenes Leben – dem Frauenakt ähnlich, den Duchamps in seinem berühmten Kunstwerk hinter dem Guckloch platziert hat. Sie kauft das Haus und will es renovieren lassen. Aus den leeren, verwahrlosten Räumen greifen nun die Gedanken der Dichterin in die eigene Biographie, als ob sie auf diese Weise das verwaiste Haus wieder mit Leben füllen wollte.

Typisch für diese Episoden ist ein »Memorial Day«, an dem sie vor ihrer kleinen Residenz auf den Freund wartet, der die Renovierung beaufsichtigt. Während sie auf der Treppe sitzt, lässt sie ihre Gedanken schweifen, verbindet sich der *intime* Moment des Hier und Jetzt mit der *äußeren* Sphäre der eigenen Biographie. »Der Himmel war klar, nur ein paar Wolken zogen vorbei, und ich folgte ihnen zurück in den Norden von Michigan zu einem anderen Memorial Day in Traverse City.«[8] Der Eindruck der ziehenden Wolken genügt, um die Erinnerung an ihren verstorbenen Mann wachzurufen. »Fred war beim Fliegen, und ich wanderte mit unserem kleinen Sohn Jackson am Lake Michigan entlang.« Mutter und Kind setzen sich an den Strand. Während Patti Smith zu schreiben beginnt, will auch der bald Vierjährige »ein bisschen« nachdenken. »Ich schrieb«, erinnert sie sich, »Jackson dachte nach und Fred flog – irgendwie alle verbunden durch den Akt der Konzentration.«[9] Verbunden sind die drei zudem durch den Akt der Erinnerung selbst: »Noch heute, da sein Vater seit ungefähr zwanzig Jahren tot ist und der erwachsene Jackson mittlerweile die Geburt seines eigenen Sohnes erwartet, sehe ich diesen Nachmittag vor mir. Die starken, gegen das Ufer des Lake Michigan schlagenden Wellen, die Federn der sich mausernden Möwen auf dem Strand. Jacksons kleine blaue Schuhe, sein stilles Wesen, der aus meiner Thermoskanne aufsteigende Dampf von schwarzem Kaffee und die sich ballenden Wolken, die Fred aus dem Cockpitfenster einer Piper Cherokee im Auge behielt.«[10]

Alles ist miteinander verknüpft: die einsam sinnende Frau auf der Treppe, ihre in farbigen Einzelheiten ausgemalte Erinnerung an einen glücklichen Tag, der am Himmel kreisende Ehemann, das Selbstgefühl der kleinen Familie, die kommende Generation. Eine simple Betrachtung, nirgends ein komplexer Gedanke. Doch für Patti Smith steht alles in Verbindung: der intime Moment ihrer Erinnerung, der Versenkung in sich selbst – und der ausgreifende Blick auf ihren sozialen Ort, auf einige ihrer Rollen als Autorin, Mutter und Witwe. Beides gehört zusammen: die Einsamkeit im selbstgewählten »Alamo«, die Besinnung auf sich selbst im stillen Refugium am Rockaway Beach – und die vielen Kontaktfäden der Dichterin, die im Moment dieser inneren Sammlung zusammenlaufen. Patti Smith ist bei sich – und bewegt sich doch durch die äußere Sphäre ihrer Persönlichkeit, reflektiert ihre Rollen und Bindungen. Darin besteht ihr »Étant donnés«, die Gegebenheit ihres Lebens, das eine im anderen – und umgekehrt.

Das gilt für die Erinnerung, doch ebenso für Pläne und Projekte. Und es gilt für die Frage nach der Hingabe, für die entscheidende Frage, worauf ich mich einlassen will. Auch hier ist die Vergegenwärtigung eigener Wünsche untrennbar verbunden mit dem Blick auf eigene Aufgaben und Rollen. Beides gehört zusammen, eröffnet einen projektiven Raum, in dem ich Möglichkeiten abwägen, Bedürfnisse mit Verantwortung abgleichen, *eigene* Erwartungen daran messen kann, welche *äußeren* Erwartungen meiner Rolle gelten. Mit dem Blick auf diesen projektiven Raum spricht Patti Smith von »Träumen«, die man gestalten könne. Eigene Pläne nennt sie eine »Fundgrube an unwahrscheinlichen Schätzen«.[11] »Eine Zeit lang wollten wir einen verlassenen Leuchtturm oder einen Shrimptrawler kaufen«,[12] erinnert sie sich an Zeiten mit ihrem verstorbenen Mann in North Carolina. Als sie jedoch festgestellt habe, dass sie schwanger war, »fuhren wir wieder nach Detroit zurück und *tauschten* eine Reihe von Träumen gegen *andere* aus.«

Eben darum geht es: den passenden Traum zu wählen. Oder mit anderen Worten, einen sozialen Ort zu projizieren, der sich als Aufenthaltsort eignet oder dazu werden kann oder sich gegebenenfalls gegen andere Orte *eintauschen* lässt. Etwas blumig umschreibt dieses Bild, was zu tun ist: den Wunsch nach Authentizität mit der Verantwortung für die eigene Rolle abzugleichen, beide Hälften des eigenen Janusgesichtes zu betrachten und zu überlegen, ob sie zueinander passen. Wir werden sehen, dass dabei zwei grundlegende Figuren denkbar sind: Erwartungen und Wünsche *zurückzustellen*, weil es die eigene Verantwortung erfordert. Oder aber die gewählte Rolle durch eine andere zu *ersetzen*, weil sie mit den eigenen Bedürfnissen nicht mehr vereinbar ist. Hier beginnt das Reich der souveränen Persönlichkeit, die Anstrengung, *Ego* und *Rollenspiel* in Einklang zu bringen, die eigene Hingabe zu steuern – leidenschaftlich, von eigenen Wünschen getrieben und zugleich verantwortungsbewusst, im Wissen um die eigenen Aufgaben.

## 8.2 Aussteigen oder weitermachen?

Wofür gebe ich mich hin? Oft ist es gar nicht einfach, die ursprünglichen Motive der eigenen Entscheidungen zu verstehen. Mitunter sind sie völlig unklar. Wollte ich das alles? Habe ich die Verhältnisse angestrebt, in denen ich mich wiederfinde? Oder ist mir schleierhaft, weshalb ich meine Hingabe diesen Aufgaben, Rollen oder Menschen widme? Wie auch immer es um die Antworten steht: Solche Fragen zeigen, dass es eine *reflexive* Leistung ist, Hingabe steuern zu können. Denn es geht ja darum, sich Klarheit zu verschaffen. Warum glaube ich, dass die gewählten Aufgaben und Rollen zu mir passen? Und sofern ich das nicht glaube: Woher kommen meine Zweifel? Selten genug kann man das von vornherein abschätzen. Oft ist ein langer Lernprozess erforderlich, um Hingabe richtig zu dosieren. Viele Menschen starten mit den geblähten Segeln naiver Hingabe ins

Leben und lernen erst durch negative Erfahrungen, vorsichtiger zu sein. Andere sind zurückhaltend und kontrolliert, finden aber nicht ins Leben hinein, bleiben unsichtbare, graue Rollenspieler. Hingabe zu steuern, erfordert Lebenserfahrung. Denn es bedeutet, Bedürfnisse und Wünsche zu den eigenen Aufgaben und Rollen wirklich *bewusst* ins Verhältnis zu setzen.

Das ist nicht einfach. Selbst überaus intelligenten Menschen fällt es anfangs schwer, die Effekte ihrer Hingabe richtig einzuschätzen. Wie lange es dauern kann, ein reflektiertes Verhältnis zu den Akten der eigenen Hingebung zu gewinnen, dafür gibt John Le Carré in seinen Romanen ein besonders beeindruckendes Beispiel. Sein wohl berühmtester Held, der Geheimagent George Smiley, begegnet uns gleich in mehreren Thrillern, in denen Le Carré das komplizierte, oft unglückliche Leben des Spions entfaltet. Smileys Biographie ist eine Schule der Hingabe. Von ihm zu lernen, bedeutet, trotz aller Enttäuschungen, die der Alltag bereithält, in der eigenen Hingabe Erfüllung finden zu können. Smiley nämlich gelingt es, seine Hingabe einer schonungslosen Selbstreflexion zu unterziehen. Das macht ihn für uns zu einem echten Verbündeten.

Doch auch das Leben dieses scharfsinnigen Praktikers beginnt mit jener hingebungsvollen Naivität, die auf direktem Wege in die Katastrophe zu führen scheint. Smiley hat keine Ahnung, worauf er sich einlässt, als er sich während seines Studiums in Oxford als Agent anwerben lässt. Ähnlich blind wie der Farmerssohn William Stoner folgt er dem Rat eines autoritären akademischen Lehrers. Bald sitzt »ein verwirrter und ziemlich rot angelaufener Smiley«[13] vor einer dubiosen Kommission, die ihn rekrutiert. Es ist eine Organisation, »von der er sonderbarerweise noch nie etwas gehört hatte«. Als ihm klar wird, dass es sich um den Geheimdienst handelt, fühlt er sich »merkwürdig wirr im Kopf, und das bedrückte ihn. Er war sich völlig im klaren darüber, dass er ja sagen würde.«[14] Es sind nur seine »instinktive Vorsicht« und das Bedürfnis, sich »ein bisschen zu zieren«, die ihn um Bedenkzeit bitten lassen.

Ähnlich bedenkenlos entschließt sich Smiley später zur Ehe – ebenfalls das Ergebnis seiner naiven Hingabe, mit schwerwiegenden Folgen. Er heiratet die ehemalige Sekretärin seines Chefs, Lady Ann Sercomb, möglicherweise in der Erwartung, durch diese Ehe Teil jenes arrivierten Englands werden zu können, dem er sich zugehörig fühlt. Eine Fehleinschätzung. Verächtlich tuschelt man in den höheren Kreisen, die schöne Lady Ann habe »einen Ochsenfrosch in Ölzeug und Südwester«[15] geheiratet. Vom kleinen und dicken Smiley selbst heißt es, er sei »wie in der Hoffnung auf den Kuss, der ihn in einen Prinzen verwandeln sollte, zum Altar gewatschelt«. Nicht nur, dass dieser Frosch für immer ungeküsst bleibt. Die sogenannte »ruling class« begegnet der Hingabe von George Smiley für Geheimdienst und Vaterland auch zeitlebens mit Geringschätzung und Gleichgültigkeit. Von ihren Repräsentanten, darunter seine Vorgesetzten im Geheimdienst und in der Regierung, wird er allenfalls daran erinnert, wie sehr er ihnen Loyalität schuldig ist. Seine Frau, die ihn schon bald mit etlichen Männern betrügt, repräsentiert eine höhere Gesellschaft, zu der er zeitlebens vergeblich Anschluss sucht.

Zweifellos ist diese Entfremdung auch das Ergebnis von Smileys geheimdienstlicher Tätigkeit. Einerseits bewundert ihn Ann für seine Intelligenz und amüsiert sich über die sozialen Techniken des Agenten, die er bei einem Abendessen im mondänen Quaglino's im Londoner Westend sprühend vor ihr ausbreitet. Wie ein Chamäleon kann sich dieser kleine, dicke »Frosch« seinem Gegenüber anpassen. Er hat gelernt, sich wie ein Gürteltier aus dem sozialen Druck einer Situation zu befreien. Andererseits gelten die verliebten Blicke, die Ann ihm zuwirft, lediglich dem exotischen Lebewesen an ihrer Seite, einem sozialen Kuriosum, das ihr bei aller Bewunderung fremd bleibt.[16] Als sie zwei Jahre später mit einem kubanischen Rennfahrer durchbrennt, wird die Entfremdung zwischen Smiley und der Gesellschaft zu einem festen Bestandteil seiner Existenz. In den höheren Kreisen gilt er als »verlorener Koffer, endgültig verloren, als die Scheidung sich anbahnte und ausgesprochen worden war, ein Koffer, der auf den staubigen Stellagen der Neuigkeiten von gestern herumlag und den keiner mehr haben wollte«.[17] Schon in jungen Jahren scheint dem Agenten außer seinem Beruf nichts zu bleiben. Während Lady Ann lediglich davongelaufen sei, so schreibt Le Carré, war »ein Teil von George Smiley gestorben«.[18]

Doch der Agent ist anders als die hingebungsvollen Menschen, die uns bis hierher begegnet sind. Er beschränkt sich nicht darauf, die Folgen seiner naiven Hingabe düster und duldsam zu ertragen wie William Stoner. Er ist auch kein Taktiker der Hingabe wie Julien Sorel, kein gesichtsloser Rollenspieler, der als Bürokrat im Geheimdienstapparat langsam unsichtbar wird. George Smiley ist dazu fähig, sich in seinen Aufgaben und Rollen *selbst zu betrachten*. Er reflektiert, was er ist, und lernt, die Formen seiner Hingabe gegeneinander abzuwägen. Deshalb ist er schließlich in der Lage, eigene Sehnsüchte und Wünsche zurückzustellen, wenn er überzeugt ist, dass es seine *Verantwortung* als Geheimdienstmitarbeiter erfordert. Ebenso setzt er klare Grenzen, wenn er zu dem Schluss kommt, Anforderungen seiner Aufgaben nicht mehr mit seinen persönlichen Maßstäben vereinen zu können, in seiner Rolle also nicht mehr *authentisch* zu sein.

Auf diese Weise gelingt es George Smiley immer wieder, *Ego* und *Rollenspiel* in eine Balance zu bringen. Das zeigt sich zunächst in Situationen, in denen es zwischen Ego und Rolle noch keine gefährlichen Spannungen gibt. Viele mögliche Konflikte umschifft Smiley von vornherein, weil er für die Gefahren seiner Tätigkeit sensibilisiert ist. Als Spion weiß er um die Reserve, die er darin üben muss, Freundschaft oder Loyalität zu empfinden. Es betrübt ihn, »in sich das langsame Absterben natürlicher Freude zu bemerken«.[19] Er fürchtet diese »Falschheit seines Lebens«, hat ein klares Bewusstsein für die intimen Impulse, die er zu unterdrücken gezwungen ist. Diese Aufrichtigkeit schützt ihn vor der Versuchung, nur noch *taktische* Hingabe zu üben und sich hinter der Maske eines Bürokraten zu verbergen. Er hasst es sogar, Befragten als kalter Repräsentant der Staatsmacht gegenüberzutreten. »Seine verschwiegene Natur verachtete den Zweck aller Verhöre, ihre terroristische Vertraulichkeit und unausweichliche Realität.«[20] Gerade weil er weiß, wie bedrohlich solche Situationen auf die Betroffenen wirken, versucht er, Rücksicht zu nehmen. »Alles, was er liebte«, so heißt es später über ihn, »war das Produkt eines ausgeprägten Individualismus.«[21] Smiley versucht immer, hinter einer *Rolle* die verletzliche *Person* zu sehen, gerade im Wissen um sich selbst.

Der Agent kann seine persönlichen Bedürfnisse und seine Rollen also auseinanderhalten. Das gilt selbst für das zerrüttete Verhältnis zu seiner Frau. Zwar ist Smiley in seiner Rolle als Ehemann entbehrlich geworden. Dennoch kann er sich eingestehen, dass er Ann auch weiterhin liebt. Er versucht das weder zu leugnen noch zu verdrängen. Obwohl sie ihn verlassen hat, ist er bereit, zu ihr zu halten, sie weiterhin zu unterstützen. Als er während einer gefährlichen Ermittlung einen Brief von ihr erhält, verschwimmen die Zeilen vor seinen Augen. »Was wollte sie?«, lautet seine Frage. »Wenn es Geld war, dann konnte sie alles haben, was er besaß. Sein Geld konnte er ja ausgeben, wie es ihm passte. Wenn es ihm Spaß machte, es auf Ann zu verschwenden, dann würde er es tun. Sonst gab es nichts, was er ihr hätte geben können.«[22] Solche Gedankenspiele wirken zunächst unterwürfig, beinahe devot. Sie reflektieren aber schlicht Smileys Empfindungen. Trotz seiner Sehnsucht nach Ann hat er keineswegs vor, sich ihr unterzuordnen. Im Brief bietet sie an, zu ihm zurückzukehren. Das ist für ihn kein akzeptables Angebot: »[D]iesen Vorschlag konnte kein Gentleman annehmen.«[23] Über seine Rolle als Ehemann gibt er sich keinen Illusionen hin: »Ja, das war Ann: Schreib mir! Kauf Dein Leben zurück, sieh nach, ob es noch einmal gelebt werden kann, und schreib mir! Ich bin meines Liebhabers müde, mein Liebhaber ist meiner müde, also lass mich wieder deine Welt zertrümmern: meine eigene ist mir langweilig.«

Smiley hat also nicht nur ein Janusgesicht – er *weiß* es auch. Er kann beide Seiten seiner Persönlichkeit reflektieren. Die Spannung zwischen seiner Liebe zu Ann und seiner unglücklichen Rolle als Ehemann lässt sich nicht auflösen – weder indem er seine Liebe leugnet noch durch das Rollenspiel einer unglücklichen Ehe. Doch indem er beides reflektiert, wird er fähig, diesen Konflikt mit sich auszutragen. Er kann Zweifel an seiner Rolle zulassen, sogar Verzweiflung. Diese Aufrichtigkeit ist entscheidend, um zwischen persönlichen Bedürfnissen und der Verantwortung für seine Aufgaben abwägen zu können. Smiley gerät durchaus in Grenzsituationen, in denen sich diese Balance kaum noch herstellen lässt, der Rücktritt von der Verantwortung ebenso denkbar scheint wie das Zurückstellen eigener Wünsche und Bedürfnisse.

Ein Moment größter Verzweiflung ist gekommen, als der Agent aus dem Geheimdienst entlassen wird und sein ganzes Leben in Trümmern zu liegen scheint. Zu Beginn des berühmten Romans *Dame, König, As, Spion* begegnet Smiley einem geschwätzigen Beamten aus dem Außenministerium, der ihn bei einem Abendessen scheinbar unschuldig mit den Ursachen seines Scheiterns konfrontiert: dass er die angebliche Tötung eines Agenten im Ausland nicht verhindern konnte, dass der Geheimdienst, der »Circus«, immer häufiger zu versagen scheint und dass Ann mit einem der wichtigsten »Circus«-Leute ein Verhältnis gehabt hat. Als Smiley durch den Londoner Regen nach Hause trottet, verflucht er seine ganze Existenz. »Schwäche« attestiert er sich, »die Unfähigkeit, ein erfülltes Leben unabhängig von Institutionen zu führen«, schließlich sogar »emotionale Bindungen, die ihren Sinn längst überlebt haben. Als da sind meine Frau, der Circus, mein Leben in London.«[24] Er spielt mit dem Gedanken, sein Haus zu verkaufen und mit dem Erlös ein Cottage auf dem Land zu erstehen, will sich dort »als harmloser Sonderling etablieren« und ohne sich zu schämen »Selbstgespräche führen«, wenn er durchs Dorf läuft.[25] Für einen Moment scheint er selbst seine Frau aus der Erinnerung streichen zu wollen: »Und falls Ann zu ihm zurückzukommen wünschte, würde er ihr die Tür weisen. Oder ihr nicht die Tür weisen, je nachdem, wie sehr sie zurückzukommen wünschte.«[26] Der ironische Schlenker in diesem Gedankengang deutet an, wie schwierig die Entscheidung tatsächlich ist.

Es sind solche Momente offen eingestandener Verzweiflung, in denen die eigene Hingabe zur Disposition steht. In dieser Situation lautet die Frage, was schwerer wiegt: die *Verantwortung* für die übernommene Aufgabe, für die eigene Rolle – oder das Bedürfnis nach *Authentizität*, das Eingeständnis, jene Rolle nicht länger ertragen, eigene Wünsche nicht länger unterdrücken oder sogar leugnen zu können, sich besser anderen Aufgaben zu widmen, andere Rollen für sich zu suchen. In einem solchen existenziellen Moment kommt nichts anderes in Betracht als eine *persönliche* Entscheidung. Es gibt niemanden, der dem Verzweifelten seinen Entschluss abnehmen kann: Verantwortung oder Authentizität? Was wiegt schwerer bei dem Versuch, die eigene Hingabe zu steuern? Es geht um nicht weniger als den weiteren Verlauf des eigenen Lebens. In einer Situation kann es richtig erscheinen, an der Verantwortung für eine Aufgabe festzuhalten. In einer anderen wirkt es unumgänglich, die Verantwortung aufzugeben. Weil es um die Richtung des eigenen Lebens geht, gibt es keine Wahrheit *jenseits* der eigenen Entscheidung, allenfalls eine Bewertung aus der Rückschau, richtig- oder falschgelegen zu haben. Die große Stärke von George Smiley besteht darin, dass für ihn immer beide Optionen denkbar sind, die Entscheidung für die Verantwortung ebenso wie jene für die Authentizität.

Der Agent ist jedenfalls kein hingebungsvoller Pflichthammel, der sich am Ende stets für seine Aufgabe entscheidet. Ganz im Gegenteil. Smiley kann einen resoluten Schlussstrich ziehen, wenn er seine Integrität in Gefahr sieht. Gleich in seinem ersten Abenteuer gerät er unter Verdacht, den Selbstmord eines Ministerialbeamten verursacht zu haben. Smiley ahnt, dass der Mann in Wirklichkeit umgebracht worden ist, doch sein Chef schenkt Indizien dafür keinen Glauben. Smiley soll den Verdacht ausräumen, den Beamten bei einer Routine-Überprüfung unnötig unter Druck gesetzt zu haben. Sein eigener Vorgesetzter unterstellt ihm eine schwerwiegende Pflichtverletzung und hält dies für eine korrekte Form der Amtsführung. Smiley fühlt deshalb »in sich eine wachsende Panik aufsteigen, eine Hilflosigkeit, die nicht zu ertragen war. Und gleichzeitig eine nicht zu zügelnde Wut über diesen Theater spielenden Angeber.«[27] Als kurz darauf klar wird, dass der Ministerialbeamte ermordet worden sein muss, schreibt er ein Gesuch um seine Entlassung. »Dann läutete er nach einer der Sekretärinnen, legte den Brief in den Korb für die ausgehende Post und ging zum Lift.«[28] Auch für den pflichtbewussten Agenten hat Hingabe also ihre Grenzen. Smiley ist nicht bereit, sich in seiner Rolle als Geheimdienstmitarbeiter unbegründeten Verdächtigungen auszusetzen. Wie soll er weiter Verantwortung übernehmen, wenn man ihm nicht vertraut? In diesem gravierenden Fall entscheidet er sich für den Rollenverzicht.

Es handelt sich um jene klassische Situation, in der die Wahrheit später doch noch ans Licht kommt. Deshalb kann Smiley ohne Gesichtsverlust in seine Rolle zurückkehren. Sein Schlussstrich ist also nicht endgültig, aber er ist ein wichtiges Signal: Es gibt auch ein Leben jenseits der gewählten Rolle, jenseits der übernommenen Verantwortung. Die Option zum Ausstieg, zum Rollenwechsel, steht jedem offen, dem die Überzeugung fehlt, noch authentisch agieren zu können. Smiley kennt die Panik, die Hilflosigkeit und die Wut, die einen solchen Entschluss unumgänglich machen. Gleichwohl vermag er sich auch für die entgegengesetzte Möglichkeit zu entscheiden. Selbst im Moment der Verzweiflung ist dieser andere Weg gangbar: sich nicht zum Ausstieg, sondern zur weiteren Ausübung der eigenen Rolle zu entschließen, sich für das *Weitermachen* zu entscheiden, in der Einschätzung, die damit verbundenen Herausforderungen eben doch bestehen, die eigenen Probleme lösen zu können.

Eine solche Entscheidung trifft Smiley ausgerechnet im Moment jener Verzweiflung, in der er gerade noch sein ganzes altes Leben hinter sich lassen wollte. Unverhofft nämlich bietet sich ihm die Chance, die Gründe für seine Misere aufzuklären. Der im Ausland getötete Agent, die immer neuen Misserfolge des Geheimdienstes, das Ende der eigenen Karriere – für das alles könnte ein Verräter im eigenen Apparat, ein Gegenspion, verantwortlich sein. Die Chance, ihn zu finden und zu enttarnen, gibt Smiley den Sinn für seine *Verantwortung* zurück. »Schließlich ist es Ihre Generation, Ihr Lebenswerk«, redet ihm ausgerechnet der Staatssekretär ins Gewissen, der ihn zuvor gefeuert hat.[29] So einfach lässt sich Smiley zwar nicht überzeugen. Ihm ist bewusst, dass er soeben noch alles, was mit seiner Arbeit zu tun hatte, vergessen wollte.[30] Doch obwohl er mit seiner Laufbahn abgeschlossen zu haben glaubte, fühlt er sich gejagt von den »vollzählig versammelten Gespenster[n] aus seiner Vergangenheit«.[31] Und die raunen ihm zu, »dass alles, was er Eitelkeit genannt hatte, Wahrheit sei«. So leicht lässt sich eben doch nicht vom Tisch wischen, was gewesen ist. Noch ist Smiley nicht alles gleichgültig, noch bedrängen ihn die Schatten der Vergangenheit – zumal er die Chance sieht, den Fluch dieser Vergangenheit zu bannen, sich selbst und sein Lebenswerk aus den Netzen des Verrats zu befreien.

Auch das ist eine Grenzsituation. Wieder muss Smiley zwischen Authentizität und Verantwortung abwägen. Er durchlebt diesen Augenblick in einem deutlich geschärften Bewusstsein. »Er starrte auf seine pummeligen Hände und sah, wie sie zitterten. Zu alt? Impotent? Angst vor der Jagd? Oder Angst vor dem, was er am Ende aufstöbern würde?«[32] Ein weiteres Mal stößt John Le Carré seinen Helden auf den existenziellen Punkt: Er selbst muss jetzt entscheiden. Niemand sonst kann über seine Hingabe bestimmen. »Für das *Tun* gibt es immer nur einen Grund«, sinnt Smiley. »Nämlich, dass man es will.«[33] Beklommen denkt er daran, dass Ann auf dieselbe Weise ihre Seitensprünge rechtfertigt. Trotzdem entscheidet sich Smiley in diesem Falle zu kämpfen, weiß um das Wagnis, das er eingeht. In diesem Bewusstsein ist er bereit zur Hingabe. Er kann nicht wissen, wie es ausgehen wird, aber er hat Authentizität und Verantwortung, so gut er kann, abgewogen. Er *will* diese Rolle – und zwar *im Wissen* um seine Verantwortung. Wieder hat er *Ego* und *Rollenspiel* in eine Balance gebracht.

## 8.3 Im Wissen um das Ganze

Unser Weg durch die verschiedenen Stadien der Hingabe nähert sich seinem Ende. Obendrein verspricht es ein befreiendes Ende zu werden, denn wir gelangen zu einem Punkt, an dem sich uns die Aussicht bietet auf die schönste der Möglichkeiten, sich auf die Welt einzulassen. Hier ist es, wo die Mühen der Selbstreflexion, der ständigen Abwägung zwischen Authentizität und Verantwortung belohnt werden. Hier nämlich wartet die Antwort auf die letzte Frage: weshalb wir Hingabe überhaupt üben. Wofür die eigene Hingabe eigentlich *da* ist.

Die Antwort liegt eigentlich schon vor uns. Wir brauchen nur zu betrachten, was sich zuletzt ergeben hat: dass wir zwischen Authentizität und Verantwortung wägen, Ego und Rollenspiel in eine Balance bringen müssen. Es ist eine Erinnerung auch daran, dass wir nicht einfach für uns selbst existieren. Wünsche und Sehnsüchte, Rollen und Aufgaben sind eben kein Selbstzweck, sondern beziehen sich auf die Welt unseres Zusammenlebens. Nur indem ich auf irgendeine Weise mitspiele, also *Verantwortung* übernehme, kann ich mir eigene Wünsche erfüllen. Umgekehrt könnte ich mir nichts wünschen, keine eigenen Ziele verfolgen, nicht *authentisch* sein in meiner Rollenwahl, wenn es dafür keine Gemeinschaft und entsprechende Rollenangebote gäbe. Genau dies lesen wir im Janusgesicht der eigenen Person: Zwar gilt das Leben den eigenen Wünschen und Bedürfnissen, zugleich aber ist es auch Teil einer sozialen Welt. Das eine ist nicht denkbar ohne das andere. Mit meiner Hingabe steuere ich meine Existenz nicht nur an einen sozialen Ort. Meine Hingabe ist zugleich ein Beitrag zu einem mehr oder minder gelingenden Zusammenleben. Im idealen Falle ist sie befriedigend für mich selbst – und trägt zu einem kleinen, aber unverzichtbaren Teil dazu bei, eine Welt zu erhalten, auf die sich auch *andere* weiterhin *gerne einlassen*. Die Frage ist einzig, ob ich mir dessen bewusst bin und meine Hingabe in diesem Sinne einzusetzen versuche.

Zweifellos ist dies die schönste, nämlich die reflektierte Form, mitzumachen, an der Welt teilzuhaben. Es ist eine Hingabe, deren Bedeutung mir *bewusst* ist. Wenn ich vor mir sehe, was ich mit meiner Hingabe bewirke, werde ich fähig, ihr zugleich einen Fokus zu geben. Die selbstkritische Frage lautet dabei, ob ich wirklich zu einem gelingenden Leben beitrage – dessen Fortdauer ja auch in meinem eigenen Interesse ist. Sind die Rollen und Aufgaben, die ich übernommen habe, dafür wirklich geeignet? Sind sie das Engagement wert – oder sind sie gar kein sinnvoller Beitrag für das Zusammenleben? Und wie steht es um meine so vehement verfolgten Lebensziele, um all das, was ich noch zu erreichen hoffe? Lohnt es sich, diesen Zielen nachzujagen? Oder sind sie in Wirklichkeit lächerlich, Ausdruck bloßer Selbstsucht?

Solche Fragen sind nicht leicht zu beantworten. Vor allem dann nicht, wenn es gut läuft, also zur Selbstüberprüfung gar kein Anlass zu bestehen scheint. Wieder ist es John Le Carré, der für diese Form der Hingabe gute Beispiele findet. Sie schließen dort an, wo wir George Smiley gerade noch in seiner Verzweiflung erlebt haben. Als er nach aufreibenden Ermittlungen unmittelbar davorsteht, den Spion im eigenen Geheimdienstapparat zu enttarnen, scheint der Moment des Triumphs gekommen. Smiley steht mit gezogener Waffe auf dem Dachboden eines Hauses im Londoner Stadtteil Camden Town. Über eine Abhöranlage belauscht er den lang gejagten Gegenspieler, der soeben unten im Wohnzimmer zu einem konspirativen Treffen mit seinem russischen Kontaktmann eingetroffen ist. Smiley wird die beiden gleich auf frischer Tat ertappen und den Verräter überführen. Um nicht gehört zu werden, hat er sich die Schuhe ausgezogen. Im Dunkeln hangelt er sich an einer Wäscheleine entlang. Doch statt freudiger Erwartung spürt er etwas anderes: das Gefühl, in der zwielichtigen Rolle des Rächers dazustehen: »ein fetter, barfüßiger Spion, wie Ann sagen würde, betrogen in der Liebe und ohnmächtig im Hass, im Dunkeln lauernd, in der einen Hand eine Pistole und in der anderen ein Stück Schnur.«[34] Smiley fühlt sich nicht als Sieger. Der vermeintliche Erfolgsmoment ist schal, sogar deprimierend.

Warum?, so fragt man sich. Kann dieser Smiley mit dem Erreichten nie zufrieden sein? Ist denn nicht alles, wie er es sich vorgestellt hat? Er *wollte* doch den Job als interner Ermittler. Und er handelt zugleich in einer unbestreitbaren *Verantwortung* für den Geheimdienst. Ist das nicht eine nahezu perfekte Kombination von Ego und Rollenspiel? Smiley leistet einen unschätzbaren Dienst für die Sicherheitsinteressen seines Landes. Zugleich kann er sich mit seiner Ermittlung rehabilitieren, nach den katastrophalen Misserfolgen des Secret Service, die zu seiner Entlassung geführt haben. Wenn selbst dies kein Beispiel gelingender Hingabe ist, wie soll Hingabe überhaupt jemals gelingen?

Tatsächlich ist Smiley gedanklich bereits einen Schritt weiter. Er sieht nämlich nicht allein die situative Notwendigkeit seiner Rolle, empfindet nicht bloß das persönliche Bedürfnis, die Scharten seiner Vergangenheit auszuwetzen. Noch bevor er die Waffe auf den Verräter richtet, greift sein Blick über die Situation hinaus. Smiley überblickt die Entwicklung, die an diesen Punkt geführt hat, begreift die Tragik der Ereignisse. Ja, er steht kurz vor dem Erfolg. Aber das bedeutet zugleich, dass er die Existenz eines anderen vernichten wird – eine bedrückende Aussicht, gegen die er innerlich rebelliert. »Ich weigere mich«, denkt er, als er sich im Dunkeln vorantastet. »Nichts ist die Zerstörung eines anderen Menschen wert. Irgendwo muss der Weg von Schmerz und Verrat sein Ende finden.«[35] Eben darin besteht das Fadenscheinige seines Erfolgs: Er zeigt, wie lange bereits im Geheimdienst Verrat geübt wurde. Die Beteiligten, ihn selbst eingeschlossen, haben ihre Hingabe, viele Jahre harter Arbeit, einem

Apparat geschenkt, der sie um ihre Hoffnungen betrogen hat. Dieser Geheimdienst ist *kein* Ort eines *gelingenden* Zusammenlebens. Er ist korrumpiert, ein Beispiel für das komplette *Misslingen* der gemeinsamen Anstrengungen. Smileys situativer Erfolg ist folglich nur ein Gradmesser für den grandiosen Misserfolg des Ganzen.

Der Agent zweifelt dabei nicht am Sinn seiner Aufklärungsarbeit. Die Schuld seines Gegenspielers Bill Haydon steht außer Frage: »Bill hatte Verrat geübt. Als Geliebter, als Kollege, als Freund, als Patriot«, obendrein als Angehöriger jener britischen »ruling class«, die den Schutz der staatlichen Organe so gerne in Anspruch nimmt.[36] Wichtige Interna des Geheimdienstes hat Bill über Jahrzehnte an sowjetische Spione weitergegeben, ist für den Tod zahlloser Informanten verantwortlich. Dennoch ist Smiley bereit, Gründe für diesen Verrat anzuerkennen. Er blickt nüchtern auf den Apparat, weiß um die Indoktrination, die dessen Angehörige durchlaufen haben. »War Bill nicht gleichfalls verraten worden?«, so fragt er sich. Wurden sie nicht alle geködert mit falschen Versprechungen? »Die armen Kinder. Für das Empire erzogen, erzogen, um die Meere zu beherrschen.«[37] Stattdessen erleben diese letzten Erben des britischen Imperiums den wirtschaftlichen Abstieg ihres Landes, die neue und ungewohnte Bescheidenheit an der Seite der Vereinigten Staaten. Aus diesem Grund ist es nicht einfach Ekel, den Smiley vor dem Verrat Bill Haydons empfindet: »[T]rotz allem, was dieser Augenblick für ihn bedeutete, regte sich Empörung gegen die Institutionen, die er von Amts wegen schützen sollte.«[38] Er denkt an die »lässige Verlogenheit des Ministers«, die »schmallippige moralische Selbstgefälligkeit« des Staatssekretärs, »die brutale Gier« des Geheimdienstchefs: »[...] solche Männer machten jeden Vertrag wertlos: warum sollte irgendwer ihnen die Treue halten?« Zweifellos eine ketzerische Frage. Doch Smiley stellt sie sich. Ist ein Regierungsapparat, der dermaßen versagt, eine so große Hingabe wirklich wert? Entschuldigt er nicht vieles, vielleicht sogar den Verrat?

Das klingt nach Defätismus, nach einer Ausrede, die eigene Hingabe jederzeit widerrufen zu können. Ist nicht jede Institution fehlerhaft und korrumpierbar? Bleibt nicht jeder Beitrag zum Ganzen eine bescheidene Reparaturarbeit, ein Herumwerkeln an unheilbaren Zuständen? So gesehen kann Smiley seine Bemühungen eigentlich bleiben lassen. Wie realitätsfern, das eigene Rollenspiel am Ideal eines gelingenden Lebens ausrichten zu wollen. Was ist, wenn dieses Leben einem alternden Agenten nun einmal nicht mehr zu bieten hat? Wenn es ihm mehr nicht offerieren kann, als die Trümmer eines korrumpierten Geheimdienstes zusammenzukehren? Was bleibt ihm dann von der hochtrabenden Hoffnung, an einer Welt mitzubauen, auf die sich auch andere *gerne einlassen*?

Es ist die bedeutendste Einsicht im hingebungsvollen Leben von George Smiley, dass sehr wohl *mehr* möglich ist. Denn Aufgaben und Rollenangebote kommen nicht von der Stange, warten nicht darauf, einfach nur übernommen und abgearbeitet zu werden. Hingabe reicht weiter, als sich ein solches Angebot zu greifen und dann zu tun, was im Grunde auch jeder andere erledigen könnte. Immer geht es darum, aus einer Aufgabe überhaupt etwas zu machen, die Verantwortung zu *ermessen*, die darin verborgen liegt. Welche Chancen eröffnen sich darin? Was lässt sich mit der Sache erreichen? Im Wissen um das Mögliche, das Wünschenswerte, lässt sich eine Rolle also immer auch *interpretieren*. Worum könnte es gehen? Was sollte im Sinne dieser Rolle geschehen, was ist mit ihr intendiert? Was bedeutet es daher, diese Rolle zu übernehmen – und nicht nur pro forma zu tun, was andere womöglich erwarten?

Reflektierte Hingabe besteht genau darin: ein *lebendiges* Interesse, das eigene, wache Ego in die Sache hineinzuwerfen. Es bedeutet, die Rolle oder Aufgabe gestalten zu wollen. Was liegt in meiner Verantwortung? Was könnte mir in dieser Rolle gelingen? Diese Fragen leiten George Smiley in seinem letzten großen Abenteuer, und er selbst gibt darin ein Beispiel, was es bedeutet, eine Aufgabe *mit Leben* zu erfüllen.[39] Nochmals wird er aus dem Ruhestand zurückgerufen, wieder liegen unglückliche Ereignisse hinter ihm. Nachdem er den Doppelagenten im eigenen Apparat enttarnt hat, ist er mit dem Versuch gescheitert, den Secret Service wieder als relevanten Akteur auf die internationale Bühne zu bringen. Auch jetzt soll er erneut nur als Aufräumer agieren. Ein alter Bekannter von ihm ist in London ermordet worden, ein estnischer Exilant, der früher für den britischen Geheimdienst in Moskau gearbeitet hat. Wieder ist Smiley konfrontiert mit der kalten Gleichgültigkeit des Apparats. Niemand interessiert sich dafür, weshalb der alte Mann überhaupt erschossen wurde. Alle Beteiligten üben lediglich *taktische* Hingabe. Es sind Apparatschiks, deren Interesse einzig darin besteht, die eigenen Karrieren zu schützen. Nichts darf darauf hindeuten, dass der Tote versucht hat, dem Geheimdienst Informationen zukommen zu lassen. Smiley soll Spuren sichern, mögliche Gefahren erkennen, soll dabei helfen, einen politischen Skandal zu vermeiden.

Von dieser Gleichgültigkeit ist der zurückgekehrte Ruheständler angewidert. Mit Scham denkt er an die Geringschätzung, mit der die langjährigen gefährlichen Dienste des Getöteten abgegolten wurden. In einer winzigen Wohnung an der Paddington Station hat er seine letzten Lebensjahre verbracht. »Wenn wir ihn besser behandelt hätten«, denkt Smiley, »wäre es nie passiert.«[40] Die Vernachlässigten würden »zu leicht umgebracht«. Zugleich entdeckt Smiley Hinweise, dass der erschossene Informant über brisantes Wissen verfügte. Ihm wird klar, dass es um weit mehr geht, als einen politischen Skandal zu verhindern. Von dem Toten führt die Spur zu keinem Geringeren als dem Chef des sowjetischen Geheimdienstes. Hinweise sprechen dafür, dass dieser eine Reihe von Verbrechen angeordnet hat, um persönliches Fehlverhalten zu vertuschen. Ein Wissen, mit dem man diesen gefährlichen Gegner womöglich zwingen kann, in den Westen überzulaufen.

Als unerwartete Folge seines Auftrags eröffnet sich Smiley also eine gigantische Chance: den mächtigsten Feind des britischen Geheimdienstes unschädlich zu machen. Was soll er jetzt tun? Seinen Auftrag eng auslegen und die Spuren ignorieren? Die Sache auf sich beruhen lassen? Seine Auftraggeber könnten ihm daraus schwerlich einen Vorwurf machen, schließlich würde er einfach nur die Rolle spielen, die für ihn vorgesehen ist, seine Aufgabe erledigen, wie man es von ihm erwartet – zumal seine Hinweise niemand ernst zu nehmen scheint. Zugleich weiß Smiley um die defensive »Whitehall-Doktrin«, kennt deren Repräsentanten, die pausenlos »Zurückhaltung predigen, Selbstverleugnung«, folglich »immer irgendeinen Grund« finden, »um nichts zu tun«.[41] Er könnte es sich leichtmachen und die Hände in den Schoß legen.

Doch ist es das, was wir unter Hingabe verstehen würden? Wäre es hingebungsvoll, wenn Smiley gleichmütig seinen Auftrag erledigen und darüber persönliche Befriedigung empfinden würde? Das wirkt wenig überzeugend. Selbst wenn der Agent, wider Erwarten, mit einem solchen Akt leerer Pflichterfüllung zufrieden wäre, an eine gelungene Kombination von *Ego* und *Rollenspiel* glauben würde, hätte er in Wahrheit versagt. Denn auf solche Weise hätte er *das Ganze* aus den Augen verloren – die Frage nach dem *Gelingen* des Ganzen. Wozu ist schließlich der britische Geheimdienst da, wenn nicht dazu, die gegen sein Land gerichtete Spionage zu bekämpfen? Welches Ziel könnte lohnenswerter sein, als deren wichtigsten Initiator aus dem Spiel zu nehmen? Ganz unerwartet bietet sich Smiley diese Gelegenheit. Aber er reagiert eben auch darauf, erkennt die ihm plötzlich zugewachsene *Verantwortung*. Er versteht es, seine Rolle entsprechend zu *interpretieren*.

Allerdings ist er dabei zunächst völlig auf sich selbst gestellt. Im Apparat stößt er auf nichts als Defätismus und Ablehnung. Niemand glaubt an die sich bietende Chance. Im Alleingang und unter erheblichen Gefahren sammelt der alte Agent in London, Hamburg und Paris die entscheidenden Hinweise. Er weiß, er hat keine Rückendeckung, steht auf nahezu aussichtslosem Posten. Dennoch ist er nicht bereit, sich dem Regiment der Taktierer und Angsthasen unterzuordnen. »Vor fünf Jahren noch hätte er sich derartige Gefühle nie eingestanden. Aber heute sah Smiley leidenschaftslos in sein eigenes Herz und erkannte, dass er *ungeführt* und vielleicht *unführbar* war; dass die einzigen Forderungen, denen er sich fügte, die seines Verstandes und seiner Menschlichkeit waren.«[42]

Das klingt selbstkritischer, als man es verstehen sollte. Die Frage stellt sich gar nicht, ob Smiley »ungeführt« oder »unführbar« ist. De facto nämlich ist es er selbst, der jetzt führt. Er selbst ist es, der den anderen durch seine Hingabe ein Beispiel gibt. Als Einziger zeigt er die Verantwortung, sich der eigentlichen Aufgabe zu stellen, sich auf diese Aufgabe *einzulassen*. Diese Form der Hingabe ist es, die auch andere zur Hingabe ermutigt. Und so geschieht das Wunderbare am Ende eines enttäuschungsreichen Agentenlebens: Als Smiley nach London zurückkehrt und die Mittel zum Greifen nahe sind, den sowjetischen Geheimdienstchef zum Überlaufen zu zwingen, erwacht auf einmal der ganze Secret Service zu neuem Leben. Die Chefs, die um ihre Karrieren gefürchtet haben, alte Kollegen, die Smiley übellaunig zum Aufgeben überreden wollten, sie alle arbeiten jetzt fieberhaft daran, das große Ziel zu erreichen. Mit einer couragierten Spionageaktion in Bern sammelt ein Londoner Team die letzten, zwingenden Beweise gegen den sowjetischen Gegner. Dieser erhält von Smiley schließlich einen Brief mit dem Angebot, im Westen ein neues Leben zu beginnen. Und als die britischen Geheimdienstleute wenige Tage später beobachten, wie dieser unscheinbare Mann im Abenddunkel auf einer Brücke die Grenze von Ost- nach Westberlin überquert, um sich in ihre Hand zu begeben, fallen sie sich vor Begeisterung in die Arme.

Nicht von ungefähr heißt dieser Roman im englischen Original *Smiley's People*. Denn durch das Beispiel seiner Hingabe gelingt es dem berühmten Helden von John Le Carré, *seine Leute*, die Weggefährten vieler Jahre, zu einer letzten großen Kraftanstrengung zusammenzubringen. Eben dies vermag Hingabe zu leisten. Immer ist sie auch ein Signal, dass gemeinsam etwas gelingen kann, dass es sich lohnt, hingebungsvoll für eine Sache einzutreten. Wer seine Hingabe in diesem Sinne steuern kann, im Wissen um das mögliche Ganze, dem gelingt das Beste: jene gemeinsame Welt zum *Leben* zu erwecken, in der auch andere ihre besondere Rolle finden und spielen können, sie zu einer Welt zu machen, auf die sich auch diese anderen *gerne einlassen.*

# Und jetzt? Ein erfülltes Leben

Niemand von uns ist ein George Smiley. Oder eine Elizabeth Fox. Oder ein Julien Sorel. Ein hingebungsvolles Leben besteht nicht notwendig darin, einen ganzen Geheimdienst von links auf rechts zu drehen. Das Scheitern der eigenen Hingabe bedeutet nicht zwingend, von allen geliebten Menschen im Stich gelassen zu werden – oder als graue Eminenz hinter der eigenen Rolle zu verschwinden. In unserem Leben wiederholt sich nicht, was jene literarischen Figuren erlebt haben, besser gesagt, was ihre Schöpfer sie haben erleben lassen.

George Smiley und die anderen verkörpern auch keinen bestimmten Hingabe-*Typus*. So verführerisch es wirken mag, sich die Typen-Frage zu stellen: Es gibt kein charakterliches Muster der Hingebung, keine Abläufe, die sich typisieren lassen. Überhaupt ist Hingabe keine Eigenschaft, kein charakterliches Merkmal. Möglicherweise gibt es biographische Stadien, in denen wir zu mehr oder weniger Hingabe neigen, uns spontan ins Leben hineinstürzen, um dann wieder jedes Risiko zu vermeiden. Grundsätzlich jedoch steht uns jede Form offen, uns auf die Welt einzulassen. Jede(r) kann also situativ zu jedem Typ werden.

Die eigentliche Frage lautet, was es bedeutet, sich für diese oder jene Form der Hingabe zu entscheiden. Welche Folgen hat es, mich blindlings ins Abenteuer zu stürzen? Taktiere ich gegenüber anderen, verstecke ich mich hinter meinen Aufgaben? Versuche ich, Wünsche und Rollenerwartungen abzuwägen? Und was bedeutet die jeweilige Strategie für mein eigenes Leben – insbesondere für die Aussicht, die zu Beginn dieses Buches gleich so verheißungsvoll skizziert wurde: nämlich ein *erfülltes Leben* führen zu können?

Wirklich zu leben, nicht nur hinterherzulaufen, nicht nur mitzumachen – dieser existenzielle Wunsch schien eingangs geradezu überfrachtet mit Erwartungen. Symptomatisch dafür: die »Unruhe« von Pessoas Hilfsbuchhalter Fernando Soares, vielleicht gar nicht zu existieren, sondern sich nur eine Lüge über das eigene Leben zu erzählen. Es ist die Angst, die eigene Existenz an den falschen sozialen Ort bewegt zu haben, das echte Leben zu verpassen. Diese Angst ist nicht zuletzt deshalb so groß, weil auch der Wunsch nach Erfüllung so groß ist. Wo uns das wahre, das echte Leben erwartet: Es wirkte anfangs wie ein Geheimnis, das sich kaum ergründen ließ.

Am Ziel unserer kleinen Reise ergibt sich ein deutlich anderes Bild. Denn der soziale Ort, an dem das *echte* Leben stattfindet, ist keinesfalls obskur. Es ist ein Ort, an dem eine intensive Spannung herrscht zwischen den Forderungen des eigenen *Egos* – und den Erwartungen an eigene *Rollen* und Aufgaben. An diesem Ort kann ich mich selbst erleben, das Ganze meiner Persönlichkeit, das eigene *Janusgesicht*: meine Wünsche und Träume, die mich zu einem besonderen Menschen machen, die *innere* Seite meiner Person, gleichermaßen aber auch deren *äußere* Seite, mich mit anderen zusammenschließen zu müssen, um meine Ziele erreichen zu können. Ich möchte Rollen spielen, in denen ich meine eigene Sehnsucht brennen fühle. Zugleich weiß ich um die Verantwortung, die mich dazu zwingt, dieses Feuer unter Kontrolle zu halten. Ich erlebe mich selbst unter der permanenten Spannung von Ego und Rollenspiel, muss versuchen, beide Kräfte in der Balance zu halten. In meiner *Hingabe* möchte ich zugleich *Selbstbehauptung* erleben, in der Selbstbehauptung aber auch die Gewissheit, mich auf die Welt eingelassen zu haben, mit ihr verbunden zu sein.

Erfüllung bedeutet nicht, keine Schwierigkeiten zu bekommen. Es gibt kein Leben ohne jene Spannung, keinen Alltag, in dem alles reibungslos funktioniert. Diese Illusion gehört zu den ewigen Missverständnissen des Lebens. Dass sich Ego und Rollenspiel gegenseitig Grenzen setzen, lässt sich nicht ändern. Immer wieder stehen eigene Wünsche hinter der übernommenen Verantwortung zurück. Und umgekehrt verlangt Verantwortung nach einem Ego, das sich selbst in seiner Aufgabe wiederfinden kann – sonst erlahmt auf Dauer jede Bereitschaft zur Hingabe. Darin besteht die Spannung des Lebens, die ohne gelegentliche Zustände der Ratlosigkeit oder sogar Verzweiflung nicht zu haben ist. Wie sollte es anders sein? Wo nichts mehr in Balance gebracht zu werden braucht, hat sich entweder ein egomanischer Mensch von der Realität verabschiedet – oder ein graues Bürokratengesicht von sich selbst.

Wo also befindet sich der soziale Ort, an dem sich die Erwartungen an das eigene Leben *erfüllen*? Die positive Nachricht am Ende dieses Buches lautet: Dieser Ort lässt sich entdecken. Denn Hingabe ist der Selbstreflexion zugänglich. Ich kann mir Rechenschaft darüber ablegen, wie ich Hingabe üben möchte. Es gibt keinen Grund zum Fatalismus, keinen Grund zur Annahme, nicht anders zu können oder nicht anders zu dürfen, sich hingeben zu müssen oder aber zur Hingabe unfähig zu sein. Solche Zwänge existieren nicht. Immer lassen sich Gründe abwägen – und auch verwerfen. Selbstreflexion ist dabei keine psychologische Untersuchung. Sie zielt nicht darauf, welche besonderen Motive ich habe, mich auf die eine oder andere Weise zu verhalten. Es ist nicht entscheidend, welche Einflüsse mich geprägt haben und zu welcher Art von Verhalten ich deshalb tendiere. Auch eine soziologische Betrachtung, welche Formen der Hingabe aus welchen Gründen gesellschaftlich erwünscht oder aus der Mode sind, hilft mir nicht aus meiner Verlegenheit. Denn ich selbst benötige Klarheit: Welche Gründe habe ich, mich auf eine Sache einzulassen? Sie allein zählen.

Über die Rahmenbedingungen muss ich mir allerdings klar sein: Ich führe nicht die Regie in einem Lebensfilm, der nach einem selbstverfassten Drehbuch abläuft. Ich kann der Umwelt nicht ungefiltert meinen Willen aufzwingen. Solche Fiktionen sind egomanischer Selbstbetrug. Oder sie enden in der existenzialistischen Spielerei, die übrige Welt für den Mangel eigener Selbstverwirklichung anzuklagen. Nicht minder unsinnig wäre es, die eigenen Wünsche zu verwerfen, nur um *dabei sein* zu können. Es ist eine tendenziell faschistische Form der Selbstaufgabe, in die Uniform einer Aufgabe zu schlüpfen und nichts weiter als ein Rädchen im Getriebe sein zu wollen. Schlimmer als dieser Opportunismus ist nur eine Form der Hingabe – und zugleich noch zerstörerischer: der Wunsch, ein devotes Werkzeug anderer zu werden, die Verantwortung für das eigene Leben aus der Hand zu geben und sich blindlings einer Autorität zu unterwerfen.

Vielleicht ist es nicht immer einfach, mit dem Janusgesicht der eigenen Person zu leben, die Spannung zwischen Ego und Rolle auszuhalten. Doch was für ein Unterschied zu jenen Formen moderner Trübsal, zur Einsamkeit des Narzissmus ebenso wie zu dem Selbsthass, der in die Selbstaufgabe führt. Egomanie und Devotion sind immer das Ergebnis radikaler Versuche, die Spannung des eigenen Lebens *aufzuheben*. Man flüchtet sich in die Selbstbespiegelung, weil die Kompromisse des Lebens allzu deprimierend wirken, oder begnügt sich mit den toten Routinen des Alltags, weil die eigenen Wünsche ohnehin unerreichbar scheinen.

Ein erfülltes Leben rückt auf diese Weise in weite Ferne. Denn Erfüllung kann nur aus der *Spannung* entstehen: aus dem Wagnis, sich einzulassen und *Verantwortung* zu übernehmen – ebenso aber die Grenzen zu kennen, die das Bedürfnis nach *Authentizität* dabei setzt. Die Fragen sind immer dieselben: Wie viele meiner Wünsche dürfen hinter meiner Verantwortung zurückstehen? Und wie viel dieser Verantwortung kann ich dauerhaft ertragen, ohne mir selbst unerträglich zu werden? Ich sollte bereit sein zur Hingabe – aber auch wissen, wie viel ich einzusetzen bereit bin. Solange ich beides in der Balance zu halten vermag, erfüllt sich der zweigeteilte Lebenswunsch meiner Persönlichkeit: Ich weiß, dass es mir *um etwas geht*. Und ich weiß, dass *ich* es bin, dem es um etwas geht.

Das Leben von John Le Carrés Helden George Smiley ist das beste Beispiel für solche Erfüllung. Zugleich zeigt sich darin, dass Erfüllung nicht das Ende der Probleme darstellt. Sie ist kein Harmonieversprechen. Es ist der Reichtum eines Lebens, das Bedeutung erlangt hat – in der Verantwortung für Aufgaben und

Rollen ebenso wie in dem Bewusstsein, sich frei dazu entschieden zu haben. Erfüllung heißt, Aufgaben mit der eigenen Persönlichkeit prägen zu können – und zugleich die Persönlichkeit von ihnen prägen zu lassen. Ein erfülltes Leben hinterlässt tiefe Lebensspuren.

Eines allerdings lässt sich nicht ändern: Die Spannung zwischen Authentizität und Verantwortung kann jederzeit kippen, auch ein erfülltes Leben kann aus der Balance geraten. Sei es, dass die Überzeugung schwindet, die richtige Aufgabe übernommen zu haben. Sei es, dass die Last der Verantwortung die eigenen Lebenswünsche erdrückt. George Smiley kennt beides, er durchlebt Phasen tiefer Verzweiflung. Seine Pflichten als Regierungsbeamter versagen ihm den Wunsch nach erfüllter Liebe. In der Verantwortung seiner Rolle sieht er sich gleich mehrfach betrogen. Es gibt keine naturgegebene Balance zwischen Ego und Rollenspiel. Sie muss immer wieder neu hergestellt werden.

Es gilt also, sich aufzurappeln und von neuem nach Balance zu suchen. Das erfordert Selbstreflexion, die Fähigkeit zur Selbstkritik. Stimmt die Richtung des eigenen Lebens noch? Lassen sich eigene Wünsche und Bedürfnisse nochmals zurückstellen? Oder verlangen sie nach einem grundlegenden Wechsel von Aufgaben und Rollen? Es zeichnet die souveräne Persönlichkeit aus, solche Entscheidungen treffen, Authentizität und Verantwortung abwägen zu können. Außerhalb des eigenen Urteilsvermögens existieren dafür keine Regeln. Wohl aber gibt es einen Maßstab, der geeignet ist, die nötige Kraft für die Entscheidung zu verleihen. Wieder ist es George Smiley, der ihn uns vor Augen führt. Die eigene Lebensfreude, die Bereitschaft zur Hingabe, bedarf ihrerseits einer Welt, an der auch *andere* gerne partizipieren, auf die auch andere sich gerne einlassen. Daher führt die eigene Abwägung immer auch zu der Frage, ob sich eine Aufgabe so ausführen, Verantwortung so wahrnehmen lässt, dass sie zu jener Welt einen Beitrag leisten kann. Hingabe gewinnt ihren größten Wert, wenn sie eine gemeinsame Chance des Gelingens eröffnet, eine gemeinschaftliche Verantwortung für das Ganze zum Leben erweckt. Smiley zählt zu den Persönlichkeiten, die eine solche Entwicklung in Gang setzen können.

Leider ist der Wunsch nach solchem Gelingen nicht identisch mit dem Gelingen selbst. Eigene und gemeinschaftliche Anstrengungen können scheitern. Smileys Leben liefert auch dafür deprimierende Beispiele. Erfüllung jedoch ist nicht vom Erfolg abhängig. Jedes Bemühen kann scheitern. Das schmälert nicht den Wert der Hingabe. Wenn wir uns auf etwas einlassen und vorsichtig kalkulieren, zu welchem Wagnis wir bereit sind, wissen wir auch um den Wert dessen, wofür wir uns eingesetzt haben. Wir kennen den Wert dieser Verantwortung, ihren Wert für das eigene Leben und dessen individuelle Würde. Jedes Leben ist es wert, für eine selbstgewählte Sache eingesetzt zu werden. Größere Hingabe, größere Erfüllung kann es nicht geben.

Wir werden nie genau erfahren, was Hannah Arendt gemeint hat mit ihrer rhetorischen Frage an die Verlegerin Helen Wolff: ob, wenn sie beide tot seien, noch jemand wissen werde, was Liebe sei. Für Helen Wolff war klar, dass Arendt über die Fähigkeit zur Hingabe gesprochen hatte – nicht zu einer bestimmten Person, sondern zum Leben überhaupt. Wenige Tage nach dieser Bemerkung war Hannah Arendt tatsächlich tot. Zur Deutung von Helen Wolff hat sie sich nicht mehr äußern können. Doch was die Philosophin unter der Liebe womöglich verstanden hat, darauf haben wir Antworten gefunden, nicht zuletzt im Personenbild von Hannah Arendt: vor allem, dass wir Hingabe nur üben können, wenn uns die öffentliche Seite der eigenen Persönlichkeit bewusst ist, die Verantwortung für den öffentlichen Raum, in dem wir Aufgaben und Rollen übernehmen. Vielleicht darf das Bewusstsein solcher Verantwortung als Liebeserklärung gelten. Und vielleicht ist es Liebe, dass wir mit der eigenen Hingabe andere anstiften können, es uns nachzutun.

Doch solche Liebe hat Grenzen. Hingabe ist eine gefährliche Gabe. Sie sollte dort enden, wo sie es unmöglich macht, sich selbst zu lieben. In solchen Fällen verlangt sie nach anderen Orten, an denen sie wirken kann. Verantwortung ist wenig wert, wenn man nicht mehr in den Spiegel schauen mag. In einer ihrer poetischen Traumsequenzen beschreibt Patti Smith eben dieses Erlebnis. In ihrer Vorstellung wird ein altes Spielzeug ihres verstorbenen Mannes lebendig. Es ist ein kleiner Cowboy, an den sie denken muss, als sie das New Yorker Café verlässt, in dem sie sich nicht mehr zu Hause fühlt. In ihrem Tagtraum wird aus dem Cowboy eine Stimme in ihrem Inneren: »Keine Aschenbecher und keine Spur von meinem philosophischen Cowboy«, denkt sie an diesem plötzlich fremd erscheinenden Ort. »Ich spürte, dass er auf dem Weg hierher gewesen und […] vermutlich weitergezogen war.«[1] Auch sie hält nichts mehr hier. Vergeblich sieht sie sich noch einmal nach dem Cowboy um, beginnt aber bereits von neuen Abenteuern zu träumen. Sie sucht nach einem neuen Ort für ihre Hingabe. In diesem Gefühl wirft sie einen letzten Blick zurück:

»›Ich liebe euch‹, flüsterte ich allen, flüsterte ich niemandem zu.

›Liebe nicht zu leichtfertig‹, hörte ich ihn sagen und dann seine Schritte auf der festgetretenen Erde.«[2]

# Anmerkungen

1 John le Carré, *The Honourable Schoolboy*, London 2011, S. 136.

## Warum Hingabe?

1 Vgl. Hannah Arendt, *Wie ich einmal ohne Dich leben soll, mag ich mir nicht vorstellen. Briefwechsel mit den Freundinnen Charlotte Beradt, Rose Feitelson, Hilde Fränkel, Anne Weil und Helen Wolff*, hrsg. von Ingeborg Nordmann und Ursula Ludz, München 2017, S. 526.

2 Wolff schreibt Johnson am 11. Dezember 1975, eine Woche nach Arendts Tod. Vgl. Nordmann/Ludz, ebd. Zitiert werden Wolffs Bemerkungen aus dem Nachwort von Thomas Wild zum Briefwechsel von Arendt und Johnson: *Hannah Arendt – Uwe Johnson, der Briefwechsel 1967–1975*, hrsg. von Eberhard Fahlke, Frankfurt a. M. 2004, S. 301–332, hier S. 321.

3 Ebd., zitiert nach einem Interview von Helen Wolff mit Herbert Mitgang im *New Yorker*, Nr. 58, 2. August 1982.

4 Ebd.

5 Vgl. dazu Ulrike Bodemann und Nikolaus Staubach (Hrsg.), *Aus dem Winkel in die Welt. Die Bücher des Thomas von Kempen und ihre Schicksale*, Frankfurt a. M. 2006; Erwin Iserloh, *Thomas von Kempen und die Devotio moderna*, Bonn 1976.

## 1. Ego-Shooting mit James Bond

1 Vgl. Jean-Paul Sartre, *Der Existenzialismus ist ein Humanismus*, in: *Gesammelte Werke in Einzelausgaben*, in Zusammenarbeit mit dem Autor und Arlette Elkaim Sartre, begr. von Traugott König, hrsg. von Vincent von Wroblewsky, *Philosophische Schriften* Bd. 4, übers. von Werner Bökenkamp, Reinbek bei Hamburg 2000, S. 149.

2 Fernando Pessoa, *Das Buch der Unruhe*, hrsg. von Richard Zenith, aus dem Portug. übers. und rev. von Inés Koebel, Abschnitt 114 »Ästhetik des Künstlichen«, Frankfurt a. M. 2006, S. 123.

3 Dieses und die folgenden Zitate ebd., Abschnitt 436, S. 410 f. (Hervorhebung vom Autor).

4 Vgl. Albert Camus, *Der Fremde*, in neuer Übers. von Uli Aumüller, Reinbek bei Hamburg ⁶²2009.

5 Dieses und die folgenden Zitate in Albert Camus, *Mythos des Sisyphos*,

übers. und mit einem Nachw. von Vincent von Wroblewsky, Reinbek bei Hamburg [12]2010, S. 32 (Hervorhebung vom Autor).

6 Ebd., vgl. S. 44 und 50.

7 Vgl. Hartmut Rosa, *Resonanz. Eine Soziologie der Weltbeziehung*, Frankfurt a. M. [6]2022, S. 18.

8 Hugo von Hofmannsthal, *Der Brief des Lord Chandos*, hrsg. von Fred Lönker, Stuttgart 2019, S. 12.

9 Dieses und die folgenden Zitate ebd.

10 Ebd., S. 15.

11 Ebd.

12 Ebd., S. 18 f.

13 Ebd, S. 19.

14 Ebd. (Hervorhebungen vom Autor).

15 Hannah Arendt, *Vita activa oder Vom tätigen Leben*, München/Zürich 1981, S. 65.

16 Hermann Hesse, *Die Gedichte*, neu eingerichtet sowie um eine Auswahl der nachgelassenen Gedichte Hermann Hesses und um ein Nachw. erweitert von Volker Michels, Frankfurt a. M. [14]2022, S. 236.

17 Hofmannsthal, *Ein Brief*, S. 19.

18 Ebd., S. 16.

## 2. Sartre und die Sucht nach Anerkennung

1 Vgl. Annie Ernaux, *Die Jahre*, aus dem Franz. übers. von Sonja Finck, Berlin 2019, S. 253.

2 Ebd., S. 47.

3 Ebd., S. 51.

4 Ebd., S. 20.

5 Ebd., S. 53.

6 Ebd., S. 87.

7 Ebd., S. 91.

8 Vgl. Sartre, *Der Existenzialismus ist ein Humanismus*, S. 150.

9 Dieses und die folgenden Zitate ebd.

10 Ebd., S. 149.

11 Ebd., S. 150 f. (Hervorhebungen vom Autor).

12 Ebd., S. 150.

13 Ebd., S. 151 (Hervorhebungen vom Autor).

14 Vgl. Ernaux, *Die Jahre*, S. 125.

15 Ebd., S. 111.

16 Vgl. Jean-Paul Sartre, *Das Sein und das Nichts. Versuch einer phänomenologi-*

*schen Ontologie*, in: *Gesammelte Werke in Einzelausgaben, Philosophische Schriften*, hrsg. von Traugott König, übers. von Hans Schöneberg, Reinbek bei Hamburg [15]2009, S. 139.

17 Ebd.

18 Ebd., S. 141.

19 Jean-Jacques Rousseau, *Bekenntnisse*, aus dem Franz. übers. von Ernst Hardt mit einer Einführung von Werner Krauss, Frankfurt a. M. 1985, S. 544. Vgl. außerdem J.-J. R., *Diskurs über die Ungleichheit. Discours sur l'inégalité*, krit. Ausg. des integralen Textes, mit sämtlichen Fragmenten und ergänzenden Materialien nach den Originalausgaben und den Handschriften neu ediert, übers. und komm., Paderborn 2019.

20 Dieses und die folgenden Zitate ebd., S. 545.

21 Ebd.

22 Ebd., S. 508.

23 Ebd.

24 Vgl. ebd., S. 532 f.

25 Vgl. ebd., S. 533 f.

26 Vgl. ebd., S. 534 f.

27 Ebd., S. 464 f.

28 Stéphane Hessel, *Empört Euch!*, aus dem Franz. übers. von Michael Kogon, Berlin [6]2011.

29 Arendt, *Vita activa*, S. 49.

30 Ebd. (Hervorhebung vom Autor).

31 Ebd.

32 Ebd.

33 Vgl. dazu Knut Cordsen, *Die Weltverbesserer. Wie viel Aktivismus verträgt unsere Gesellschaft?*, Berlin 2022, S. 13.

## 3. Blinder Aktionismus mit Maupassant

1 Vgl. dazu Kap. 4 in diesem Buch.

2 Vgl. die Novelle *La Question du Latin*, in: Guy de Maupassant, *Gesamtausgabe der Novellen und Romane in zwanzig Bänden*, hrsg. von Ernst Sander, Bd. 12, S. 50 ff.

3 Hermann Broch, *Die Schlafwandler. Eine Romantrilogie*, Frankfurt a. M. 1994; vgl. S. 186.

4 Ebd.

5 Ebd., vgl. S. 306, 327.

6 Ebd., vgl. S. 196.

7 Ebd. (Hervorhebung vom Autor).

8 Ebd., S. 196 f.

9 Ebd., S. 221.

10 Ebd., S. 222.

11 Ebd., S. 255.

12 Vgl. ebd., S. 203.

13 Vgl. ebd., S. 294.

14 Ebd., S. 305 f.

15 Ebd., S. 306.

16 Ebd., S. 299.

17 Ebd., S. 327.

18 Ebd., S. 243.

19 Ebd., S. 244.

20 Ebd., S. 239.

21 Ebd., S. 268.

22 Ebd., S. 255.

23 Ebd., S. 279.

## 4. Lady Chatterley in der Selbstzerstörung

1 Theodor W. Adorno, *Minima Moralia*, Frankfurt a. M. ²1993, S. 78.

2 Ebd., S. 79.

3 Ebd.

4 Ebd. (Hervorhebung vom Autor).

5 Ebd. (Hervorhebung vom Autor).

6 J. J. Voskuil, *Das Büro*, Roman in sechs Bänden, aus dem Niederl. übers. von Gerd Busse, Berlin 2012–16.

7 Arendt, *Vita activa*, S. 57.

8 Ebd., vgl. S. 50 f.

9 Ebd., S. 51 f.

10 Ebd., S. 55.

11 Adorno, *Minima Moralia*, S. 79.

12 Dieses und die folgenden Zitate in D. H. Lawrence, *Lady Chatterley*, autorisierte Übertr. aus dem Engl., Hamburg ³⁵2021, S. 148.

13 Ebd.

14 Ebd., S. 83.

15 Ebd.

16 Ebd.

17 Ebd.

18 Ebd., S. 84.

19 Ebd.

20  Ebd., S. 148.
21  Ebd., S. 187.
22  Ebd., S. 84.
23  Ebd., S. 180 (Hervorhebungen vom Autor).
24  Ebd.
25  Ebd.
26  Ebd. (Hervorhebung vom Autor).
27  Elias Canetti, *Masse und Macht*, Frankfurt a. M. 1980.
28  Lawrence, *Lady Chatterley*, S. 135.
29  Ebd., S. 209.
30  Vgl. ebd., S. 136.
31  Ebd., S. 187.
32  Ebd., S. 208.
33  Ebd., S. 209.
34  Ebd., S. 209 f.
35  Dieses und die folgenden Zitate ebd., S. 210.
36  Ebd.
37  Ebd.
38  Ebd.
39  Ebd.
40  Ebd., S. 447 ff.
41  Ebd., S. 395 f.
42  Ebd., S. 396 (Hervorhebung vom Autor).

## 5. Hannah Arendt und die Tiefe der Persönlichkeit

1  Diese Entwicklung des modernen Denkens schildert ausführlich Charles Taylor, *Quellen des Selbst. Die Entstehung der neuzeitlichen Identität*, übers. von Joachim Schulte, Frankfurt a. M. 1996, S. 262 ff. Vgl. zur Bedeutung der Philosophie von John Locke ebd., S. 309 ff.
2  In diesem Sinne skizziert Martin Scherer Hingabe als Gegenentwurf zur modernen Rationalität. Vgl. Martin Scherer, *Hingabe. Versuch über die Verschwendung*, Springe 2021, S. 50.
3  Arendt, *Vita activa*, S. 325 (Hervorhebung vom Autor).
4  Ebd.: »Weltentfremdung und nicht Selbstentfremdung, wie Marx meinte, ist das Kennzeichen der Neuzeit.«
5  Ebd.
6  Ebd., S. 359 (Hervorhebung vom Autor).
7  Arendt spricht hier von der »Dauerhaftigkeit« des »öffentlichen Raumes«. Gemeint ist alles, was die Existenz des Einzelnen gleichsam überwölbt,

Sprache, Lebensformen, Wissen, Konventionen, Kulturtechniken. Dieses »weltlich Gemeinsame« liege »außerhalb unserer selbst, wir treten in es ein, wenn wir geboren werden, und wir verlassen es, wenn wir sterben. Es übersteigt unsere Lebensspanne in die Vergangenheit wie in die Zukunft.« Ebd., S. 68 f.

8  Ebd., S. 359.

9  Vgl. dazu die Ausführungen von Arendt zur griechischen Polis. Das eigentlich »politische« Leben ist demnach alles Handeln, für das die Polis einen gesetzlichen Rahmen geschaffen hat – und damit überhaupt einen öffentlichen Raum. Ebd., S. 244 f.

10  Vgl. ebd., S. 322.

11  Ebd., S. 322 f.

12  Vgl. ebd., S. 324 f.

13  Ebd., S. 325.

14  Ebd., S. 396.

15  Ebd.

16  Ebd.

17  Vgl. Arendt, *Briefwechsel mit den Freundinnen Charlotte Beradt, Rose Feitelson, Hilde Fränkel, Anne Weil und Helen Wolff*, S. 526.

18  Ebd.

19  Charles Taylor, *Das Unbehagen an der Moderne*, übers. von Joachim Schulte, Frankfurt a. M. 1995, S. 46.

20  Vgl. ebd., S. 47 f.

21  *Monk* von Andy Breckman, Staffel 5, Folge 9: »Mr. Monk Meets His Dad«. Im englischen Original ist die Begründung des Vaters noch viel absurder, denn die originale Botschaft des Glückskekses lautet: »Stand by your man!«, ist also vermutlich an eine Frau gerichtet, ein typischer Appell zu ehelicher Treue und Loyalität. Vater Monk erkennt demnach nicht einmal, dass der Rat gar nicht auf seine eigene Lebenssituation gemünzt ist.

22  Vgl. dazu Taylor, *Das Unbehagen an der Moderne*, S. 45 ff., insbesondere S. 49.

23  Ebd.

24  Ebd.

## 6. Allzeit bereit – die Minions

1  Dieses und die folgenden Zitate in John Williams, *Stoner*, aus dem Amerikan. übers. von Bernhard Robben, München 2014, S. 23.

2  Dieses und die folgenden Zitate ebd., S. 29.

3  Ebd.

4  Ebd., S. 37 f.

5  Dieses und das folgende Zitat ebd., S. 31.

6  Ebd., S. 43.

7  Ebd., S. 42.

8  Ebd., S. 44.

9  Ebd. S. 50.

10  Ebd., S. 50 f.

11  Ebd., S. 51.

12  Ebd., S. 52.

13  Ebd., S. 334.

14  Ebd., S. 346 f.

15  Ebd.

16  Ebd., S. 347.

17  John Updike, *Ehepaare*, übers. von Maria Carlsen, Reinbek bei Hamburg, 2020, S. 117.

18  Dieses und die folgenden Zitate ebd.

19  Dieses und das folgende Zitat ebd., S. 155.

20  Dieses und das folgende Zitat ebd., S. 167.

21  Ebd., S. 182 (Hervorhebungen vom Autor).

22  Ebd., S. 48.

23  Ebd., S. 49.

24  Ebd., S. 50.

25  Dieses und das folgende Zitat ebd., S. 50 f.

26  Ebd., S. 51.

27  Ebd., S. 299 f.

28  Ebd., S. 300.

29  Ebd., S. 279.

30  Ebd.

31  Friedrich Hebbel, *Maria Magdalena. Ein bürgerliches Trauerspiel in drei Akten*, Anm. von Karl Pörnbacher, Stuttgart 1965, S. 95.

## 7. Maskerade mit Stendhal – die Karrieristen

1  Stendhal, *Rot und Schwarz. Chronik des 19. Jahrhunderts*, aus dem Franz. übers. von Otto Flake, München [12]2004, S. 46.

2  Ebd., S. 52.

3  Ebd., S. 55.

4  Ebd., S. 34.

5  Ebd., S. 29.

6  Ebd., S. 33.

7 Dieses und das folgende Zitat ebd., S. 131.

8 Dieses und das folgende Zitat ebd., S. 86 f. (Hervorhebungen vom Autor).

9 Ebd., S. 214.

10 Ebd., S. 215 (Hervorhebung vom Autor).

11 Ebd., S. 216.

12 Ebd., S. 221.

13 Ebd., S. 450.

14 Ebd., S. 455.

15 Dieses und die folgenden Zitate ebd., S. 106 f. (Hervorhebung vom Autor).

16 Ebd., S. 112.

17 Ebd., S. 113.

18 Ebd., S. 114.

19 Ebd., S. 135.

20 Dieses und die folgenden Zitate ebd., S. 139 f.

21 Ebd., S. 262 f.

22 Dieses und das folgende Zitat ebd., S. 45.

23 Ebd., S. 75.

24 Ebd., S. 55.

25 Ebd., S. 46.

26 Ebd., S. 81.

27 Dieses und die folgenden Zitate ebd., S. 72.

28 Ebd.

29 Ebd., S. 376 f.

30 Ebd., S. 362.

31 Ebd., S. 358.

32 Ebd., S. 374.

33 Ebd., S. 566.

34 Ebd., S. 368.

35 Ebd., S. 364.

36 Dieses und das folgende Zitat ebd., S. 380.

37 Ebd., S. 381.

38 Dieses und das folgende Zitat ebd., S. 385 f.

39 Dieses und das folgende Zitat ebd., S. 367.

40 Ebd., S. 356.

41 Ebd., S. 359.

42 Ebd., S. 376.

43 Ebd., S. 373 (Hervorhebung vom Autor).

44 Vgl. ebd., S. 399 ff.

45 Ebd., S. 403.

46 Ebd., S. 404.

47 Ebd., S. 405.

48  Ebd., S. 409.
49  Dieses und das folgende Zitat ebd., S. 410.
50  Ebd., S. 416.
51  Ebd., S. 418.
52  Ebd., S. 423.
53  Ebd., S. 424.
54  Ebd., S. 428.
55  Ebd., S. 432.
56  Ebd., S. 483.
57  Vgl. ebd., S. 593.
58  Vgl. ebd., S. 596 f.

## 8. Wissen um das Wagnis: Smileys reflektierte Hingabe

1  Patti Smith, *M Train. Erinnerungen*, übers. von Brigitte Jakobeit, Köln 2016. Smith hat auch über »Hingabe« geschrieben. Der gleichnamige Band von 2019 begreift darunter m. E. allerdings eher ein devotes Verhältnis zu Aufgaben und Rollen.
2  Ebd., S. 276.
3  Ebd., S. 111.
4  Vgl. ebd., S. 277 f.
5  Ebd., S. 278.
6  Ebd., S. 175.
7  Ebd.
8  Dieses und das folgende Zitat ebd., S. 297 f.
9  Ebd., S. 299.
10  Ebd., S. 299 f.
11  Ebd., S. 115.
12  Dieses und das folgende Zitat ebd. (Hervorhebungen vom Autor).
13  Dieses und das folgende Zitat in John Le Carré, *Schatten von gestern*, aus dem Engl. übers. von Ortwin Munch, Berlin ²2021, S. 7.
14  Dieses und die folgenden Zitate ebd., S. 9.
15  Dieses und das folgende Zitat ebd., S. 5.
16  Ebd., S. 59 f.
17  Ebd., S. 6.
18  Ebd., S. 7.
19  Dieses und das folgende Zitat ebd., S. 10.
20  Ebd., S. 59.
21  Ebd., S. 194.
22  Ebd., S. 176.

23  Dieses und das folgende Zitat ebd., S. 177.
24  John Le Carré, *Dame, König, As, Spion*, aus dem Engl. übers. von Rolf und Hedda Soellner, Berlin 2021, S. 41.
25  Ebd., S. 42.
26  Ebd.
27  Le Carré, *Schatten von gestern*, S. 56.
28  Ebd., S. 58.
29  Le Carré, *Dame, König, As, Spion*, S. 96.
30  Ebd., S. 98.
31  Dieses und das folgende Zitat ebd., S. 99.
32  Ebd.
33  Ebd.
34  Ebd., S. 389 f.
35  Ebd., S. 388.
36  Ebd., S. 389.
37  Ebd.
38  Dieses und das folgende Zitat ebd.
39  John Le Carré, *Agent in eigener Sache*, aus dem Engl. übers. von Rolf und Hedda Soellner, Berlin 2006.
40  Dieses und das folgende Zitat ebd., S. 94.
41  Ebd., S. 182.
42  Ebd., S. 183 (Hervorhebungen vom Autor).

## Und jetzt? Ein erfülltes Leben

1  Ebd., S. 328.
2  Ebd.

# Danksagung

Für wichtige Hinweise zu diesem Buch danke ich Amrei Bahr, Mely Kiyak, Elif Özmen, Christian Bermes, Martin Feige und Thomas Sternberg. Fehler habe ich einzig mir selbst zuzuschreiben.

Julia M. Nauhaus danke ich für das gründliche Lektorat, dem Reclam Verlag für die sorgfältige Drucklegung.

Gerold Hug war ein Visionär und Erneuerer des Rundfunks. Seinem Andenken ist dieses Buch gewidmet.